U0120235

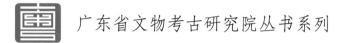

广东省文物考古研究院丛书系列

广东海上丝绸之路史迹保护管理研究

张晓斌 著

科学出版社

北京

内 容 简 介

　　海上丝绸之路是古代人们借助季风和洋流，利用传统航海技术开展东西方交流的海上通道。广东的海上丝绸之路史迹具有起始年代早、时代跨度大、数量众多、类型丰富、保存较好等特点。在对全省的海上丝绸之路史迹进行系统调查和梳理的基础上，本书探讨了广东海上丝绸之路史迹的认定标准、类型划分、时空特征。从文化线路的视角总结了海上丝绸之路史迹的整体、功能、交流等价值体系，结合海上丝绸之路申遗工作，提出广东海上丝绸之路史迹的保护管理与利用策略，并对重点史迹申遗路径进行了思考。

　　本书适宜文化遗产管理、考古学、历史学及相关专业研究人员和高等院校师生阅读、参考。

图书在版编目（CIP）数据

　广东海上丝绸之路史迹保护管理研究 / 张晓斌著. —北京：科学出版社，
2024.6
　（广东省文物考古研究院丛书系列）
　ISBN 978-7-03-077403-3

　Ⅰ.①广…　Ⅱ.①张…　Ⅲ.①海上运输—丝绸之路—文物保护—研究—
广东　Ⅳ.①K296.5

　中国国家版本馆CIP数据核字（2024）第004399号

责任编辑：樊　鑫 / 责任校对：张亚丹
责任印制：张　伟 / 书籍设计：金舵手世纪

科学出版社 出版
北京东黄城根北街16号
邮政编码：100717
http://www.sciencep.com
北京中科印刷有限公司印刷
科学出版社发行　各地新华书店经销
*
2024年6月第 一 版　开本：787×1092　1/16
2024年6月第一次印刷　印张：14 1/4
字数：320 000

定价：188.00元
（如有印装质量问题，我社负责调换）

序

张晓斌在其博士学位论文基础上修订的《广东海上丝绸之路史迹保护管理研究》即将出版。这本书为广东海上丝绸之路史迹的保护管理工作提供了重要参考，也是他本人在此领域潜心钻研的可喜收获。

广东是海上丝绸之路史迹丰富的省份，广东片区的海上丝绸之路史迹具有起始年代早、延续时间长、数量众多、类型较齐全、保存尚完整等特点，研究基础也比较好。自2012年国家文物局将广州列入中国世界文化遗产"海上丝绸之路"预备名单城市以来，广东省的汕头、湛江、江门、阳江、潮州、惠州、茂名、佛山等城市陆续加入到海丝申遗的工作中，2017年广州更是被推选为海上丝绸之路保护和申报世界文化遗产的牵头城市，广东海上丝绸之路史迹的保护管理工作益发得到重视，面临的压力也益发巨大。

张晓斌在广东省文物局工作期间在职攻读博士学位，接触到许多海上丝绸之路史迹的保护管理工作，于是和我商量以此方向作为博士学位论文选题。我很认同这项研究的意义，又考虑他有实际工作经验，尤其是熟悉材料，就确定了这一选题。张晓斌写论文很认真、很辛苦，2018年顺利通过了答辩。在广东省文物考古研究所（现广东省文物考古研究院）工作期间，他继续关注这个问题，补充材料，提升认识，精心修改，形成了这部书稿。

该书分为七章，依次为绪论、广东海上丝绸之路史迹的类型划分、广东海上丝绸之路史迹的时空特征、文化线路视角下广东海上丝绸之路史迹的价值、广东海上丝绸之路史迹的保护管理与利用策略、广东海上丝绸之路重点史迹申遗和结语，主体内容为类型划分、价值阐释和对策分析三个板块。近年来从考古学上进行文化遗产研究的学位论文大致都是这种论述逻辑，该书不能说有很多创见，但至少有几个优点值得肯定。

首先是资料的完整性、可靠性。作者以广东省第三次全国文物普查成果为基础，对照广东海上丝绸之路史迹的认定标准和其他省份的经验，从全省近4万处文物点中遴选出400多处相关史迹点，资料全面、翔实，图文并茂。该书对于史迹点的遴选是以严谨分析为前提的，如海防设施与海上丝绸之路的关系历来有争论，作者认为"《国际古迹遗址理事会（ICOMOS）文化线路宪章》明确指出了'边境哨所'等军事设施是线路的构成要素，是文化线路军事功能的重要体现。这方面在陆上丝绸之路遗迹认定和申遗方面得到了体现……而海上丝绸之路上的部分海防设施，在建设之初或使用过程与陆上丝绸之路的军事设施功能几乎是一致的……只不过它们在鸦片战争之后更多地担负起抗击外敌入侵的角色，因此，不能因为后期的功能转变，就否定海防设施前期在海上丝绸之路中的价值"（第48页），并举明万历二十二年（1594年）南澳山种树记碑为例加以说明，具有说服力。凡此分析，保证了资料的可靠性。

其次是资料的系统性，主要是指对广东海上丝绸之路史迹类型的合理划分。《中华人民共和国文物保护法》将不可移动文物分为古遗址、古墓葬、古建筑、石窟寺及石刻、近现代重要史迹及代表性建筑计五类，袭用该分类体系显然不足以反映广东海上丝绸之路史迹的类型特征。2017年中国文化遗产研究院编制的《海上丝绸之路·中国史迹申遗文本》（内部资料），基于4省8市31处具有突出普遍价值的遗产点，将海上丝绸之路中国史迹划分为基础设施类遗存（包括港航遗存、海神祭祀设施和管理设施等）、生产设施遗存（窑址）和产物类遗存（相关宗教遗存、聚落和墓葬等）三大类。广东海上丝绸之路史迹类型丰富，水下沉船、海神信仰建筑、航标地标等在全国尤其突出。作者参考2017年申遗文本的分类，根据实际情况将广东省海上丝绸之路史迹分为港航设施、生产设施、交流设施、海神信仰设施和其他设施共五大类，其下又划分为若干小类（包括首次将沉船和航标列入港航设施下面的航线遗存），虽然具体划分和名称仍然可以斟酌（如海防设施似可以从港航遗存中剥离为单独一类，海神信仰建筑也不宜称为设施），但资料梳理有序，系统性很强，实用性也很突出。

在海上丝绸之路史迹的价值阐释方面，该书不是以具有杰出代表性的史迹点就一般意义上的历史、艺术、科学、文化和社会价值展开论述，而是解析《国际古迹遗址理事会（ICOMOS）文化线路宪章》的"背景"、"内容"、"作为整体的跨文化意义"、"动态特性"和"背景环境"等价值构成要素，在"整体性是文化线路遗产价值的核心、功能性是文化线路的本质特征、交流性是文化线路的基本属性"的意义上理解和阐述广东海上丝绸之路史迹作为文化遗产的价值体系。事实上，无论出自何种目的，文化线路首先是不同国家、民族或区域之间在物资、技术、文化等方面持续交流的交通线路，商贸交流是海上丝绸之路开通的动因，其后在本始的贸易功能基础上衍生出信仰、政治、军事等功能，并由此产生动态的功能价值及文化、科技、艺术等交流价值。正是由于准确地把握到海丝遗产的价值阐释路径，并且比较全面地总结出广东海上丝绸之路的时空特征（包括注意到广东特定地理环境、历史环境下内河航线的衔接转运作用），该书对于广东海上丝绸之路史迹价值体系的阐释也就比较到位，从而为保护管理研究铺垫了基础。

该书关于广东海上丝绸之路史迹保护管理与利用策略的研究具有针对性和时效性，对于目前保护管理现状、利用现状的评估都合乎实际，对策建议也不乏亮点。2014年以来，中山大学先后承担了"广东省海上丝绸之路遗迹调查、研究与编辑出版"、"广州市申报世界文化遗产史迹点文化价值阐释"等研究课题，参与了广东汕头市、湛江市的一些申遗工作，我感觉由于对海上丝绸之路性质的认识不统一，对于相关史迹的认识也就不一致。该书第六章讨论了广东重点申遗史迹的遴选和价值评估等问题，启发性很大，如书中辩证地看待文化遗产的真实性原则，认为"南海Ⅰ号"、"南澳Ⅰ号"沉船作为航线遗存的突出代表申报世界文化遗产，"不但为古代海洋文化、海上交通、海外贸易提供物证，而且显著地完善和丰富了海上丝绸之路文化线路申报世界文化遗产的遗产要素"（第190页），在学理上讲得通，现实操作性很强。

这部书稿在修订时已经尽可能弥补了答辩时指出的缺憾，不过对于海上丝绸之路及其史迹的考古学、历史学研究成果的吸收还是有所不足。考古学、历史学研究是深刻认知海上丝绸之路的前提，也是海上丝绸之路史迹有效保护、管理的基础。由于番禺、徐闻的海上贸易交通已经见于史汉二书，广东海上丝绸之路史迹的研究起步较早，成果也很多，但仍然有很多空间，近年佛山南海奇石窑和文头岭窑的考古发现得以确认"南海Ⅰ号"部分出水印纹酱釉罐的产地，证实"南海Ⅰ号"曾经从广州离岸就是一例。不算苛求的话，我觉得书稿尚缺乏对于不同海丝史迹类型及若干史迹点之间关联性的讨论，行文也有些平淡。在该书出版之际，作为导师，我觉得有必要借此序言感谢答辩委员会吉林大学李伊萍教授（主席），北京大学雷兴山教授，武汉大学余西云教授，中山大学许永杰教授、郭立新教授的中肯意见，这些意见为论文修订指明了方向。

"申遗不是海上丝绸之路保护与管理工作的最终目标，而是意味着承担更大的保护责任，只有依靠有效的保护与管理手段，才能保证海上丝绸之路遗产的真实性、完整性，才能不断发挥其价值并为后代永续所用"（第183页），这段话其实也说明了该书出版的意义所在。海上丝绸之路的广东片区始终处于中国海外贸易、海上交通的前沿之地，经济腹地宽广，海上丝绸之路的影响辐射我国岭南、东南沿海，越南北部以及东南亚、日本、中近东和非洲等地，这部书稿的意义不仅局限于广东海上丝绸之路史迹的保护管理。相信能够见到张晓斌更精彩的后续研究。

郑君雷

中山大学历史人类学研究中心

目 录

插图目录

插表
目录

第一章

绪　论

　　海上丝绸之路的开辟是人类文明进程的里程碑式事件，是古代人类借助季风和洋流，利用传统航海技术开展东西方交流的海上通道，也是东西方不同文明板块之间经济、文化、科技、宗教和思想相互传输的纽带[①]。它缩短了东西方之间的距离，对世界文明的发展产生了重大而深远的影响。海上丝绸之路是经济贸易之路，是技术交流之路，是文化传播之路，也是和平友谊之路。

第一节　研究背景及思路

　　19世纪末，德国地质学家李希霍芬[②]（1833—1905年）把古代陆上的中西贸易通道形象生动地称为丝绸之路，其后法国汉学家沙畹[③]（1865—1918年）等提出丝路有海陆两道，相对于陆上丝绸之路，海路就自然称为海上丝绸之路。此后，日本学者三杉隆敏[④]、中国学者饶宗颐[⑤]、陈炎[⑥]等也先后进行了研究。关于海上丝绸之路的相关研究逐渐成为世界性显学。

一、研究背景

　　1986年，联合国大会就通过了"世界文化发展十年"战略，根据这个规划，1988年联合国教科文组织启动了"对话之路：丝绸之路整体性研究"项目，从1990至1995

---

① 姜波，赵云，丁见祥. 海上丝绸之路的内涵与时空框架. 中国文物科学研究，2016（2）.

② Ferdinand Freiherm von Richthofen. China: Ergebnisse eigner Reisen und darauf gegrundeter Studien, Erster Band. Berlin: Verlag von Dietrich Reimer, 1877.

③ 〔法〕沙畹，著. 西突厥史料. 冯承钧，译. 北京：中华书局，2004.

④ 〔日〕三杉隆敏. 海のシルクロードを求めて—東西やきもの交涉史. 大阪：創元社，1968.

⑤ 参见饶宗颐《蜀布与Cinapatta——论早期中、印、缅之交通》.

⑥ 陈炎. 略论海上"丝绸之路". 历史研究，1982（3）.

年，该组织召集各国专家分别对沙漠丝绸之路、海上丝绸之路、中亚草原丝绸之路、尼泊尔佛教丝绸之路和蒙古游牧丝绸之路进行了实地考察①。其中，1990年12月到1991年3月，对从意大利威尼斯到中国广州、泉州，至日本大阪的海上丝绸之路进行了考察②。其后一系列的丝绸之路申遗活动均基于这个30多年前的国际研究项目，这项活动时间跨度长，参与的国家多，社会涉及面广，着眼于丝绸之路不同文明的交流与对话，是一项和平和友谊的创举。2013年10月，中国国家主席习近平在印度尼西亚访问时提出共建"21世纪海上丝绸之路"的倡议。此后，"一带一路"成为国内外的热门话题，并在各个领域形成研究热潮。

2014年6月，"丝绸之路：长安—天山廊道的路网"成功列入《世界遗产名录》，此后，海上丝绸之路保护和申报世界文化遗产工作便逐渐提上议事日程。可以说，海上丝绸之路保护管理工作的研究一直是在申报世界文化遗产的背景下进行的。

（一）中国海上丝绸之路保护和申遗历程回顾

2006年12月，国家文物局公布了《中国世界文化遗产预备名单》，其中有泉州、宁波两市列入了海上丝绸之路中国段的预备名单。

2012年11月，国家文物局重新公布了《中国世界文化遗产预备名单》，广东广州，广西北海，福建漳州、泉州、福州，浙江宁波，江苏南京、扬州，山东蓬莱9个城市共同列入中国"海上丝绸之路"预备名单城市。

2016年3月，国家文物局在北京召开海上丝绸之路申遗工作会议，决定将泉州、广州、宁波、南京四个节点片区海上丝绸之路史迹作为中国2018年申遗项目，其中泉州作为牵头城市。

2016年5月，泉州、广州、宁波、南京四市在泉州召开申遗联席工作会议，签署了《海上丝绸之路保护与申遗中国城市联盟章程》和《中国海上丝绸之路保护与申遗城市联盟关于保护海上丝绸之路遗产的联合协定》，正式建立了联合申遗工作机制。

2016年6月，国家文物局在泉州召开海上丝绸之路国际学术研讨会。来自印度、印度尼西亚、马来西亚、泰国、新加坡、希腊、日本、韩国等10多个海上丝绸之路沿线国家文化遗产领域的管理者和联合国教科文组织世界遗产中心等国际组织相关专家学者，以及中国相关领域专家，沿海重要港口城市的代表，共60多人一同交流与探讨海上丝绸之路文化遗产的研究和保护工作。

---

① 童明康. 从成功申遗到永续保护　写于丝绸之路成功申遗一周年之际. 世界遗产，2015（5）.

② 刘迎胜. 威尼斯—广州"海上丝绸之路"考察简记. 中国边疆史地研究，1992（1）.

2016年7月，国家文物局向广州等市发出通知，全国共有9个城市31处遗产点入选首批名单，另有4处作为关联遗产点。

2017年1月，因各种原因，国家将中国2018年世界文化遗产申报项目由海上丝绸之路中国史迹改为"古泉州（刺桐）史迹"。

2017年4月，国家文物局在广州召开海上丝绸之路保护和申遗工作会议，指出海丝申遗是一项长期而艰巨的任务，要在联合国教科文组织世界遗产中心的支持下，借鉴陆上丝绸之路申遗的成功经验，推动我国与海上丝绸之路沿线相关国家实现跨国联合申遗。会议推选了广州市为海上丝绸之路保护和申遗新的牵头城市。

2018年4月，海上丝绸之路保护和联合申报世界文化遗产城市联盟第一次联席会议在广州召开，广州、宁波、南京、漳州、莆田、江门、丽水、阳江、扬州、福州、蓬莱、北海、黄骅、汕头、三亚、湛江、潮州、南通、连云港、苏州、淄博、东营、威海共23个海丝申遗城市共同签署《海上丝绸之路保护和联合申报世界文化遗产城市联盟章程》，审议通过联盟办公室工作规程，这标志着海上丝绸之路保护和联合申遗进入到一个新阶段。

（二）广东省海上丝绸之路保护和申遗工作回顾

2014年4月，广东省文化厅召开海上丝绸之路申报世界文化遗产工作会议，汕头、湛江、江门、阳江、潮州等市先后提出了加入到海上丝绸之路申遗工作的申请，并制定了申遗工作方案，成立了领导小组。

2015年5月，广东省印发了《广东省海上丝绸之路史迹申报世界文化遗产工作方案》，对全省海丝申遗工作的目标、任务、措施等提出了相关要求。

2015年8月，广东省文化厅在广州召开海上丝绸之路文化遗产保护研讨会，省内6个城市共确定申遗点16处35个遗产点。

2016年6月，广东省政府成立了广东省海上丝绸之路申报世界文化遗产工作领导小组，并召开了领导小组工作会议。

2017年4月后，根据国家文物局在广州召开的海上丝绸之路保护和申遗会议精神，广东各地不断完善和丰富全省海上丝绸之路的申遗名单和遗产构成要素，有更多的城市及遗产点相继进入国家申遗行列。

二、研究意义

海上丝绸之路是古代东西方文明之间的贸易之路、文化之路、友谊之路，是人类不同文化互动与共存的见证与延续。2013年10月，国家主席习近平在印度尼西亚提出共建"21世纪海上丝绸之路"的倡议，2014年，建设"丝绸之路经济带"和"21世纪海上丝绸之路"写进了政府工作报告，此后，"一带一路"迅速成为国内外的热门话题，并在各个领域形成热潮。

广东是中国海上丝绸之路的发祥地，文化资源非常丰富，在海上丝绸之路和中外海上交通贸易史上占有极为重要的地位。总的来说，广东的海上丝绸之路史迹具有起始年代早、时代跨度大、数量众多、类型丰富、保存较好等特点。然而，这么丰富的遗产资源此前没有进行过系统的摸查和梳理工作，全省涉及海上丝绸之路的文化遗产数量、类型、保存状况、展示和利用情况等均不够清晰，海上丝绸之路历史文化资源的价值没有得到充分发掘，未能充分体现广东作为海上丝绸之路历史文化资源大省的地位。

首先，开展海上丝绸之路史迹保护管理研究有助于明确相关概念和标准。目前，学界关于海上丝绸之路的研究主要集中在历史学、海洋学等领域，对海上丝绸之路的相关史迹关注不多，由此导致对海上丝绸之路史迹的认定标准模糊，对海上丝绸之路史迹的时间上下限不统一等诸多问题。本书建立在对广东省第三次全国文物普查登记的3.7万多处各类不可移动文物的全面调查和筛选工作基础上，辅之以现场调查和专家论证，共遴选广东海上丝绸之路史迹430处，通过对这400多处史迹进行进一步筛选、分类和研究，期望对海上丝绸之路史迹的类型划分、认定标准、时间界限等问题有一个比较清晰的认识。

其次，开展海上丝绸之路史迹调查研究是申报世界文化遗产工作的前提与基础性工作。2012年11月，国家文物局公布的《中国世界文化遗产预备名单》中广东省只有广州市，但广东还有很多地区保存的海上丝绸之路史迹也十分重要，是古代海上丝绸之路的重要节点。此后，汕头、潮州、江门、阳江、湛江、惠州、佛山、茂名等市相继提出并加入到海上丝绸之路申遗行列。然而，申报世界文化遗产是一项艰巨的系统工程，只有在全面摸清全省海上丝绸之路史迹的基本保存状况后，才有可能对全省的海上丝绸之路史迹进行系统的价值评估，并对照联合国教科文组织申报世界文化遗产的标准遴选出精华，提出全省范围申报世界文化遗产文物点的备选名单，可以说，开展海上丝绸之路史迹调查研究对广东申报世界文化遗产工作有积极的现实意义。

此外，开展海上丝绸之路史迹保护管理研究也具有现实意义。广东是海上丝绸之路历史最长、港口最多、航线最广的省份之一，是南海丝绸之路经久不变的中心地区，保留下来的遗迹十分丰富。开展海上丝绸之路调查与保护管理研究是证明广东省作为海上丝绸之路遗产大省的基础性工作，是落实国家"一带一路"倡议的重要举措。此外，开展海上丝绸之路史迹保护管理研究也可以为广东文化强省建设贡献力量，其成果可以为历史文化资源的合理开发和利用提供决策依据，促进文旅融合，带动博物馆事业、文化产业、旅游行业的高质量发展。

三、研究思路

根据2015年修订并出版的《中国文物古迹保护准则》，文物古迹保护和管理程序分为六步，依次是调查、评估、确定文物保护单位等级、制订文物保护规划、实施文物保护规划、定期检查文物保护规划及其实施情况[①]。其中，日常管理工作又贯穿于文物古迹保护工作的后五步程序（表1-1）。管理是为文物古迹保护、实现文物古迹的价值进行的协调和组织工作，包括确定文物古迹保护目标、制定规章制度，组织对文物古迹的研究，阐释文物古迹的价值，实施对文物古迹的保护、监测，管理文物古迹中的旅游活动，建立高素质的管理队伍[②]。

表1-1 文物古迹保护工作程序表[③]

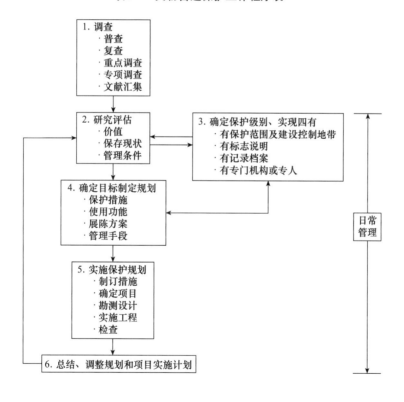

① 国际古迹遗址理事会中国国家委员会. 中国文物古迹保护准则（2015年修订）. 北京：文物出版社，2015：13.

② 吕舟.《中国文物古迹保护准则》的修订与中国文化遗产保护的发展. 中国文化遗产，2015（2）.

③ 国际古迹遗址理事会中国国家委员会. 中国文物古迹保护准则（2015年修订）. 北京：文物出版社，2015：16.

本书的写作思路大致按照该准则确立的程序布局谋篇，第一章为绪论部分，介绍写作背景；第二章介绍广东海上丝绸之路史迹的调查成果和类型划分，属于文物古迹的调查环节，是保护管理中最基础的工作；第三、四章讨论广东海上丝绸之路史迹的时空特征和构成价值，属于文物古迹的评估环节，评估是建立在调研的基础上，同时必须开展相关研究工作；第五、六章讨论广东海上丝绸之路史迹的保护管理与利用策略，以及重点史迹申遗，属于文物古迹保护和管理的最后四环节相关内容，即文物古迹的日常管理。

四、研究方法

1. 资料收集和实地调查相结合

本书的一项重点工作是对广东省海上丝绸之路的历史文化遗产进行全面调查和梳理，尽可能全面占有一手资料是本书写作最基础和最重要的方法。笔者充分利用广东省第三次全国文物普查的成果和数据库，对照广东海上丝绸之路史迹的认定标准，对全省普查登记在册的3万多处文物点进行筛选。在充分掌握资料的基础上，对一些存在疑问的史迹点开展实地调查工作，重点调研广东沿海海上丝绸之路史迹丰富的地区，并赴福建、浙江、江苏、广西等省区其他申遗城市学习调研。从中遴选出较全面准确的广东海上丝绸之路历史遗产资源库。

2. 分类法和案例法相结合

一种分组归类方法的体系，通常称为类型，类型学是受生物分类学的启发而产生，后来经过引申进入语言学、建筑学、考古学等领域，本书将借用类型学的相关理论方法，对广东省海上丝绸之路史迹进行归类，以期总结出一套适合海上丝绸之路史迹的分类方法。在分类的基础上，使用案例法，借鉴列入中国"海上丝绸之路"申遗名单的相关城市的典型遗产点以及国外经验，选择若干典型史迹，通过深入剖析相关案例，提出可行性建议。

3. 基础研究和应用研究相结合

将考古调查、实地调研、文献研究、文化内涵分析等基础学术研究，与其他应用研究相结合，按照时间性（纵轴）和区域性（横轴）两个研究维度，纵横结合，把握广东与周边地区、遗迹与遗物、海洋文化与陆地文明、中国本位与国际视角、基础研究与现实应用等几组关系，从文化遗产和公共管理研究的角度开展系统性的研究。

五、相关概念界定

在展开讨论前，有必要对本书涉及的相关概念作一梳理。

1. 海上丝绸之路

前已所述，丝绸之路概念最先由李希霍芬提出，法国汉学家沙畹提出丝路有海陆两道，此后日本学者三杉隆敏，中国学者饶宗颐、陈炎等也先后进行了研究。其中陈炎教授在其专著《海上丝绸之路与中外文化交流》中指出："海上丝路把世界文明古国，如希腊、罗马、埃及、波斯、印度和中国，又把世界文明的发源地如埃及文明、两河流域文明、印度文明、美洲印加文明和中国文明等都连接在一起，形成了连接亚、非、欧、美的海上大动脉，使这些古老文明通过海上大动脉的互相传播而放出了异彩，给世界各族人民的文化带来了巨大的影响。"①

张维华主编的《中国古代对外关系史》一书写道："从古代对外交往的范围来看，陆、海两路是主要的孔道……海路的交通开始虽早，真正的繁荣是在隋唐及以后，至明成祖遣郑和下西洋而达于极盛，使通往东南亚、南亚、阿拉伯和非洲东岸国家的海路贸易迅速发展。人们有时也称海上的对外交通为'海上丝路'或'陶瓷之路'，可见其具有与陆路交通同等的重要性。"②

关于海上丝绸之路的相关概念与内涵，刘迎胜教授③、陈高华教授④、李庆新教授⑤等诸多学者都有专门论述，在学界已是家喻户晓、深入人心。

2. 海上丝绸之路史迹

根据《海上丝绸之路保护和联合申报世界文化遗产城市联盟章程》的定义⑥，海上丝绸之路史迹是指古代人们主要借助季风与洋流自然条件，利用传统航海技术，开展东西方交流的海路网络中具有历史、科学、艺术价值的珍贵遗产。

海上丝绸之路史迹是与海上丝绸之路相关的不可移动文物。严格意义上，它不包含可移动文物，也不包含非物质文化遗产，只是在涉及遗址、墓葬中出土文物时，会

① 陈炎. 海上丝绸之路与中外文化交流. 北京：北京大学出版社，1996.
② 张维华. 中国古代对外关系史. 北京：高等教育出版社，1993：6.
③ 刘迎胜. 丝绸之路. 南京：江苏人民出版社，2014.
④ 陈高华，吴泰，郭松义. 海上丝绸之路. 北京：海洋出版社，1991.
⑤ 李庆新. 海上丝绸之路. 北京：五洲传播出版社，2006.
⑥ 《海上丝绸之路保护和联合申报世界文化遗产城市联盟章程》由广州市海上丝绸之路申遗办公室提供，并由各申遗城市共同签订。

涉及个别可移动文物，但这些可移动文物必定是与遗址或墓葬有直接的内在联系，如汉墓中出土的舶来品能直接证明与海外的商贸和文化交流关系。古代的船舶虽然是移动的，但其沉没后所形成的沉船遗址，也是海上丝绸之路史迹的重要组成部分。

3. 广东海上丝绸之路及其史迹

陈炎教授在《海上丝绸之路与中外文化交流》一书中专节讨论了"南海丝绸之路与中外文化交流"，指出"南海丝绸之路开始于汉朝，两千多年来，丝绸贸易从未中断而且越来越发达，几乎是这条航线通过哪里，哪里就有丝绸贸易，中国的丝绸就传播到哪里。"[①]南海丝绸之路的中心，无疑是以广州为代表的广东地区，《史记》最早记载的汉徐闻港、番禺港，唐代广州就有通海夷道，宋元明清时期的广东沿海各大港口，都说明广东的海上丝绸之路是海上丝绸之路的重要而不可或缺组成部分。20世纪30年代，梁启超在《世界史上的广东》就对广东在世界海洋发展史上的地位给予了高度评价。沈光耀在《中国古代对外贸易史》一书中就说道："广州是我国历史上资格最深，历代相沿，唯一不衰的对外贸易港口，可以说一部中国对外贸易史是写在广州的记录上的，没有古老的广州港，中国对外贸易史也就支离破碎，不堪入目了[②]。"（图1-1）

广东海上丝绸之路史迹是指现存于当前广东省行政辖区内（不包括港澳地区）与海上丝绸之路相关的不可移动文物。

第二节　广东海上丝绸之路的地理环境与历史沿革

广东地处南海之滨，位于中国大陆南部沿海，是中国海洋文化的重要发祥地，对广东的地理环境、海洋河流和海上丝绸之路的历史背景进行梳理，是理解广东缘何在海上丝绸之路千年不衰的基础。

一、地理环境

广东位于中国大陆最南部，东邻福建，北与江西、湖南接壤，西连广西，南朝中国南海，珠江口东西两侧分别毗邻香港、澳门两个特别行政区，西南部的雷州半岛则与海南省隔海相望。全境位于北纬20°09′—25°31′和东经109°45′—117°20′。根据2014年度土

---

① 陈炎. 海上丝绸之路与中外文化交流. 北京：北京大学出版社，1996：67.

② 沈光耀. 中国古代对外贸易史. 广州：广东人民出版社，1985：145-146.

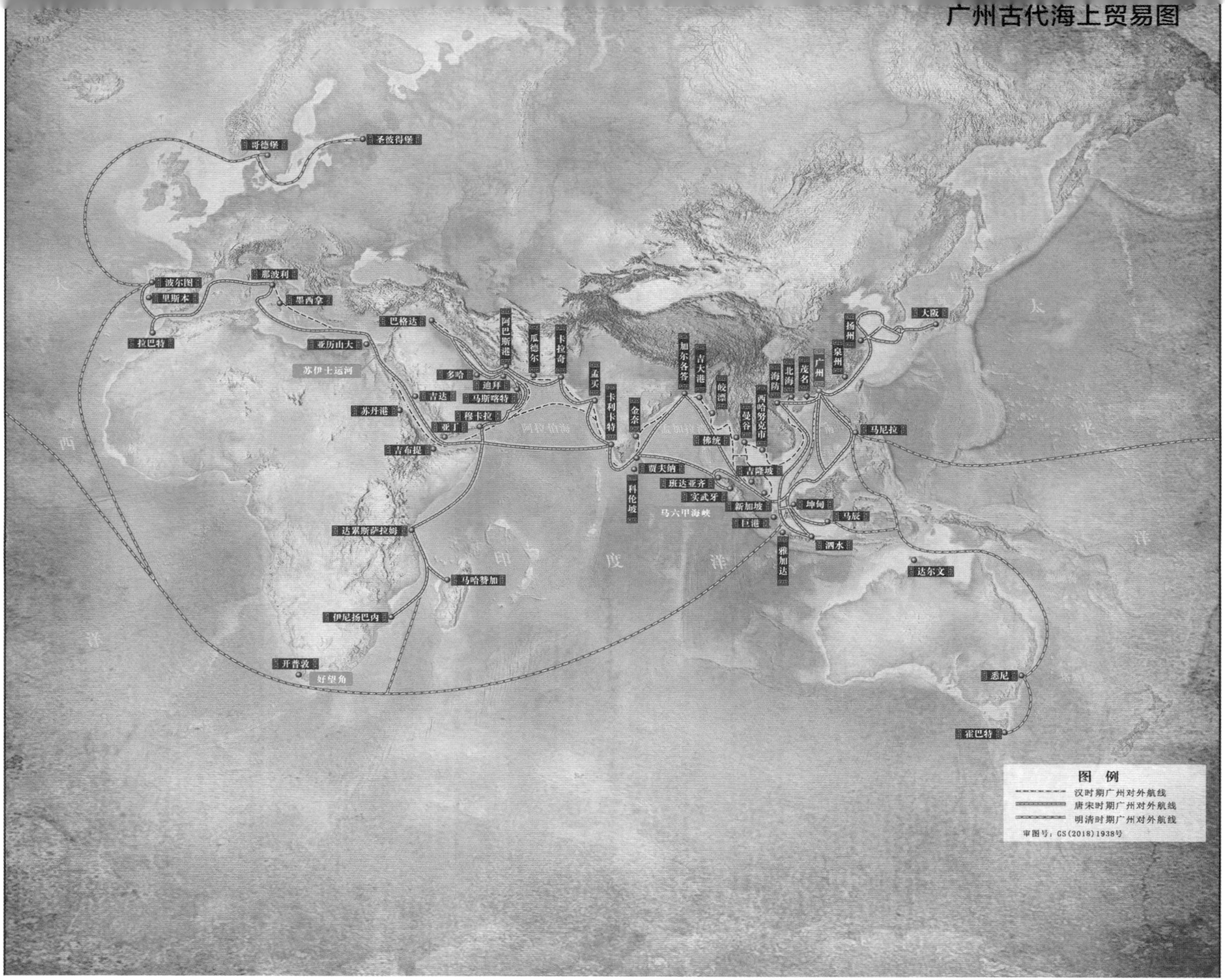

图例

—— 汉时期广州对外航线
—— 唐宋时期广州对外航线
---- 明清时期广州对外航线

审图号：GS(2018)1938号

图 1-1　广州海上丝绸之路路线示意图

[图片来源：自然资源部标准地图服务原图，审图号 GS（2018）1938号]

地变更调查，全省陆地面积17.97万平方千米，其中岛屿面积1448平方千米①。全省沿海有面积500平方米以上的岛屿759个，居全国第三位。全省大陆海岸线长4114.3千米，居全国第一位（图1-2）。按照《联合国海洋公约》关于领海、大陆架及专属经济区归沿岸国家管辖的规定，全省海域总面积41.9万平方千米。广东充分利用辽阔的海岸线、优良的港口和季风洋流的作用，凭借便捷的内陆交流和广泛的经济腹地等天然优势，发展出大大小小的港口，使之成为中国古代海上丝绸之路唯一千年不衰的区域②。

　　广东省属于东亚季风区，从南向北分别为热带、中亚热带和南亚热带气候，光、热和水资源均较丰富，且雨热同季，降水主要集中在4—9月。全省年平均气温21.8℃，年平均降水量为1789.3毫米。广东省是各种气象灾害多发省份，主要灾害有暴雨、洪涝、雷击、台风、强对流天气、高温、干旱等灾害③。由于面对广阔的海洋，广东的季风气候特点十分明显，夏季盛行西南、南和东南风；冬季盛行西北、北和东北风，古人很早就学会利用独特的季风开展远洋帆船航行。此外，南海海域的洋流冬季为东北向西南流动，夏季为西南向东北流动，也对海上航行起了重要作用。可以说，广东沿海优越的自然条件和季风、洋流的气候条件，为岭南地区海上丝绸之路的生生不息提供的天然条件④。

　　广东简称粤，历史悠久。秦朝以前，广东是古越族人聚居地，称为百越之地。秦始皇三十三年（公元前214年）统一岭南后，设置了南海郡。汉初赵佗据岭南三郡称南越国，建都番禺，即今广州。汉武帝平南越后，复置南海郡。元封五年被收入交州，谓之"初开粤地宜广布恩信也"，后将广信以东划为广东，广东得名由此而来。广东依山傍海，区域内河网纵横，水运发达，生活在这里的先民，从早期的渔猎文明、稻作文明到后来的商贸文明，可以说都离不开水，逐渐形成喜流动，不保守的特性，从而构建起区别于内陆文明或河谷文明的岭南文化。此外，海上丝绸之路在秦汉开通以来，岭南一直是中外文化交流的前沿阵地，西方的宗教、科技、艺术等都从这里登陆，东西方的政治、经济、文化、思想在这里发生碰撞，外来文化也给岭南文化注入了新活力，形成悠久的商业贸易和接纳外来文明的传统。经历代不断开发，广东成为中国通往世界各地的南大门，是中国对外贸易的重要口岸，是中国现代工业和民族工业的发源地之一。此外，广东人凭借地处沿海的先天条件，自唐代开始便陆续有人出洋谋生，

①　广东省人民政府网站 http://www.gd.gov.cn/gdgk/sqgm/201501/t20150121_208189.htm.

②　广东省情网 http://www.gd-info.gov.cn.

③　中央政府门户网站 http://www.gov.cn/test/2013-03/20/content_2358567.htm.

④　广东省情网 http://www.gd-info.gov.cn.

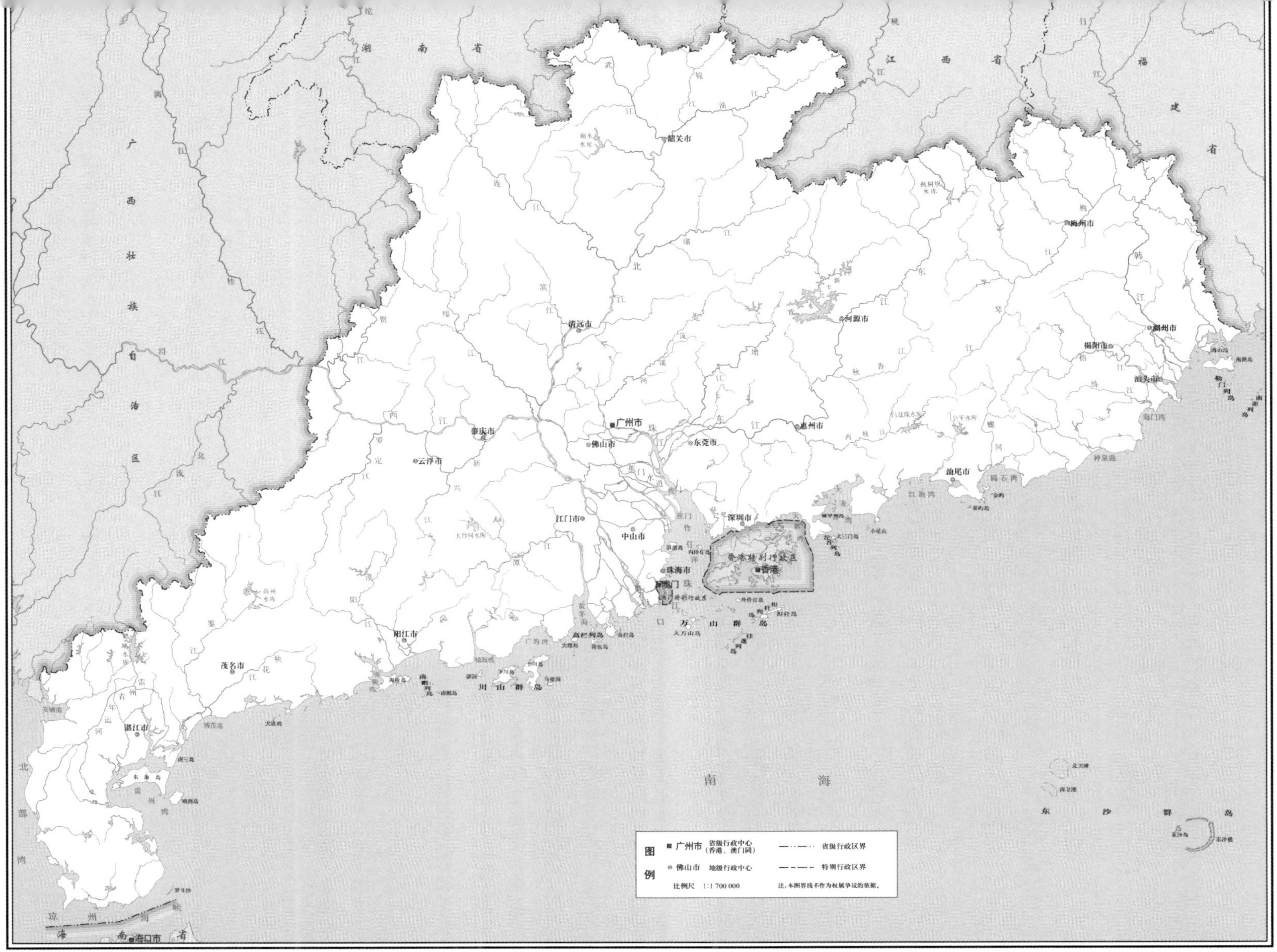

审图号：粤S（2019）034号

广东省自然资源厅 监制

图1-2 广东省地图（水系要素版）

［图片来源：广东省标准地图服务子系统原图，审图号：粤S（2019）034号］

华侨人数居全国首位①。总之，广东文化在几千年的发展过程中逐渐形成自己浓郁的地方特色，并与外来文化兼容并蓄，具有务实、开放和创新等特点。

（一）湾澳

广东是海洋大省，海岸线漫长，大陆海岸线长度为4114.3千米，居全国首位。按照《联合国海洋公约》关于领海、大陆架及专属经济区归沿岸国家管辖的规定，全省海域总面积41.9万平方千米。自岸线向外海延伸至水深200米范围的海域面积约17.8万平方千米，与陆地面积基本相等②。

广东省海岸线曲折漫长，整个岸线自粤东的汕头开始向西南方向延伸，至粤西湛江岸线转向南面，绕过雷州半岛至廉江安铺。沿海有29个市、县。广东省海岸线介于北纬18°09′—23°40′之间，呈条带状自东北向西南展布，南北相距600千米，基本处于北回归线以南，处于热带的北缘。由于广东省海岸带大地构造上属于华南褶皱系的南端，岩浆活动和构造活动频繁，形成高地和低地相间的格局，山地丘陵直逼海滨，海岸线转折，港湾众多，岛屿星罗棋布，为港口选址、海洋产业、旅游业等的发展提供了优越的自然条件③。

粤东海岸西起大亚湾，东至柘林湾，大陆岸线长869.8千米，岛屿岸线长345.2千米，主要的海湾有柘林湾、汕头湾、碣石湾、红海湾、大亚湾等，主要的港口有汕头港、汕尾港、三百门港、海门港、考洲洋港、莱芜港、潮州港、神泉港、甲子港、碣石港、乌坎港等；珠江河口区东至香港，西至上川岛，北起各分流河口，南至淡水所及海域，总面积约1万平方千米。珠江河口区计有蕉门、洪奇沥、横门、虎门4条水道经伶仃洋出海，磨刀门、鸡啼门、虎跳门和崖门自流出海。粤西海岸东起镇海湾，西至雷州半岛西部的安铺港，海岸线长约1975.9千米，主要的海湾有镇海湾、阳江湾、海陵山湾、水东湾、湛江湾、雷州湾、安铺湾等，主要的港口有湛江港、阳江港、水东港、海安港等④。

（二）岛屿

广东岛屿众多，面积500平方米以上的岛屿有759个，总面积达到1599.9平方千

① 广东省地方史志编纂委员会. 广东省志·总述. 广州：广东人民出版社，2004：19.
② 广东省地方史志编纂委员会. 广东省志·总述. 广州：广东人民出版社，2004：10.
③ 广东省地方史志编纂委员会. 广东省志·总述. 广州：广东人民出版社，2004：32.
④ 广东省地方史志编纂委员会. 广东省志·总述. 广州：广东人民出版社，2004：10.

米，数量仅次于浙江、福建两省，居全国第三位，另有明礁和干出礁1631个，大致呈东北—西南、西北—东南或东西向排列。海岛是广东近海屏障，对海防、水产和航运有重要意义①。

广东省海岛东起南澳县的赤仔屿，西至遂溪县的调坤沙，北起饶平县的牛母礁，南至徐闻县的三墩，全省海岛共有1431个；其中面积大于500平方米的海岛648个，陆连岛42个，沙洲69个，合计759个。广东省最大的海岛是湛江市的东海岛，面积为289.5平方千米，第二是台山市的上川岛，面积为137.17平方千米，第三是湛江市的南三岛，面积为120.6平方千米，第四是南澳岛，面积为105.2平方千米，还有阳江市的海陵岛，面积为105.1平方千米。另外下川岛、达濠岛、三灶岛和横琴岛4个岛，面积都在50平方千米以上。在海岸线外的海域，自东向西分布着主要的岛群有南澎列岛、担杆列岛、佳蓬列岛、三门列岛、硇洲列岛、蜘洲列岛、万山列岛、高栏列岛、九洲列岛、南鹏列岛、川山群岛和东沙群岛等。此外，在海域中比较集中的海岛还有汕尾市遮浪角西南、红海湾东南角海域，由主岛竹屿等7个岛和众多礁岩组成的莱屿岛群，在徐闻县东北部海域以新寮岛为主的岛群②。

广东省海岛分布的海域宽阔，地处福建、台湾、广西、海南等省区海域之间，邻近中南半岛、东南亚各国和中国香港、澳门地区，是西太平洋来往于东南亚到印度洋等国的必经之地，是中国南大门的前沿阵地，也是广州等沿海城市的天然屏障。广东海岛背靠广阔的腹地，依托大陆城镇，对加快海洋生物资源、港口资源、旅游资源等的开发有重要作用。广东海岛分布相对集中，自东向西分布着20多个岛群；形成着近50个重要港湾，湾外水深，淤积很少，海域宽阔，障碍物少，具有发展万吨级泊位以上的港湾近10个，中、小型港湾近20个。有的海岛还可以相连，构成大型港湾或与大陆连接成港，是一项宝贵的海岛资源③。

（三）河流

广东境内水网密集，纵横交错，流量丰富，河流众多，内河航道与海洋沟通，海运、内河航运业发达。据统计，全省集水面积大于100平方千米的河流共有345条，其中大于1000平方千米的河流有38条。这些河流分属于珠江水系、韩江水系和粤西河流水系④。

---

① 广东省情网 http://www.gd-info.gov.cn.

② 广东省地方史志编纂委员会. 广东省志·总述. 广州：广东人民出版社，2004：9.

③ 广东省地方史志编纂委员会. 广东省志·总述. 广州：广东人民出版社，2004：9.

④ 广东省情网 http://www.gd-info.gov.cn/shtml/guangdong//gdgl/gdgk/dlgk/2017/12/07/244485C1.shtml.

1. 珠江水系

珠江是中国第四长河，由西江、北江、东江和珠江三角洲河网汇流而成，但没有共同的入海水道，最后由蕉门、虎门、洪奇沥、横门、磨刀门、鸡啼门、虎跳门和崖门8个口门注入南海①。

西江为珠江主流，发源于云南省曲靖市的马雄山，经贵州、广西两省区，自封开县入广东省境，由西而东横贯粤西中部。河长2197千米，流域面积45.26万平方千米，至三水的思贤滘与北江汇合，进入珠江三角洲，河水主要经磨刀门入海。西江在广东省为下游河段，集水面积大于1000平方千米的有贺江、罗定江、新兴江和黄华江等。流域面积1.5万多平方千米，年径流量平均为2300亿立方米，占全省水资源总量的57.6%，是广东省流量最大的河流②。

东江是珠江的主要支流，发源于江西省大竹岭，自龙川县入境，贯穿粤东北及粤中，至东莞的石龙镇分南北两水道流入狮子洋，经虎门入海，全长523千米（省内435千米）流域面积3.32万平方千米，集水面积大于100千米的各级支流共有98条，其中主要的有寻乌水、安远水、浰江、新丰江、秋香江和西枝江等。在广东省流域面积3.184万平方千米，年径流量为257亿立方米，占全省水资源总量的6.4%。东江的水能资源较为丰富，为广东省重要水能输出区，水质也好，是深圳、惠州、香港等地用水的主要水源③。

北江也是珠江的主要支流，发源于江西省信丰县爬栏寨。由北而南纵贯广东省中北部，至三水的思贤滘与西江汇合，主要从洪奇沥注入南海，全长468千米，流域面积4.67万平方千米。集水面积大于100平方千米的支流有149条。在广东省内主要支流有浈江、武江、南水、滃水、连江和绥江等。省内流域面积4.09万平方千米，为全省流域面积最大的河流，年径流量510亿立方米，占全省水资源总量的12.77%④。

2. 韩江水系

韩江是粤东的主要河流，发源地有两处：南源发源于紫金县七星岽；北源发源于福建省长汀县。其上游分别称梅江和汀江，于大埔县三河坝汇集后称韩江。全长470千米，流域面积3.01万平方千米，集水面积大于100平方千米的各级支流共有58条。在广东省内有48条，其中主要有五华水、宁江、石窟河、汀江和梅潭河等。韩江在广东

① 水利部珠江水利委员会，薛建枫. 中国江河防洪丛书：珠江卷. 北京：水利电力出版社，1995：2.

② 广东省地方史志编纂委员会. 广东省志·总述. 广州：广东人民出版社，2004：9.

③ 广东省地方史志编纂委员会. 广东省志·总述. 广州：广东人民出版社，2004：9.

④ 广东省地方史志编纂委员会. 广东省志·总述. 广州：广东人民出版社，2004：9.

省内流域面积2.0万平方千米，年径流量261亿立方米，占全省水资源总量的6.5%，水量较丰富，但上游地区水土流失十分严重①。

黄岗河发源于饶平县大东坪，自北而南流至柘林湾入海，全长87.2千米，流域面积1317.5平方千米。集水面积大于100平方千米的河流有九村水、食饭溪、东山溪和障溪水等4条②。

榕江发源于陆河县凤凰山，流经揭西、揭阳、潮阳，于牛田洋入海，全长175千米，流域面积4408平方千米。集水面积大于100平方千米的支流有上砂水、横江水、龙潭水、石肚水、五经富水和灰寨水等6条③。

3. 粤西河流水系

粤西主要有漠阳江和鉴江。漠阳江发源于云浮市云雾山，自北而南流经阳春，于阳江北津入海，全长187千米，面积6091平方千米。集水面积大于100平方千米的支流有西山河、三家河和潭河等14条。年径流量87.5亿立方米，占全省水资源总量的2.2%④。

鉴江发源于信宜云开大山南麓，流经高州、化州，至吴川黄坡注入南海，全长211千米，流域面积9433平方千米。集水面积大于100平方千米的支流有罗江、公馆河和袂花江等28条。年径流量93.48亿立方米，但由于发源地山体高大、河流短促，故径流变化大，在雨季多暴雨洪涝⑤。

二、历史沿革

如前所述，广东拥有全国最长的大陆海岸线，是名副其实的海洋大省和海上丝绸之路的发祥地。它地处亚洲、太平洋海上交通要冲，是中国大陆通往东南亚、大洋洲、中东和非洲等地的最近出海口。因为这些地理、历史和传统因素，广东长期在中国海外贸易中占据主导地位，是海上丝绸之路东方的起点之一。

海上丝绸之路有东海和南海两条航线。相对于东海航线，南海航线长，支线多，连接的国家与地区更多更广阔，是海上丝绸之路的主要航线。南海航线以中国南海为中心，中国的主要起点在广州。在两千多年的海上丝绸之路历史上，广东一直是中国

①　广东省地方史志编纂委员会. 广东省志·总述. 广州：广东人民出版社，2004：9.
②　广东省地方史志编纂委员会. 广东省志·总述. 广州：广东人民出版社，2004：10.
③　广东省地方史志编纂委员会. 广东省志·总述. 广州：广东人民出版社，2004：10.
④　广东省地方史志编纂委员会. 广东省志·总述. 广州：广东人民出版社，2004：9.
⑤　广东省地方史志编纂委员会. 广东省志·总述. 广州：广东人民出版社，2004：9.

海外贸易重地，发挥举足轻重的地位和作用①。

广东的海上交通贸易与文化交流形成于秦汉时期；发展于三国、两晋；隋唐时期日趋成熟，达到全盛；经唐末中衰后，宋代为复苏期，持续繁荣；元代为过渡期；明初为官方的对外贸易港口，明中后期随着贡舶贸易逐步被"大航海"商舶贸易所替代，广州港的作用随之变化，广东的"海上丝绸之路"也由此走向转折时期。

考古资料表明，早在新石器时期，汕头南澳岛就有人类活动，发现了距今8000年左右的细小石器②。此外在珠江口4.5海里左右的多个岛屿均发现了早期人类生活的遗迹和遗物，这与早期航海不无关系。珠海宝镜湾岩画位于珠海高栏岛西南部，年代大致为新石器时代晚期至商周时期，其中一组岩画由船形图案、人物、蛇、鸟、鹿、海浪和云雷纹等十多组图案组成，内容丰富，表现了古越族人航海活动和宗教活动的情景。

秦汉时期，番禺（广州）的造船业已颇具规模，在广州和德庆等地汉墓出土的船舶模型，是当时造船业发展的佐证，开辟海外贸易航船是不可缺少的重要条件。南越文王墓出土的原支非洲象牙、波斯银盒、焊珠金饰件，主产地在红海的乳香，还有汉墓出土的罗马玻璃等，说明早在南越国时期，广州就与西亚、非洲有了贸易往来。此外，在广州、佛山、南海、顺德、徐闻等地的汉墓中，也出土有象牙、犀角模型、琉璃、玛瑙、琥珀、宝石珠饰和胡人俑等，这些都是南海海上贸易的重要物证③。

魏晋南北朝时期，广东的海外贸易更加频繁，不少海外僧人和使者接踵而至。三国时万震的《南国异物志》载："外域人名船曰舶，大者长二十余丈，高去水三二丈，望之如阁道，载六七百人，物出万斛。"西晋太康二年（281年），天竺国（今印度）僧人迦摩罗来广州建三归、王仁两寺，是最早从海上入粤传教的僧人；光熙元年（306年），佛教名僧耆域泛海先至广州，后赴洛阳；东晋隆安五年（401年），罽宾国（今克什米尔）佛教名僧三藏法师昙摩耶舍来广州建王园寺（今光孝寺）传教；梁普通七年（526年），天竺国僧人达摩在广州下九路的西来初地登岸传教，"西来初地"名流传至今。英德、曲江、遂溪等地发现的波斯银币、金银器和智药三藏从印度带来种在光孝寺内的菩提树等，都是这一时期海上贸易的历史物证④。

唐宋时期，广州成为全国最大的港口城市，是中国对外贸易的中心，不仅开通了

① 龙家有，张晓斌. 广东省海上丝绸之路史迹的调查与保护. 南海水下文化遗产（第二辑）. 南京：江苏人民出版社，2016.
② 年代有争议，但不晚于4000年前。
③ 广东省地方史志编纂委员会. 广东省志·文物志. 广州：广东人民出版社，2007：7.
④ 广东省地方史志编纂委员会. 广东省志·文物志. 广州：广东人民出版社，2007：7.

"广州通海夷道"，为当时世界最长的远洋航线，航经今越南、马来西亚、印度尼西亚、斯里兰卡、印度、巴基斯坦、伊拉克、沙特阿拉伯、阿拉伯联合酋长国、坦桑尼亚，以至埃及，而且向东还有通日本、朝鲜半岛的航线。唐代，朝廷在广州首设市舶使，总管对外贸易事宜；随着对外贸易不断繁荣，外国商人不断增多，广州在西城专门设置了"蕃坊"，供外商集中居住。宋开宝四年（971年），宋太祖又在广州首设市舶司，掌管海外贸易事务，对海外贸易货物进行稽查，征收税款，实行许可证制度，这可以说是中国最早的海关①。宋代，瓷器外销达到鼎盛，各地名瓷汇聚广州出口，也促进了广东陶瓷业的发展，其中广州西村窑、笔架山潮州窑和湛江雷州窑的产品深受海外欢迎，出口量大。

元代，海外贸易非常发达，航运规模世界领先。官方除对民间海外贸易进行管理和征税外，还主动发展官营海外贸易，由朝廷选择商人或直接派出使节入海贸易。主要输出丝绸、瓷器等，输入珠宝、香料、药材、布匹等。在泉州、广州、庆元（今宁波）三地设立市舶司。海上丝绸之路所联系的国家和地区远比之前广泛，海上航线除延续宋代以来的航线外，还发展出一些新航线。元代广州在海上丝绸之路上的地位虽然有所下降，但仍然是海外贸易的重要港口。元大德八年（1304年）陈大震《南海志》记载，元朝前期到广州从事贸易的商人来自多达147个国家，占元代全国外贸涉及220多个国家和地区的67%②。

明清时期，对外贸易时禁时放，但广东并未禁止。明初实行海禁政策，仅对周边国家实行"朝贡贸易"。明永乐元年（1403年）置广州、泉州、宁波三市舶司。永乐三年在广州西关十八甫建立了"怀远驿"安顿外商；嘉靖年间（1522—1566年），废泉州、宁波两市舶司，只保留广州市舶司，广州成为全国唯一的对外通商口岸。清康熙二十四年（1685年）设粤、闽、浙、江四海关，粤海关成为全国最早设立的海关之一。康熙二十五年在广州开设专门对外贸易的十三行。乾隆二十二年（1757年）闭闽、浙、江海关，粤海关成为全国对外通商的唯一口岸③。

第三节　广东海上丝绸之路史迹的相关研究

关于广东海上丝绸之路史迹保护管理的相关研究工作主要有以下几个方面。

① 广东省地方史志编纂委员会. 广东省志·文物志. 广州：广东人民出版社，2007：7.
② 易西兵. 广州海上丝绸之路史迹的文化内涵与遗产价值. 岭南文史，2016（2）.
③ 广东省地方史志编纂委员会. 广东省志·文物志. 广州：广东人民出版社，2007：7.

一、基础学术研究

基础学术研究主要集中在历史学、考古学、海洋学等学科的海外交通史、中外贸易史、航海科技史、古代建筑、陶瓷考古、海洋考古学等领域，在"海上丝绸之路"的开通延续、港口航线、航海技术、海外贸易、历史地位等方面取得一批研究成果。陈炎教授是中国海上丝绸之路研究的开创者之一，其《海上丝绸之路与中外文化交流》[①]、《海上丝绸之路研究》、《陆上与海上丝绸之路》等都是经典之作，其中不少内容涉及南海丝绸之路；刘迎胜教授曾代表中国参加联合国教科文组织发起的"对话之路：丝绸之路整体性研究"项目，其《丝绸之路》[②]、《海上丝绸之路的缘起与中国视角》[③]等以宏大的叙事对海上文明史进行了回顾，并以中国视角解析了海上丝绸之路的缘起，还对海上丝绸之路的考察过程作过介绍[④]；广东省社会科学院广东海洋史研究中心李庆新教授多年来致力于广东海上丝绸之路研究，相继出版有《海上丝绸之路》[⑤]和《"南海Ⅰ号"与海上丝绸之路》[⑥]中英本，并主编了《海洋史研究》季刊；中山大学历史系蔡鸿生教授著有《广州与海洋文明》[⑦]；黄启臣教授主编有《广东海上丝绸之路史》[⑧]；广州市社科联顾涧清研究员等著有《广东海上丝绸之路研究》[⑨]，广州市社会科学规划办公室编有《中国·广州海上丝绸之路的文化遗址》[⑩]，其中《广东海上丝绸之路研究》介绍了广东境内的主要海上丝绸之路史迹。

二、文化遗产研究

随着海上丝绸之路研究的不断升温，近年来一大批相关书籍与期刊均从文化遗产学的角度对海上丝绸之路的历史、史迹进行专题和区域性研究，并且有一些与"海

① 陈炎. 海上丝绸之路与中外文化交流. 北京：北京大学出版社，1996.
② 刘迎胜. 丝绸之路. 南京：江苏人民出版社，2014.
③ 刘迎胜. 海上丝绸之路的缘起与中国视角. 江海学刊，2016（2）.
④ 刘迎胜. 威尼斯—广州"海上丝绸之路"考察简记. 中国边疆史地研究，1992（1）.
⑤ 李庆新. 海上丝绸之路. 北京：五洲传播出版社，2006.
⑥ 李庆新. "南海Ⅰ号"与海上丝绸之路. 北京：五洲传播出版社，2010.
⑦ 蔡鸿生. 广州与海洋文明. 广州：中山大学出版社，1997.
⑧ 黄启臣. 广东海上丝绸之路史. 广州：广东经济出版社，2003.
⑨ 顾涧清，等. 广东海上丝绸之路研究. 广州：广东人民出版社，2008.
⑩ 广州市社会科学规划办公室. 中国·广州海上丝绸之路的文化遗址. 广州：广州出版社，2001.

上丝绸之路史迹"相关的博士、硕士学位论文选题。广东珠江文化研究会相关学者近年来相继出版了《海上丝路与广东古港》①、《广府海韵——珠江文化与海上丝绸之路》②、《开海——湛江与海上丝绸之路》③、《海上敦煌在阳江——首届"南海Ⅰ号"与海上丝绸之路论坛文集》④、《海陆古道——海陆丝绸之路对接通道》⑤、《沧海航灯——岭南宗教信仰文化传播之路》⑥等书;作为海上丝绸之路上历久不衰的东方大港,广州市自2006年开始筹备海上丝绸之路史迹申报世界文化遗产并开展相关研究,多年来取得了丰硕成果,如2007年广州市委宣传部、广州市文化局组织当地文博专业人员对广州的海上丝绸之路相关史迹和文献资料进行了全面收集和梳理,编撰了《海上丝绸之路广州文化遗产》丛书,分考古发现、地面史迹和文献辑要三卷。其他相关研究还有黄庆昌的《广州海上丝绸之路的考古发现》⑦、冼庆彬的《广州——海上丝绸之路发祥地》⑧、广州市国家历史文化名城发展中心等编的《论广州与海上丝绸之路》⑨、《"海上丝绸之路"广州发祥地研讨会论文汇编》⑩,等等;在广州以外的区域性研究方面,陈立新著有《湛江海上丝绸之路史》⑪,李建生、陈代光主编有《南海"海上丝绸之路"始发港——雷州城》⑫,湛江海上丝绸之路史迹申遗办公室编撰了《海上丝绸之路——湛江文化遗产》⑬,杜经国、吴奎信主编了《海上丝绸之路与潮汕文化》⑭,中国中外关系史学会等单位编有《南澳一号与海上陶瓷之路》⑮等。此外,也有一批研究生学位论文也

---

①　黄启臣. 海上丝路与广东古港. 香港:中国评论学术出版社,2006.

②　谭元亨. 广府海韵:珠江文化与海上丝绸之路. 广州:广东旅游出版社,2001.

③　洪三泰,谭元亨,戴胜德. 开海:湛江与海上丝绸之路. 广州:广东旅游出版社,2001.

④　黄伟宗,谭忠健. 海上敦煌在阳江:首届"南海Ⅰ号"与海上丝绸之路论坛文集. 香港:中国评论学术出版社,2011.

⑤　王元林. 海陆古道:海陆丝绸之路对接通道. 广州:广东经济出版社,2015.

⑥　郑佩媛. 沧海航灯:岭南宗教信仰文化传播之路. 广州:广东经济出版社,2015.

⑦　黄庆昌. 广州海上丝绸之路的考古发现. 广州:岭南美术出版社,2011.

⑧　冼庆彬. 广州:海上丝绸之路发祥地. 广州:广州出版社,2007.

⑨　广州市国家历史文化名城发展中心,广州历史文化名城研究会,广州古都学会. 论广州与海上丝绸之路. 广州:中山大学出版社,1993.

⑩　海上丝绸之路广州发祥地研讨会. "海上丝绸之路"广州发祥地研讨会论文汇编,2006.

⑪　陈立新. 湛江海上丝绸之路史. 香港:南方人民出版社,2009.

⑫　李建生,陈代光. 南海"海上丝绸之路"始发港:雷州城. 北京:海洋出版社,1995.

⑬　湛江海上丝绸之路史迹申遗办公室. 海上丝绸之路:湛江文化遗产. 广州:岭南美术出版社,2015.

⑭　杜经国,吴奎信. 海上丝绸之路与潮汕文化. 汕头:汕头大学出版社,1998.

⑮　中国中外关系史学会,南海县人民政府,潮汕历史文化研究中心. 南澳一号与海上陶瓷之路. 香港:天马出版有限公司,2013.

关注到了广东海上丝绸之路文化遗产，如魏小飞的《海上丝绸之路与南海区域宗教传播——以14世纪海上旅行家的游记为基础》①、周敬阳的《论秦汉时期岭南海上丝绸之路的三大始发港》②、李佳的《广州伊斯兰建筑研究》③，等等。

三、文化线路研究

文化线路作为国际文化遗产领域的新类型新概念，是指拥有特殊文化资源集合的线形区域内的物质和非物质的文化遗产族群④。海上丝绸之路作为一条典型的文化线路，近年来也引起了学者对其理论与申遗的探讨。理论上，文化线路也属于文化遗产研究的一个方面，但由于其近年来备受重视，故在此单独讨论，又因广东涉及的文化线路不多，故这里也介绍了其他地区的文化线路情况。

在文化线路的理论研究方面，故宫博物院原院长单霁翔较早关注了文化线路的保护，他分析了我国文化线路遗产的特点，指出保护文化线路的意义，并提出了加强文化线路保护的四方面措施⑤。在他倡导下，国家文物局于2009年举办"中国文化遗产保护无锡论坛——文化线路的科学保护"；丁援所著的《文化线路——有形与无形之间》⑥介绍了文化线路概念的产生和发展，同时以文化线路理论对历史文化名城武汉和京杭大运河进行文化线路解读，其博士论文《无形文化线路理论研究——以历史文化名城武汉考评为例》⑦，以历史文化名城武汉作为案例，提出无形文化线路理论构建，对一些看似分散、实质相连的非线性遗产提供了整体保护的思路；杨珂珂的《文化线路遗产价值评价特性分析——以〈世界遗产名录〉的6处文化线路遗产为例》⑧，对已经列入《世界遗产名录》的6处文化线路遗产案例的价值特性进行较为系统的分

①　魏小飞. 海上丝绸之路与南海区域宗教传播：以14世纪海上旅行家的游记为基础. 海口：海南师范大学硕士学位论文，2012.

②　周敬阳. 论秦汉时期岭南海上丝绸之路的三大始发港. 广州：华南师范大学硕士学位论文，2007.

③　李佳. 广州伊斯兰建筑研究. 广州：华南理工大学硕士学位论文，2009.

④　单霁翔. 关注新型文化遗产：文化线路遗产的保护. 中国文物科学研究，2009（3）.

⑤　单霁翔. 关注新型文化遗产：文化线路遗产的保护. 中国文物科学研究，2009（3）.

⑥　丁援. 文化线路：有形与无形之间. 南京：东南大学出版社，2011.

⑦　丁援. 无形文化线路理论研究：以历史文化名城武汉考评为例. 武汉：华中科技大学博士学位论文，2007.

⑧　杨珂珂. 文化线路遗产价值评价特性分析：以《世界遗产名录》的6处文化线路遗产为例. 北京：中国建筑设计研究院硕士学位论文，2009.

析，归纳出7个文化线路评价体系的基本特征；陈建华《中国文化线路申报世界遗产策略研究——基于对文化线路申报世界遗产典型案例研究》通过对文化线路的定义、理论发展、认定程序进行研究，分析了我国文化线路申遗的基本原则、要求、方法和申报策略①。

在文化线路的相关史迹个案研究方面，丁援、宋奕主编的《中国文化线路遗产》②介绍了对中国历史发展产生过深远影响的丝绸之路、海上丝绸之路、西南丝绸之路、北京中轴线、大运河、蜀道、茶马古道、川盐古道、武当神道、万里茶道等十条中国文化线路，以及这些线路所承载的文化遗产价值；宋奕《文化线路遗产视角下的"万里茶道"申遗》③，阐释了万里茶道的"突出普遍价值"，认为应该在文化线路框架下申报世界文化遗产；复旦大学王薇的博士学位论文《文化线路视野中梅关古道的历史演变及其保护研究》④，从文化线路的角度剖析了梅关古道的历史演变过程，在充分发掘沿线各类古迹历史文化内涵的基础上赋予其新的功能和文化定位。

在丝绸之路的研究方面，周剑虹的《文化线路保护管理研究》⑤一书，以丝绸之路"申遗"研究为切入点，分析了丝绸之路作为文化线路遗产在"申遗"过程中面临的主要问题，以丝绸之路陕西段和已列入世界文化遗产名录中的文化线路为例，探讨了文化线路遗产遴选、保护管理和可持续性发展等问题，并提出了解决问题的途径和方法；景峰《丝绸之路文化线路系列跨境申遗研究》⑥一书是对丝绸之路作为跨国系列遗产申遗、跨国协作保护的方法研究，通过对重点案例的分析，促使人们对世界遗产保护的理解与重视；赵云、王毅《从文化线路到跨海和声　关于海丝申遗策略的思考》⑦，在国内首次系统地对海上丝绸之路的申遗策略进行论述；沈阳、燕海鸣《申遗背景下的中国海上丝绸之路史迹研究》⑧对海上丝绸之路的概念、交流活跃区、海丝史迹的认

① 陈建华. 中国文化线路申报世界遗产策略研究：基于对文化线路申报世界遗产典型案例研究. 长沙：湖南师范大学硕士学位论文，2014.

② 丁援，宋奕. 中国文化线路遗产. 上海：东方出版中心，2015.

③ 宋奕. 文化线路遗产视角下的"万里茶道"申遗. 华中师范大学学报（人文社会科学版），2014（6）.

④ 王薇. 文化线路视野中梅关古道的历史演变及其保护研究. 上海：复旦大学博士学位论文，2014.

⑤ 周剑虹. 文化线路保护管理研究. 北京：科学出版社，2013.

⑥ 景峰. 丝绸之路文化线路系列跨境申遗研究. 北京：科学出版社，2015.

⑦ 赵云，王毅. 从文化线路到跨海和声　关于海丝申遗策略的思考. 世界遗产，2016（6）.

⑧ 沈阳，燕海鸣. 申遗背景下的中国海上丝绸之路史迹研究. 中国文化遗产，2018（2）：74-79.

定、研究与保护等做了论述；龙志坤《在丝绸之路文化线路遗产框架下谈南海Ⅰ号申遗》①，从文化线路的角度认为可以将"南海Ⅰ号"作为交通工具的遗产要素参与海上丝绸之路申遗。

四、考古学研究

在考古学调查、发掘、研究和文物保护领域，有众多关于广东海上丝绸之路史迹的个案研究，研究对象主要有以下几类：一是秦汉时期的重要建筑遗址，如广州的南越王宫苑遗址、南越国木构水闸遗址、徐闻汉代港口二桥遗址等考古发现；二是广东主要外销瓷窑址，如新会唐代官冲窑址、广州宋代西村窑、潮州宋代笔架山潮州窑遗址、雷州宋元时期雷州窑遗址，以及梅州的水车窑、余里窑，惠州的东平窑、白马窑等；三是古代与海上丝绸之路相关的墓葬，如广州的南越文王墓、徐闻的华丰岭汉墓、凸岭仔汉墓等；四是沿海重要沉船遗址的考古调查发掘等，最主要的是阳江"南海Ⅰ号"沉船的整体打捞，汕头"南澳Ⅰ号"沉船发掘及出水瓷器的保护和研究，此外，东南亚海域发现的黑石号沉船、井里汶沉船、印坦沉船、圣迭哥号沉船等②，或多或少与广东有关系。

第四节　海上丝绸之路史迹的时间界限及认定标准

开展海上丝绸之路史迹的保护管理研究，首先面临的问题是文物的时间界限及认定标准问题，这是工作的基本前提和依据。

一、海上丝绸之路史迹的时间界限

关于海上丝绸之路史迹的时间界定，目前国内学术界尚未达成共识，国际也存在诸多争议。如2017年5月30日在伦敦大学举办的"海上丝绸之路系列遗产国际专家研讨会"上，来自各国的专家学者对海上丝绸之路的时间上下限、空间线路等都存在不

① 龙志坤. 在丝绸之路文化线路遗产框架下谈南海Ⅰ号申遗. 丝绸之路，2015（8）.

② 李庆新. "南海Ⅰ号"与海上丝绸之路. 北京：五洲传播出版社，2010.

同的看法①。国内学术界多从中国的角度出发，多数学者认为海上丝绸之路开始于秦汉时期，下限至1840年鸦片战争爆发，有些学者认为时间下限可以延续至近代。此外，有些学者还主张海上丝绸之路的时间上下限不同地区之间存在先后不同之别。

海上丝绸之路开始于何时，虽没有确切记载，但著名历史学家吕思勉在《读史札记》一书的"官南方者之食"中指出："西域、南海，皆异物之所自来也，而贸迁往来，水便于陆，故南琛之至尤早。《史记·货殖列传》言番禺为珠玑、犀、玳瑁、果布之凑，此语非指汉时，可见陆梁之地未开，蛮夷贾船，已有来至交、广者矣。"②可见，中国的海上对外贸易至迟在汉代就已出现了。

司徒尚纪教授认为，中国自1840年鸦片战争失败，割地赔款、开放五口通商以后，逐步沦为半殖民地半封建社会，海关自主权、领海主权也遭到蹂躏和破坏，与南海周边国家的贸易、经济、文化往来陷入中断或变迁，延续了2000多年的海上丝路自此画上一个句号，也就是它的下限。海上丝路这个时间下限，已得到各界广泛认同和传播。如北京大学陈炎教授《海上丝绸之路与中外文化交流》论述这条贸易、文化交流通道，基本上止于西方列强东来；中国社会科学院历史所杜瑜教授《海上丝路史话》，也指出清代西方殖民主义者来华贸易，实际走的是一条掠夺之路，已失去以往海上丝路和平友好的优良传统③。

邓炳权研究员认为："时间上，就中国而言，海上丝绸之路宜划定在古代。据目前掌握的史料，它上起秦汉，下限则至鸦片战争时期。这个上下限，世界其他地区或有先后不同。在此之前，中国当有海上的交通、军事、捕捞活动，但如没有国际之间的经常的贸易，恐怕不能称海上丝绸之路，只能称海事，或海上交通、海上活动。如未能证明是经常性的，而只是偶发性的，或有去无回的，也不成航路，走的人多了，才成了路。但可视为前期的探索，或萌芽。对其研究亦是需要的，或可找到充分根据将上限推前。下限看来是很明确的，鸦片战争后的近代中国，主权沦丧，对外无平等可言；这时世界的东方，从非洲、印度至东南亚，许多国家早已沦为殖民地。这时候，海上交通贸易还是有的，也是需要研究的，但不宜再使用海上丝绸之路的美称。至于当代，中国人民站起来了，世界上许多原殖民地先后独立了，享有国家主权，包括关权，平等互惠地对外交往与贸易，海上丝绸之路重新焕发光彩，或可以称为当代海上

① 赵云，燕海鸣．海上丝绸之路：一个文化遗产概念的知识生产．故宫博物院院刊，2021（11）．
② 吕思勉．读史札记．南京：译林出版社，2016：488．
③ 司徒尚纪．海上丝绸之路概念、内涵、性质和时限之我见．新东方，2015（3）．

丝绸之路，以示与古代的海上丝绸之路的区别。"①

赵春晨教授认为，"海上丝绸之路"的衰落和它被西方殖民贸易活动所替代，是经历了一个逐步转换的过程，并非一朝一夕所完成。这一转换的过程，从明中叶持续到清代前期（鸦片战争前），历时三百多年。在这三百多年中，既有西方殖民主义为开拓中国市场而进行的航海和贸易活动，又有传统性质"海上丝绸之路"的存在（主要是在中国与周边一些亚洲国家之间进行），两者同时并存、并时相交错，但总的趋势是随着西方殖民主义势力的扩大，传统性质的"海上丝绸之路"已日渐衰落，逐渐被西人的殖民贸易所替代，"海上丝绸之路"的历史下限是作为古代、近代中国历史分界的鸦片战争。鸦片战争后，中国进入近代时期，中西之间的海上交通和贸易，已被纳入不平等条约体系之中，成为隶属于世界资本主义经济贸易关系的一部分，不复再有古代那种海上丝绸之路的存在了②。

海上丝绸之路是一条全球多个地区多个文明圈共同参与的交流通道，以往中国学者在论述海上丝绸之路时，往往倾向突出中国立场，以及"中国—世界"的二分逻辑。这种叙事逻辑并不利于"海上丝绸之路"作为一个普世概念的构建与推广。海上丝绸之路并不是中国与世界的对应关系，而是中国在世界之中③，其历史界限显然不能只考虑中国的情况，而应站在全球范围的角度进行审视。

由中国文化遗产研究院和国家文物局水下文化遗产保护中心于2015年配合申遗开展的"海上丝绸之路主题研究"，以全球视野重新审视海上丝绸之路的时空范围，认为从世界范围内来看，以风帆贸易为主要特征的海上丝绸之路，其上限为公元前1世纪，那时起西端的罗马帝国就凭借大量的金银货币购买来自沿线各地的货物，而东端的汉朝向西出口丝绸，并吸收来自南亚的佛教；下限为19世纪中后期，以蒸汽轮船的广泛应用为终点，蒸汽轮船取代木帆船成为海上贸易的主要交通工具，一批欧洲殖民者主导下的新港口兴起——如孟买、马德拉斯、加尔各答、吉大港、仰光、新加坡和雅加达等，传统的海上丝绸之路体系消亡④。

在梳理了学界对海上丝绸之路历史界限的认识后，我们还需要从文化线路遗产的角度对线路的起止时间有所了解。文化线路遗产与其他文化遗产类型不同的是，文化

① 邓炳权. 海上丝绸之路与相关文物古迹的认定//广州市文化局，广州市文物博物馆学会. 广州文博（第二辑）. 北京：文物出版社，2008.
② 赵春晨. 关于"海上丝绸之路"概念及其历史下限的思考. 学术研究，2002（7）.
③ 赵云，燕海鸣. 海上丝绸之路：一个文化遗产概念的知识生产. 故宫博物院院刊，2021（11）.
④ 燕海鸣，朱伟，聂政，等. 古代世界的海上交流：全球视野下的海上丝绸之路. 中国文物科学研究，2016（2）.

线路一般无法准确判定线路形成的起始时间，它的形成和发展是一个持续而漫长的过程，不可能一蹴而就，它是在人类持续性的活动中逐渐形成的。同样，文化线路的消亡时间也是一个概数，目前已成为世界遗产的文化线路大部分还在继续发挥其功能，只有部分已湮没在历史长河中（如丝绸之路）。此外，特定的历史事件在文化线路形成和发展中具有重要作用和意义，是文化线路某个发展阶段的重要标志，或是线路形成和消亡的关键原因①。

海上丝绸之路作为一条典型的文化线路，它的发展历程是一个持续的演进过程，其起始和消亡的时间也是一个漫长的渐变过程，上下限时间不太可能有一个准确的年份，应是一个概数。而且，讨论海上丝绸之路的界限，不能只站在中国的角度，毕竟这是一条全球很多国家很多文明圈共同参与的线路。

综上，就目前掌握的史料和研究来看，海上丝绸之路的上限为公元前1世纪左右（约相当于中国秦汉时期），中国的标志事件是史书明确记载的汉武帝派使节从中国雷州半岛的徐闻、合浦出发出使东南亚国家，但在此之前，官方或民间贸易与交流应该早就存在了，广州西汉南越王墓出土的大量海外舶来品即是明证；下限为19世纪中后期（约相当于中国清代中晚期）②，从全球视野上看，以蒸汽轮船代替帆船为重要标志。从中国的角度看，1840年鸦片战争爆发是一个重要标志性事件，东西方国家间传统的海上丝绸之路贸易沦为殖民贸易③。

二、海上丝绸之路史迹的认定标准

通过相关文献检索，目前国内对海上丝绸之路的研究主要偏向于历史研究，对相关文物史迹的研究不多，主要集中在世界文化遗产的重点史迹的认定，而全面系统研究海上丝绸之路史迹认定标准的不多。

其中，邓炳权研究员在全面梳理海上丝绸之路概念与认识的基础上，提出了较为全面的海上丝绸之路史迹认定标准，认为"海上丝绸之路文物古迹的认定，要同时符合下面几个条件：一、与经常性的远洋航线有关；二、与国际交往有关；三、和平的；四、总体上平等互惠的；五、在当地海上丝绸之路活动时间上下限之内；六、实际存在，包括本体尚存或有遗迹存在的，占有独立地域范围，可与文献互证的不可移动历史文化遗存。同时符合上面几条的，可予认定，列入海上丝绸之路文物古迹初选名单。广州如此，其他地方也是如此。"①这为海上丝绸之路文物的认定工作提供了重要的参考。当然，有些标准较为抽象，在工作中不容易把握，在调查工作中，其认定标准可以适当放宽。

由中国文化遗产研究院和国家文物局水下文化遗产保护中心于2015年共同开展的"海上丝绸之路申遗文本编制项目"，认为海上丝绸之路是古代风帆贸易的海上交通线路，是古代人们借助季风和洋流，利用传统航海技术开展东西方交流的海上通道，也是东西方不同文明板块之间经济、文化、科技、宗教和思想相互传输的纽带。海上丝绸之路文化遗产以沿海的泉州、广州、宁波、南京等海港遗址为代表，包括漫长海岸线上遗留的古代港口遗迹、导航设施、海洋贸易设施、祭祀遗迹、船厂与沉船遗址、生产设施等②。

通过对以上相关概念的梳理，笔者认为，海上丝绸之路史迹是古代人们利用传统航海技术开展东西方交流，并在这个过程中进行贸易往来、文化交流、科技交流、宗教传播、人员迁徙等人类活动遗留下来的文化遗迹，相关史迹的年代一般应在海上丝绸之路的时间界限之内。

另外，本书讨论的范围界定在当前的广东省行政辖区内（不包括港澳地区），主要基于研究对象是现存于广东省辖区的文化遗产，虽然历史上岭南地区的行政区划多有变化，但历史文化遗产本身所处的地理环境是相对固定的，不可移动文物占有独立的地域范围是不会改变的。调查研究的重点以沿海地区为主，兼顾内陆，这主要也是因为海上丝绸之路史迹主要集中在沿海地区。

①　邓炳权. 海上丝绸之路与相关文物古迹的认定//广州市文化局，广州市文物博物馆学会. 广州文博（第二辑）. 北京：文物出版社，2008.

②　姜波，赵云，丁见祥. 海上丝绸之路的内涵与时空框架. 中国文物科学研究，2016（2）.

第二章

广东海上丝绸之路史迹的类型划分

关于不可移动文物的分类,《中华人民共和国文物保护法》(以下简称《文物保护法》)将其分为古遗址、古墓葬、古建筑、石窟寺及石刻、近现代重要史迹及代表性建筑五大类,在此大类下,根据《第三次全国文物普查工作手册》[①],每一大类下又可以细分为若干小类,一般的文物统计主要沿用此分类法。

由中国文化遗产研究院2017年编制的《海上丝绸之路·中国史迹申遗文本》(以下简称"2017年申遗文本"),将海上丝绸之路遗存作了如下分类:

> 根据海上丝绸之路的功能特征,海上丝绸之路·中国史迹由基础设施类遗存、生产设施类遗存和产物类遗存组成。基础设施类遗存包括港航遗存(航标、码头、船厂等)、海神祭祀设施和管理设施等为古代风帆航行提供物质和精神保障的相关遗存,共计11处;生产设施类遗存由5处窑址组成,它们所生产的瓷器是中国在海上丝绸之路上最具代表性的出口货物之一;产物类遗存包括基于海上丝绸之路广泛的人员与文化交流而产生的相关宗教遗存、聚落和墓葬,以及作为祈风仪式特殊产物的九日山摩崖石刻等,共计15处[②]。

2017年申遗文本的分类主要出自陆上丝绸之路申遗时所编制的《丝绸之路概念声明草案》,同时参考了伦敦大学学院Tim Williams主持的ICOMOS丝绸之路主题研究中关于遗产的分类[③],是基于4省8市31处具有突出普遍价值的申遗遗产点的分类。各申遗史迹点基本代表的是全国最精华的海上丝绸之路遗迹,是否已涵盖所有的海上丝绸之路史迹类别,可以在更广范围进行调查和梳理。为此,近年来广东省开展了全省海上丝绸之路史迹的调查,共遴选海上丝绸之路相关史迹点四百多处[④],对这些史迹进行

---

① 国家文物局. 第三次全国文物普查工作手册. 北京:文物出版社,2007.

② 中国文化遗产研究院:《海上丝绸之路·中国史迹申遗文本(内部资料)》,2017年,第103页。申报文本涉及广东省广州市、江门市,福建省泉州市、漳州市、莆田市,浙江省宁波市、丽水市和江苏省南京市。

③ 沈阳,燕海鸣. 申遗背景下的中国海上丝绸之路史迹研究. 中国文化遗产,2018(2).

④ 广东省文物局. 广东文化遗产:海上丝绸之路史迹. 广州:中山大学出版社,2016.

合理的分类和界定是一项重要工作。

根据调查史迹的实际情况，如沿用《文物保护法》的分类，虽然可行，却无法反映出海上丝绸之路文物的特征和特色，因此，在参考了2017年申遗文本的分类基础上，本书将广东省海上丝绸之路史迹分为港航设施、生产设施、交流设施、海神信仰设施和其他设施共五大类，其下又可分为若干小类（表2-1）。

表2-1　广东省海上丝绸之路史迹分类统计表

大类	中类	小类	数量小计	数量合计（430）
港航设施	海港设施	港口码头	28	103
		船厂	3	
	航线遗存	航标	11	
		沉船	3	
	贸易设施	贸易机构	8	
		贸易市场	4	
	海防设施		46	
生产设施	窑址		84	98
	其他作坊遗址		14	
交流设施	宗教遗迹		52	62
	墓葬		10	
海神信仰设施	南海神信仰		30	143
	妈祖信仰		113	
其他设施		碑刻、岩画、驿道等	24	24

不过，由于海上丝绸之路史迹的时间界限和认定标准尚在不断深化和完善过程中，有些史迹点与海上丝绸之路的关联性需进一步加强研究与发掘，也需进一步认定和甄别。但本着"宜宽不宜窄"的原则，本书尽可能多地收集材料、纳入史迹点统计范围，并作为讨论对象。

第一节　港航设施

港航设施主要指海上丝绸之路上的海港和航线相关的设施，是海上丝绸之路形成和发展的物质基础，是远洋航行和货物运输的必备条件，可以说，它们最能代表海上丝绸之路作为线路的特征和载体。港航设施包括海港设施、航线遗存、贸易设施、海防设施等从港口到贸易到航运的完整组合，共同构成海上丝绸之路的基础设施。

需要进一步说明的是，作为与海上丝绸之路航线相关的史迹，航标、沉船等航线遗存是海上丝绸之路作为文化线路遗产类型的典型物证，本身就是"海上丝绸之路开通"这一世界航海史和经济文化交流史上重大事件的产物。在不同层面上表现出遗存时间上的明确性、遗存内涵上的代表性和地理空间上的节点性等价值特征，文化遗产的真实性和完整性、遗产价值的丰富性和代表性、发掘保护的科学性和开发利用的前瞻性等特征也较突出①。此外，"航线遗存"对目前海上丝绸之路申报世界文化遗产上的意义，还在于可以丰富海上丝绸之路的遗产构成要素。

一、海港设施

（一）港口码头

港口是指具有一定面积的水域和陆域，供船舶出入和停泊、货物和旅客集散的场所。港口的任务是为船舶提供能安全停靠的设施，及时完成货物和旅客由船到岸或岸到船以及由船到船的转运，并为船舶提供补给、修理等技术服务和生活服务②。码头是港口的组成部分之一，指供船舶停靠、货物装卸和旅客上下的水工建筑物③。

广东海岸线长，江河密布，从最北端的潮州市饶平县到最南端的湛江市徐闻县，历史上曾经作为海上丝绸之路货物进出的港口码头非常之多，可惜因历史变迁，沧海桑田，保留下来能够为今人所见的港口码头遗迹其实为数不多，这类史迹大多数地处海岸线（本书称其为沿海外港），少部分分布在内陆江河沿岸（本书称其为江河内港）。

1. 沿海外港

沿海外港主要是指分布于沿海岸线的港口，这是古代商船出海的便捷方式。需要指出的是，因沧海桑田变化，很多古代原来靠海的港口码头，由于几千年来的河沙堆积，现在已经远离了海岸线。

广州在晋代便已成为重要港口，唐宋时期是全国最大的贸易港。清朝在严厉的海禁政策下，广州作为全国唯一的通商口岸，达到全盛。可以说，广州正是以港立市才成为千年商都，目前保留下来的扶胥港及扶胥古运河遗址（图2-1）、黄埔古港遗址等，

---

① 郑君雷，张晓斌. 广东海上丝绸之路史迹中的"航线遗存"//郑君雷. 边疆考古学与民族史续集. 北京：科学出版社，2016.

② 中国大百科全书总编辑委员会. 中国大百科全书·交通. 北京：中国大百科全书出版社，2002：122.

③ 中国大百科全书总编辑委员会. 中国大百科全书·交通. 北京：中国大百科全书出版社，2002：123.

图2-1　广州扶胥古运河遗址现状
（来源：第三次文物普查图录）

图2-2　潮州柘林港现状
（拍摄：张晓斌）

都是广州作为对外贸易港口城市千年不衰的明证。

在粤东方向，主要的沿海港口遗址有凤岭古港、樟林古港、柘林港（图2-2）、龙须港、三百门港口等遗址。

粤西地区的湛江目前调查的港口较多，有二桥村汉代港口遗址、墨亭村港头埠遗址、赤坎埠码头旧址、龙头沙码头遗址、营仔码头遗址、官寨港口遗址、安铺码头遗址、海安港遗址、芷寮港遗址（图2-3）、南浦津古埠遗址、企水港遗址、双溪港遗址。此外，位于阳江市阳东区东平镇的大澳渔港（图2-4），居阳江六澳之首，是海上丝绸之路补给港，也是商旅集贸港和货物转运港。

图2-3　湛江芷寮港遗址现状
（来源：第三次文物普查图录）

图2-4　阳江大澳渔港现状
（来源：第三次文物普查图录）

2. 江河内港

因海洋气候环境复杂恶劣，古代对大自然的抵御能力有限，一些靠海岸线的外港极易受台风等极端天气侵袭。为此，古代很多重要的港口都依托与大海相连的江河靠内陆建设，一方面通过江海联运方便把货物人员运送出海，一方面也有利于避开风浪等恶劣天气。

位于佛山市南海区西樵镇的民乐窦码头，始筑于明末，为花岗岩石券筑单孔窦闸，此窦以小河上通百滘、云津两堡，下经官山涌和北江水道可达广州和江门。清代至抗日战争前，西樵附近的丝织业一度十分兴旺，是当时广东最大的丝织品集散地。民乐窦内外，轮船密集，交易繁忙，满载丝绸的渡轮从窦外运至广州或江门，通过海上丝绸之路远运到东南亚、印度、中东和欧洲去，民乐古窦（图2-5）见证了佛山丝绸业发展的历史沧桑，兴旺时一船丝绸出，一船白银归，窦闸旁的码头曾被誉为"银船码头"[①]。

图2-5　佛山市南海区民乐窦码头
（来源：第三次文物普查图录）

粤东汕头地区调查有娘祠古渡口遗址、龙津港海堤遗址、后溪水驿渡口遗址；中山市的黄圃古码头为宋代当地人渡海、对外交往主要交通通道和上落点；江门市的潮

---

① 本书列举的文物介绍资料，主要来源于第三次全国文物普查系统资料，以及广东省文物局：《广东文化遗产》（全书共11册），科学出版社，2013—2015年，并在其基础上进行了修改完善。

连码头（图2-6）是连接潮连与岛外各地的重要水路交通设施，规模较大，曾是广东省著名的码头；而位于更内陆的梅州市梅县区松口港是韩江水运出海的港口，旧时梅州各县出南洋的华侨都从此码头上小轮船，是粤东各县客家人出南洋的第一站。

图2-6　江门市潮连码头现状
（来源：第三次文物普查图录）

（二）船厂

中国古代的造船起源于新石器时代，秦汉、宋元和明代，是中国造船业的三大发展时期，修造船只的地方可称为船坞或造船厂，造船厂遗址能直接反映出当时的造船水平和远航能力，对研究海上丝绸之路及航运史具有独特的作用，可惜能保留下来的造船厂遗址非常稀少。目前在广东调查的造船遗址有三处，其中广州的秦代造船遗址学术界尚存争议，湛江的偃波轩古造船厂遗址和芷寮船厂遗址均已废弃，主要依据史书记载。位于湛江市雷州市夏江河边的偃波轩古造船厂遗址，始创于明代，据《海康县志》记载，南渡口为水上交通要道，经海路可南出琼崖，直到东南亚等地，海上交通发达，造船业应运而生，明成化年间，指挥使魏怀信、佥事凌晟在城南夏江河边创建官方督造船舟之所，明成化年间知府魏瀚曾重建，并手书匾"偃波轩"①。

---

① 广东省文物局. 广东文化遗产：海上丝绸之路史迹. 广州：中山大学出版社，2016：64.

二、航线遗存

（一）航标

航标是用以帮助船舶定位、引导船舶航行、表示警告和指示碍航物的人工标志，全称为助航标志，航标设置在通航水域及其附近，用于表示航道、锚地、碍航物、浅滩等①。在古代，船舶航行最初是利用天然标志如山峰、岛屿等作为航标，随后，人们逐渐通过在航线附近地面构筑塔、阁等人工建筑物来进行导航。到了近现代，随着航运的发展，这些都不能满足船舶航行的需要，才产生了专业的航标。

本小类所指的航标即是古代船舶航行利用的天然标志和塔阁等人工建筑物，如潮州柘林港的镇风塔（图2-7）、龟塔、蛇塔，其他有南澳岛石虎塔、阳江独石塔、江门石笋村航海标志、揭阳玉华塔等。

当然，广东最著名的古代航标要数广州明清时期珠江航道上的"三支桅杆"——莲花塔、琶洲塔、赤岗塔。在一口通商的贸易制度下，所有来华的外国商船首先在澳门或伶仃洋面停泊，领取牌照，雇请买办和引水，然后驶入黄埔港，丈量船只交纳关税，最后才能进入广州城进行贸易。分布在珠江内河航道上的莲花塔、琶洲塔、赤岗塔，素有"省会华表"之称，犹如的广州的三支桅杆，既是过往船舶的重要航标，也在外国人的记忆中留下了深刻的印象，成为来华外国人游记和历史绘画的重要素材②。莲花塔、琶洲塔与赤岗塔并称广州三塔，均濒临珠江，对古代南海入珠江的航运起着导航和标志的作用（图2-8）。

图2-7　潮州柘林港的镇风塔
（拍摄：张晓斌）

---

① 中国大百科全书总编辑委员会《交通》编辑委员会. 中国大百科全书·交通. 北京：中国大百科全书出版社，2002：239.

② 中共广州市委宣传部，广州市文化局. 海上丝绸之路：广州文化遗产·地上史迹卷. 北京：文物出版社，2008：32.

莲花塔　　　　　　　　　　　　　琶洲塔　　　　　　　　　　　　　赤岗塔

图2-8　广州明清时期珠江航道上的"三支桅杆"

（拍摄：张晓斌）

　　莲花塔位于广州市番禺区石楼镇莲花山北主峰上，塔坐东南向西北，为楼阁式砖塔，平面作八角形，高九层，内为十一层，高约50米，用青砖砌筑。莲花塔是外国商船从外洋穿过虎门大关、进入珠江航道以后见到的第一座八角九层砖塔，因其雄踞珠江入口处西岸，成为明清时期中外船舶的"海航表望"，来粤的海商看见莲花塔就知道即将抵达省会广州[①]。

　　琶洲塔位于广州市海珠区琶洲街道琶洲西南社区新港东路琶洲村，于明万历二十五年（1597年）奠基，万历二十八年落成。塔为八角九级楼阁式砖塔，内分十七层，高50余米，台基角托塔力士为西方人形象，琶洲塔位于清代广州城与古黄埔港的

　　① 中共广州市委宣传部，广州市文化局. 海上丝绸之路：广州文化遗产·地上史迹卷. 北京：文物出版社，2008：35.

中间，外国人进入广州必经此地，因此欧洲人称之为"中途塔"[①]。

赤岗塔位于广州市海珠区赤岗街道新鸿社区新港中路艺苑路珠江之滨。明万历四十七年（1619年）倡建，塔为八角九级楼阁式砖塔，内分17层，高50余米。赤岗塔是清代来华外国人沿着内河航道从黄埔港进入广州城之前看到的最后一座九层宝塔，也是过往船舶的重要航标。

（二）沉船

从中国出发的海上丝绸之路有东海和南海两条航线，相对于东海航线，南海航线长，支线多，连接的国家与地区更多更广阔，是海上丝绸之路的主要航线。作为航线的最直接证据，莫过于历史上沉没于海中的沉船。在两千多年的海上丝绸之路历史上，广东一直是中国海外贸易重地，发挥着举足轻重的地位和作用，航船往返广东各港口十分繁忙，为此也遗留下来很多水下沉船。

近年来，广东水下考古工作者在沿海发现和打捞了十多处沉船遗址，有些有明确的记载与史料可寻，有些尚需进一步认定和甄别，有些有明显的远洋贸易特征，有些则因年代久远无法判断。这其中，"南海 I 号"和"南澳 I 号"这两处沉船，是已经科学水下考古发掘的古代商船，是广东乃至全国都有重要影响的古代海上丝绸之路远洋贸易帆船。

"南海 I 号"是一艘南宋时期的木质古沉船，1987年在广东阳江海域发现。2007年"南海 I 号"整体出水并进入为其量身定做的广东海上丝绸之路博物馆的"水晶宫"里面。初步推算，"南海 I 号"古船是尖头船，整艘商船长30.4米、宽9.8米，船身（不算桅杆）高约4米，排水量估计可达800吨，载重近600吨，这艘沉没海底近千年的古船船体保存相当完好，船体的木质仍十分坚硬[②]（图2-9）。沉船出水的瓷器多来自宋代江西景德镇窑、浙江龙泉窑、福建德化窑等窑场，不少器物款式新颖、技术先进，风格变化多端，令世人惊叹，说明宋代手工业生产随着海上丝绸之路发展和海外贸易带动，出现了专门为国际市场需求而生产的外销产品。在广东、浙江、福建等地的产瓷区，出现了来样订制、加工等生产方式，生产与国际市场接轨并产生互动，这些瓷器产地与贸易港口之间形成共同繁荣局面。这艘沉船的出现为中国古代造船工艺、航海技术研究提供了典型标本，同时也为复原海上丝绸之路的历史、陶瓷史提供极为难得的实物资料。可以说，"南海 I 号"宋代沉船考古研究是中国水下考古的里程碑，在世

---

① 中共广州市委宣传部，广州市文化局. 海上丝绸之路：广州文化遗产·地上史迹卷. 北京：文物出版社，2008：41.

② 孙键. "涨海声中万国商"："南海 I 号"与海上丝绸之路. 中国文物报，2017-06-09.

图2-9　"南海 I 号"船舱及所载货物

（拍摄：张晓斌）

界水下考古史上占有极为重要的地位[①]（图2-10）。

图2-10 "南海Ⅰ号"出水的德化窑、磁灶窑、龙泉窑瓷器及金器
（拍摄：张晓斌）

"南澳Ⅰ号"发现于汕头市南澳县云澳镇东南的官屿与乌屿之间的海域，俗称"三点金"，2007年5月渔民在渔业生产过程中连续在此海域打捞出水文物，经专家鉴定，为明代万历前后。沉船保存较好，船体大部分被泥沙覆盖，沉船处于侧沉状态，方向接近正南北向，长度38米，宽度8米，船的上层结构已不存在，但隔舱和船舷保存状况较好，由于船体表面覆盖有泥沙和大块凝结物，船体和文物受腐蚀和人为因素破坏较小，除船体中部的两三个舱体外，沉船其他部分及舱内船货保存较好。从2010年至2012年，经

---

① 李庆新."南海Ⅰ号"与海上丝绸之路. 南方日报，2016-01-24.

抢救性水下发掘，出水文物2.7万多件，以绘有人物、花卉、动物图案的青花大盘、碗、罐、碟、盆、钵、杯等青花瓷器为主，还出水了釉陶罐、铁锅等，种类有很多。在沉船中还发现不少于4门的火炮，出水核桃、板栗、荔枝、橄榄、大料和不知名的各类果核等有机物。"南澳Ⅰ号"是中国目前经过正式考古调查和发掘的明代沉船，为研究中外文化交流、古代交通史、古代航海史等提供了宝贵的资料，充分说明了位于海上东亚古航线十字路口的南澳海域是中外贸易的重要航线，为研究古代海上丝绸之路，特别是潮汕海外交通史和贸易史提供了重要数据和依据①（图2-11）。

图2-11　"南澳Ⅰ号"出水文物
（拍摄：张晓斌）

三、贸易设施

历史上各朝代大都在广州设有专门掌管市舶贸易的专门机构或官员，主要职能为征收关税、管理海外交通、处理外贸事务等②，如唐代的广州市舶使，宋元时期的市舶司，广州的这些史迹未能保留下来，而清代举世闻名的广州"十三行"因毁于大火也已无迹可寻，甚为可惜。这类史迹主要指古代沿海各地与海外进行贸易活动的管理机构和交易场所，因历史变迁，能够保留下来的并不多，主要有贸易机构和贸易市场两类。

①　广东省文物局. 广东文化遗产：海上丝绸之路史迹. 广州：中山大学出版社，2016：242.
②　顾涧清，等. 广东海上丝绸之路研究. 广州：广东人民出版社，2008：188-192.

（一）贸易机构

对贸易的管理主要来自政府层面，现存遗迹突出体现在宫殿遗址和海关旧址这两种类型。

南越国-南汉国宫署遗址位于广州历史城区中心的中山四路北侧、北京路东侧。1995年以来，又先后考古发现南越国御苑的大型石构水池、曲流石渠、宫殿等重要遗迹，出土了木简和大量建筑构件、生活用器等重要遗物，还出土了多个历史时期的具有海外文化因素的遗物，是海上交通贸易的直接物证。在南越国宫殿和御苑遗址之上还叠压着2000多年各个时期的文化层，尤以南越国和南汉国时期的遗存最为丰富，它们见证了广州2200余年的城市发展历史[①]。作为不同时期广州地区政治文化中心和海上贸易管理机构所在，南越国-南汉国宫署遗址是广州作为海上贸易港口城市两千多年发展历程的见证（图2-12）。

图2-12　广州南越国-南汉国宫署遗址
（拍摄：张晓斌）

---

① 易西兵. 广州海上丝绸之路史迹的文化内涵与遗产价值. 岭南文史，2016（2）.

位于广州市荔湾区十三行社区沿江西路的粤海关旧址，设立于清康熙二十四年（1685年），是全国最早设立的海关之一。粤海关钟楼是目前全国仅有的三个旧海关钟楼中最古老的一个，是反映中国近代海关史的典型建筑，现粤海关作为粤海关博物馆使用。粤海关大楼前的海关码头，是国内最早的海关码头，现尚存濒江边的六级台阶宽阔的水埠头。该建筑对研究中国海关发展史和清代对外贸易管理体制具有极其重要的意义，2006年公布为全国重点文物保护单位（图2-13）。

图2-13 广州市粤海关旧址
（拍摄：张晓斌）

位于湛江市雷州市雷城街道关部街的粤海关雷州口部税馆旧址（图2-14），是清代粤海关下辖的雷州"海关关口"驻地，负责管理来往商船，收购专卖品及征收关税等事宜。位于粤海关雷州口部税馆旧址隔壁的关部康皇庙，始建于清乾隆三十年（1765年），清代粤海关雷州口部税馆租赁该庙房屋办公，庙内尚保存石碑多块，是研究海关税收管理、雷州口岸海运的重要实物资料。此外，位于雷州市附城镇麻演村南渡河畔的麻演村忠勇庙，曾出土一枚"粤海关铜砝码"，现藏于广东省博物馆。以上雷州保存的一系列海关遗迹遗物，说明至少到清代，雷州仍是广东省内重要的出海关口，与海外的贸易往来十分频繁。

除政府层面管理外，民间一些从事海外贸易的行业也有自己的行业管理。

位于广州市荔湾区康王南路289号的锦纶会馆，始建于清雍正元年（1723年），是广州丝织业的行业会馆。馆内完整保留21块碑刻，是研究清代资本主义萌芽和广州商贸发展史的重要实证资料，可惜的是2001年广州市为建设康王路对会馆实施整体平移，令这座对广州海上丝绸之路史具有重要意义的建筑原真性大打折扣。2008年被公布为广东省文物保护单位（图2-15）。

（二）贸易市场

古代进行贸易交易的市场大都依托港口码头等场所，较难保留下来，因场地变迁和历史演化，能明确分辨的贸易市场也不多。

1757年后，广州成为全国唯一的对外通商口岸，所有外国商船只允许

图2-14　雷州市粤海关雷州口部税馆旧址
（拍摄：张晓斌）

图2-15　广州市锦纶会馆
（拍摄：张晓斌）

在广州黄埔港下锚。"港村一体"的格局致使黄埔古村因黄埔港而兴，罗、冯、胡、梁四个主要姓氏均在与洋人的贸易中获得发展，因此村内祠堂大多建筑精美，装饰华丽。黄埔村现存的胡氏宗祠、左垣家塾、晃亭梁公祠、化隆冯公祠等建筑，不仅是黄埔古港繁荣的历史见证，也是当时黄埔港作为全国贸易集散地的重要组成部分（图2-16）。

图2-16 广州市黄埔古村
（拍摄：张晓斌）

龙湖古寨位于潮州市潮安区龙湖镇市尾村，处韩江中下游西岸，始建于南宋，明清为发展的鼎盛期，至今已有1000多年历史，现在仍保存着100多座古建筑，堪称"潮汕古建筑博览"，古寨的结构相当讲究，是先人按照地舆学的九宫八卦修建的，龙湖古寨是潮汕滨海的贸易重镇，也是清代海内外商品货物的集散地（图2-17）。

大洲湾遗址位于江门市台山市上川岛大洲湾。遗址范围东西宽200米，南北长450米。从所获得的标本看，其品种有红绿彩瓷、青花瓷、青花红绿彩瓷、白釉瓷。器形以盘碗等日用器为主，有少量的琢器如小罐、梅瓶；纹饰题材丰富多彩，款式众多，见"大明年造"、"正德年造"、"天下太平"、"福"、"李"、"玉"等年号款、吉祥语款、窑坊款。该遗址是明代葡萄牙人在中国最早进行陶瓷贸易的据点，对研究明代中期中西海上陶瓷之路的历史具有重要价值（图2-18）。

蚊洲湾遗址位于珠海市金湾区南水镇飞沙村的蚊洲岛。1969年，在蚊洲湾出土212件元代青瓷碗碟等，这批瓷器大部分埋在沙滩冲积层0.4—0.9米深处，主要有印花青瓷和划花青瓷，包装整齐，发掘过程中，考古人员发现器物中有腐朽的草木痕迹，说明该批瓷器曾使用稻草作为包装材料。蚊洲岛海域是元明时期广州至东南亚海运的必经航道，说明这批出水文物系外销瓷器，据此推测当时蚊洲湾有可能是一个类似上川岛大洲湾的贸易集散场所（图2-19）。

图2-17　潮州市龙湖古寨门楼及街巷

（拍摄：张晓斌）

图2-18　台山市上川岛大洲湾遗址及采集的瓷片
（拍摄：张晓斌）

图2-19　珠海市蚊洲湾遗址及采集的瓷片
（来源：第三次文物普查图录）

四、海防设施

在沿海地区和领海内布置防务，以防范和抵抗侵略，保卫国家的主权统一、领土完整和安全所采取的一切军事措施和进行的军事活动，谓之海防[①]。为海防而构筑的相关设施即是海防设施。

广东地处中国南方门户，海岸线绵长且岛屿、港湾众多，自古为兵防要塞。唐宋时期，广东是中国最大的对外贸易通商口岸，朝廷设有专门主管海外贸易的机构市舶（使）司。市舶（使）司除征收进出口关税外还负有缉私和船舶管理等方面的职责。唐开元二十四年（736年），朝廷在广东设屯门镇驻守，五代沿袭，宋时亦有军士驻守，元代仍置屯门寨。从宋朝开始广东水军正式成立，并随即投入缉私、捕（海）盗、巡航等行动之中。宋朝从广东港口出发的中国水军对南海诸岛海域进行了首次巡航。元朝时元军继续对南海"三沙"地区进行巡航"经略"活动[②]。可惜的是，由于沧海桑田变化，广东明代以前的海防遗存保留下来极少。

到了明清时期，中国建立了较为完整的海防体系，明清海防设施以卫城、所城为骨干，堡、寨、墩、烽堠和障碍物相结合的军事工程设施。这些海防设施，依其位置和作用不同，可分为海岛筑城、海岸筑城和海口筑城[③]。

关于海防设施是否与海上丝绸之路有关，部分专家学者持保留态度，认为海防设施是闭关锁国的产物，其手段主要是武力，与海上丝绸之路倡导的友好往来、平等互利原则相违背。笔者认为，广义上这些军事设施在保障古代远洋航行、对外贸易方面也是发挥了重要的作用，这方面，可以从现存的文物史迹中得到印证。

汕头市南澳岛的深澳天后宫东侧，尚保存着一块明万历二十二年（1594年）明朝抗倭英雄、南澳副总兵陈璘所立的南澳山种树记碑（图2-20），碑高225厘米、宽96厘米，碑额篆书，碑文简述南澳历史、地理、风光、造林绿化的意义和在南澳山开展的一次空前植树行动，乾隆四十八年齐翀《南澳志》、民国三十四年（1945年）《南澳县志》均有载，其中一段碑文记述如下[④]：

> 而南澳一山，则又蜿蜒磅礴，亘数十里，屹然起巨浸中，介闽粤闽余地。为诸夷

① 《中国海洋文化》编委会. 中国海洋文化·广东卷. 北京：海洋出版社，2016：159.

② 《广东海防史》编委会. 广东海防史. 广州：中山大学出版社，2010：22.

③ 中国大百科全书总编辑委员会《军事》编辑委员会. 中国大百科全书·军事. 北京：中国大百科全书出版社，2002：773.

④ 汕头"海丝申遗"不可移动文物史迹展示之二十七：南澳山种树记. http://www.stcp.gov.cn/.

图2-20　汕头市南澳岛深澳天后宫东侧的南澳山种树记碑

（拍摄：张晓斌）

贡道所必经，萑苻弄戈所出没之处也。先是，许吴二土酋窃据为穴，流毒滨海，致奉天讨而禽狝之。万历丙子岁，荷圣天子睿断，采内外经略诸臣议，设重镇而控扼焉。于是树兵列舰，海防肃矣；崇垒深沟，城守固矣；垦田构室，民趋众矣。昔之鲸鲵作祟，今则海波不扬，而为商旅之坦途矣；昔之狐鼠恣睢，今则载芟载柞，而为民生之乐土矣。岂不杰然称东南一大关镝，而有裨我国家金瓯之固，畴曰鲜小乎哉。

这里生动地写出了南澳岛的地理特点，是当时的（至迟到明朝）战略要塞和中外商船丝绸之路必经地[1]。而"树兵列舰，海防肃矣；崇垒深沟，城守固矣"则"为商旅之坦途矣"，说明当时不断加强的海防建设，使南澳民众得以安居乐业和发展经济，并为海上丝绸之路上的商旅往来和互市提供了坚强的保障。

《国际古迹遗址理事会（ICOMOS）文化线路宪章》明确指出了"边境哨所"等军事设施是线路的构成要素，是文化线路军事功能的重要体现[2]。这方面在陆上丝绸之路遗迹认定和申遗方面得到了体现，如新疆的克孜尔尕哈烽燧是沙漠丝绸之路上最古老、目前保存最完好的军事设施，已于2014年被列入世界文化遗产丝绸之路的组成部分。而海上丝绸之路上的部分海防设施，在建设之初或使用过程与陆上丝绸之路的军事设施功能几乎是一致的，是为了保障交通的安全或起到征税关口的作用，是海上丝绸之路的军事功能的重要体现，只不过它们在鸦片战争之后更多地担负起抗击外敌入侵的角色，因此，不能因为后期的功能转变，就否定海防设施前期在海上丝绸之路中的价值。当然，也不是所有的海防设施都跟海上丝绸之路有关，1840年鸦片战争之后为抗击外敌入侵所构筑的军事设施显然不算。不过，部分海防设施的功能随着国家海洋政策的改变也会相应变化，如明清时期海禁政策下构筑的海防设施是闭关锁国的产物，不利于海上丝绸之路的发展，但随着后期海禁政策的解除，有些海防设施起到保障海洋交通安全和贸易活动的作用，有些海防设施甚至成为海洋贸易活动的据点或货物中转场所。

广东保留下来的海防设施十分丰富，此前进行过专项调查，出版了《广东明清海防遗存调查与研究》一书，共收集了142处[3]，本书在此基础上，遴选了部分与海上丝绸之路关联性较密切的史迹点，主要有以下几种类型。

（一）卫城

明代沿海设卫所，镇戍联络。5600人为一卫，1120人为一所，每卫设左、右、中、

---

① 林俊聪.《南澳山种树记》碑刻融历史文化价值于一体：明代南澳副总兵陈璘记述海岛造林佳作赏析. 汕头特区晚报, 2016-04-24.

② 国际古迹遗址理事会文化线路科学委员会（CIIC）. 国际古迹遗址理事会（ICOMOS）文化线路宪章. 中国名城, 2009（5）.

③ 广东省文物局. 广东明清海防遗存调查与研究. 上海：上海古籍出版社，2014：25.

前、后5个千户所；120人为一百户所[①]。明代广东沿海设有8个卫，分别是东路的潮州卫、碣石卫，中路的南海卫、广海卫、肇庆卫，西路的神电卫、雷州卫、廉州卫。

经调查，目前广东保留下来的卫城遗址有碣石卫城址、广海卫城城墙遗址、神电卫城址。

碣石卫城址位于汕尾市陆丰市碣石镇新酉村。明洪武二十七年（1394年）广东都指挥花茂奏请设立碣石卫。同年始建碣石卫城。其时，碣石卫统辖中、左、右、前、后、甲子、捷胜、平海、海丰9所，统军5720名。该城址为土城，现存北门至东门到南门这一段，全长1350米，高7米，宽12米的土城基，建筑占地面积16200平方米。敌楼雉堞早废，护城池宽3.5米，深3米，遗迹可辨。东门处可见到部分花岗石砌筑，整座城墙址长满榕树等乔木和灌木[②]。

广海卫城城墙遗址位于江门市台山市广海镇广海城居委会，建于明早期。遗址残长约450米，现存两部分，以广海城朝阳门（又称东门）为中心，从朝阳门往北沿小山丘保留有一截，残长约10米；城墙遗址主要分布在朝阳门至南门的东侧一带，中间有断开，大部分依城面（土名）山势修建，有部分将山包在里边，这段城墙残长约440米。城墙最高点有潨洋台遗址，登高远眺，城内外尽收眼底。从城墙遗址现状分析，广海卫城城墙有内、外包边墙两重墙体，外包边墙用粗砂夹石灰夯筑而成，内包边墙用较规整的石块砌成（图2-21）。

图2-21　台山市广海卫城城墙遗址
（拍摄：张晓斌）

---

① 张建雄. 清代前期广东海防体制研究. 广州：广东人民出版社，2012：21.

② 广东省文物局. 广东文化遗产：海上丝绸之路史迹. 广州：中山大学出版社，2016：56.

神电卫城址位于茂名市电白县电城镇，设置于明洪武二十四年（1391年）。洪武二十七年（1394年）始筑城池，沙土夯墙，平面呈方形，设四门。永乐七年（1409年），筑砖石墙，城门之上有防卫楼。万历元年（1573年），卫、县署重建。万历三年（1575年），知县王许之以城垣径直，难以制外，于四城门外建敌楼12座。现存明代东、南、西、北街的基本格局，城墙一圈位置基本清楚，不少地方残存高低不等的旧城墙和西北段护濠[①]。

（二）所城寨堡

明代海防的军制主要为卫所，分为千户所和百户所，明代广东沿海的8个卫设有25所。清代继续重视所城的建设，将他作为整个海防整体上的一个重要支点，并在明代海防卫、所、关、寨体系的基础上逐渐发展[②]。这些所城遗迹大部分今日犹存，成为广东海防设施的最重要组成部分，自东向西主要分布有以下遗迹。

潮州市现存有大埕所城、柘林寨遗址（图2-22），其中大埕所城保留仍相当完好，

图2-22　潮州市柘林寨遗址
（来源：第三次文物普查图录）

① 广东省文物局. 广东明清海防遗存调查与研究. 上海：上海古籍出版社，2014：228.
② 广东省文物局. 广东明清海防遗存调查与研究. 上海：上海古籍出版社，2014：46.

城门、城墙和城内街道均相对完整，已被公布为省级文物保护单位。

汕头市现存有南澳城城墙、南澳总镇府遗址、蓬州所城遗址、达濠城、海门所城，其中达濠城始建于清康熙五十六年（1717年），城墙外围周长473米，墙高5米，分东西两城门，城四角各筑城楼四幢（今已毁），城门结构为并列拱圈石砌筑，现残存城墙和城门，城内总面积17649平方米。清代潮阳县"水师左营守备府"、"招宁司巡检署"及"招收盐场"等衙门，俱设于达濠城内，现为省级文物保护单位。

揭阳市现存有惠来县靖海所城（图2-23），建于明嘉靖二十八年（1549年），周长一百五十三丈，高4米，城墙以石垒筑，中填夯土。城内设巡检司，城西、城北二门属惠来营陆路，城东、城南二门属海门营水路。墙上布满垛口，城墙顶为跑马道，宽约4米。古城设东、西、南、北4个城门，城门楼均配套建设瓮城及城楼，城墙四角，现为省级文物保护单位。

图2-23　惠来县靖海所城东门
（来源：第三次文物普查图录）

汕尾市现存有捷胜城墙遗址、坎下城址。坎下城建于明崇祯十年（1637年），是广东省目前最完整的明代古城遗址之一，现为省级文物保护单位。

惠州市现存有平海古城，该城周长五百二十丈，高一丈八尺，有雉堞871个，辟东、西、南、北四门，城门上建敌楼。

图2-24　深圳市大鹏所城全景图
（来源：第三次文物普查图录）

　　深圳市现存有大鹏所城和南头古城，均保留较好，大鹏所城为全国重点文物保护单位，南头古城（即东莞所城）为广东省文物保护单位。其中大鹏所城全称"大鹏守御千户所城"，位于大鹏新区大鹏街道，始建于明洪武二十七年（1394年），全城东西长345米、南北长285米，占地约10万平方米，整体格局保存完好。现存东、南、西三个城门及东北约300米古城墙基址。城内主要街道有南门街、东门街、十字街和正街，均为石板铺设；主要建筑有清广东水师提督赖恩爵振威将军第、清福建水师提督刘起龙将军第等近十座清代府第式建筑[1]（图2-24）。

　　珠海市现存有前山寨城墙和白水寨遗址，前山寨位于香洲区前山镇前山中学内，始建于明天启元年（1621年），清康熙五十六年（1717年）用石头和夯土扩建为规整的军事城池，1986年被列为珠海市文物保护单位。

　　阳江市现存有海朗所城、北津寨、双鱼所城。三个城址均始建于明代，海朗所城和双鱼所城是守御千户所，保存现状一般，三者均为县级文物保护单位。

　　湛江市现存有白鸽寨、锦囊所城、海安所城、乐民所城。湛江位于中国大陆最南

　　① 广东省文物局. 广东文化遗产：海上丝绸之路史迹. 广州：中山大学出版社，2016：38.

端，地理位置十分重要，自汉代以来一直是官方和民间的重要出海口，现存的众多城址对研究明清南海海防、航海、商贸等社会状况都有重要价值。

（三）墩台烽堠

墩台烽堠不具备主动出击的战斗功能，但可用于防守、警戒、瞭望、侦察和联络，一般设在沿海要冲地方和扼要之所。墩台烽堠一般为夯土筑造的高台，形制有方形和圆形两种，皆以土筑成，外包砖或石，也有无须加工的，以自然凸出高地作墩台的[1]。

广东现存的墩台烽堠遗存有29处[2]，保存较好的有广州的大山嵋烟墩、深圳的旧大鹏墩台、汕头的龙颈山烟墩、江门的紫花岗烽火台、茂名的晏镜岭烟墩等。这些墩台烽堠有些还配置有相应的屋舍或城垣，供守兵居住和防御之用。

（四）炮台

炮台大多是一种环形的军事工程，一般构筑在控制性港湾、海口、河汊、海岛、城池和经济重镇的关键处，并依山就势，背山面洋，形成一种天然的环形防卫形态。明清以来，广东修建了众多的海岛炮台、海口炮台、海岸炮台和江河炮台，成为广东海防防御体系的重要支点[3]。

广东现存的炮台遗存众多[4]，年代较早、保存较好且与古代海港较密切的有汕头的大莱芜炮台、长山尾炮台，揭阳的澳角炮台、溪东炮台，深圳的赤湾左右炮台，东莞的虎门炮台，江门的崖门炮台，湛江的双溪炮台、三墩炮台，等等。

第二节 生 产 设 施

海上丝绸之路本质上是一条货物交换之路，其中中国输出的最大宗货物即是瓷器和丝绸。此外，一些手工业产品，如石材、铁器、蓝靛等也有少量出口，这些外销品的生产基地和场所，成为我们今天追寻古代对外贸易一个重要窗口。

---

① 张建雄. 清代前期广东海防体制研究. 广州：广东人民出版社，2012：321-322.

② 广东省文物局. 广东明清海防遗存调查与研究. 上海：上海古籍出版社，2014：22.

③ 广东省文物局. 广东明清海防遗存调查与研究. 上海：上海古籍出版社，2014：44.

④ 广东省文物局. 广东明清海防遗存调查与研究. 上海：上海古籍出版社，2014：22.

一、窑址

广东是南海海上丝绸之路的起点，广州港自古以来就是重要的海外贸易港口。从唐代开始，陶瓷器成为海上丝路的重要外销品种，直至清代，历久不衰，因此有的学者把这条海上贸易通道称为"陶瓷之路"[①]。

唐代开始，广东就出现了以烧制外销瓷器为主的窑口，尤其是宋元时期随着对外贸易的发展，中国瓷器在海外获得极大的声誉，需求量非常大，这对地处南海之滨的广东地区制瓷业的兴盛产生极大的影响。广州西村窑、潮州笔架山潮州窑和湛江雷州窑，都是宋元时期有代表性的瓷窑，并称为"广东三大民窑"，此外，较内陆地区的江门官冲窑、梅州水车窑和余里窑、惠州东平窑和白马窑、佛山奇石窑和南风古灶窑以及东莞松岗碗窑等也有外销瓷出口。全省共调查有84处窑址[②]。他们主要分布在沿海和临近江河且陶土丰富的城镇，以便于通过水路运销，这些地区往往也是对外贸易比较活跃的地区。

1. 广州地区

广州西村窑位于广州历史城区西郊，出现并兴盛于北宋，持续约150年，是宋代广州海外贸易的重要见证。西村窑选取众多名窑，如越窑青瓷、耀州窑青釉刻花及印花瓷、景德镇窑青白瓷、磁州窑彩绘瓷、吉州窑、建窑黑瓷等加以仿烧，再远销东南亚、中亚、西亚及东非等地。西村窑瓷器在南海西沙群岛及东南亚菲律宾、印度尼西亚等地都有出土或传世，是当时岭南地区生产外销瓷器的重要窑场。该窑址目前未保留下来，1956年在遗址处修建西村工人体育场时，广州市文物管理委员会进行了抢救性发掘（图2-25）。

此外，位于广州市番禺区南村镇的沙边窑，是北宋一处规模较大的民窑工场。瓷器以青釉为主，黑、酱色釉占少数。器形以碗、碟、杯为主，有极少量是青釉绘褐彩的盆，与广州西村窑相类似，2008年公布为广州市文物保护单位。

2. 潮州地区

笔架山潮州窑遗址位于潮州市桥东笔架山西麓，北起虎头山，南至印子山，绵延四华里，现划定保护范围面积约10万平方米。窑场兴建于宋代，窑址鳞次栉比，相传

---

① 冯小琦. 古代外销瓷器研究. 北京：故宫出版社，2013：243.

② 部分窑址目前虽未找到十分充分的证据证明有外销，但"本着宜宽不宜窄"的原则，本书作为讨论对象，为往后的深入研究提供素材。

图2-25　广州西村窑产品

（拍摄：张晓斌）

有九十九条窑之多，故称"百窑村"，为当时中国南方陶瓷生产的重要基地。产品主要有碗、盘、盏、灯、炉、杯、壶、盂、盒、豆、釜、洗等日常用器皿和瓶、人物、玩具等美术瓷[1]。从1953年起，广东省、潮州市文物考古部门先后清理发掘了十一座窑址，其中发掘于1986年的10号窑为典型的斜坡式龙窑。笔架山潮州窑出土的洋人、洋狗及军持瓷器，反映了笔架山瓷器当年运销海外的历史。近几十年来，在中国香港、海南和西沙群岛，印度尼西亚，菲律宾，巴基斯坦，阿曼，沙特阿拉伯，伊朗，伊拉克，埃及等地均发现了笔架山潮州窑瓷器[2]（图2-26）。因此，笔架山潮州窑遗址对于研究中国古代海上丝绸之路和中外海上交通贸易史具有极为重要的历史价值。2001年公布为全国重点文物保护单位。

此外，位于潮州市潮安区磷溪镇仙田三村的钵仔山窑和位于饶平县联饶镇葛口村的葛藤窑，是与笔架山潮州窑同时期的北宋窑场；位于饶平县建饶镇麻寮村的麻寮窑址和饶平县新丰镇中联村的九村窑址，主要为明清时期的青花瓷器窑址。

3. 湛江地区

宋代以后，大量闽人移居雷州半岛，其中也许有一部分熟练的窑工和精明的商贾，他们同当地窑工，在博取吉州窑、磁州窑技术的基础上，烧制成功釉下褐色彩绘瓷器，在广东窑业中异军突起，独具一格[3]，继广州西村窑、笔架山潮州窑之后，成为宋元时期广东地区三大窑系之一。雷州窑的产品以青釉瓷器为主，少量为酱褐

①　吴智刚. 海上丝绸之路重镇之潮州. 广州：广东旅游出版社，2016：102.

②　潮州市文物旅游局. 笔架山潮州窑遗址申遗文本，2015.

③　阮应祺. 海上丝绸之路航线上雷州半岛主港概述. 湛江师范学院学报，2002，23（2）.

图 2-26   笔架山潮州窑产品
（拍摄：张晓斌）

釉，个别为酱黑釉，装饰特点是釉下赭褐色彩绘花卉、卷草或弦纹、文字、动物图案等，也有少量模印花鸟纹样，尤其是绘有宗教神灵信仰纹饰的小瓷棺，具有浓厚的雷州半岛民间风情和人文特色（图2-27）。宋元时期的雷州窑的产品，大部分是利用近海和港湾优势，通过海上丝绸之路销往东南亚、西亚以至非洲的国家和地区。在海上丝绸之路沿线地段雷州半岛周围海域，海南岛保亭、琼海等县和西沙群岛，以及越南、泰国、印度、埃及的一些地方，都有雷州窑生产的釉下褐色彩绘瓷器出水、出土或传世[1]。

雷州半岛三面临海，岛内主要有南渡河、通明河、九洲江，流经半岛中部和北部，注入雷州湾或北部湾。雷州窑绝大部分选址于半岛东、西海岸线和中、北河流两岸高岭土丰富的地方，充分利用海、港、河优势，方便原料取给和产品运输，逐步形成了窑口集中的三个窑区：半岛中部南渡河及通明河窑区，半岛西北部海岸及安铺湾窑区，

---

① 湛江市博物馆，雷州市文化局，广东省文物考古研究所. 雷州窑瓷器. 广州：岭南美术出版社，2003：33.

图2-27　湛江市雷州窑之余下古窑址及雷州窑产品
（拍摄：张晓斌）

半岛东北部今湛江港窑区。在上述三个窑区内已发现和记录唐、宋、元、明、清窑址103处，个别窑群规模甚大，连绵不断，遗存极为丰富。而在半岛南端的徐闻县，因缺河流，亦缺高岭土，至今仍未发现窑址[①]。

现保存较好且部分经考古调查勘探工作的雷州窑遗址主要分布于雷州市纪家镇、杨家镇与遂溪县杨柑镇，如余下村窑址、茂胆窑址、旧洋窑址、公益窑址、双石西村窑址、吉斗村窑址、陈高村窑址、新仓窑址、窑头村窑址、龙头沙窑址、船渡窑址、下山井窑址、新埠窑址、犀牛地窑址等。

4. 惠州地区

惠州地区的外销瓷窑主要为东平窑和白马窑。

---

① 湛江市博物馆，雷州市文化局，广东省文物考古研究所. 雷州窑瓷器. 广州：岭南美术出版社，2003：32.

东平窑址位于惠州市惠城区东平窑头村,窑始烧于北宋年间(960—1127年)。窑址由三处堆满瓷片的废窑而构成品字形的山岗,以惠城区东平窑头村为中心,包括有瓷土采挖区、作坊区、晾晒区、堆放区和龙窑一座。遗址北面是东江,南面是西枝江并与东江汇合,可通广州,交通便利。1976年,广东省博物馆考古队进行窑址清理发掘工作。从窑址中清理采集了瓷器、窑具等各种样式的标本650多件。该窑生产规模大,烧窑时间长,窑具设备完善,产量高,是宋代沿海规模较大的瓷器生产地。按照当时惠州府人口规模,东平窑的产品数量远远超过其用量,以外销为主,在东南亚的考古中也发现类似的器形①。2015年公布为广东省文物保护单位(图2-28)。

图2-28 惠州东平窑址
(来源:第三次文物普查图录)

白马窑址位于惠东县白盆珠镇白马田心村,主要分布在白马河两岸的匣斗墩、茶头崀、下坑、伯公崀、江板、枫树头、窑下、岭排、下寨等小山包上,周边地貌以低山丘陵为主。上述地点可见大量窑砖、窑渣、匣钵及各类瓷片等。1955年和1960年,广东省文管会对白马窑址进行了勘探调查,初步判断其年代为明代或更早一些,后广东省文物考古研究院又做了考古和发掘清理的工作,初步摸清窑址群的分布及其他情况。白马窑产品类型较为单一,烧造工艺为仿龙泉窑。该窑为明代粤东沿海规模较大的瓷器生产中心,在明代负有盛名,在海南发现有同样的瓷器,同时在东南

---

① 广东省文物局. 广东文化遗产:海上丝绸之路史迹. 广州:中山大学出版社,2016:168.

亚、西亚的考古中都也有发现，可推断其产品以外销为主。另据国外考古材料所知，在阿曼索哈地区曾经出土过明代白马窑的瓷器[①]。2015年公布为广东省文物保护单位（图2-29）。

图2-29　惠州白马窑址

（拍摄：张晓斌）

5. 佛山地区

明清时期广东陶瓷业最具本土特色的，当属佛山的石湾窑。明清时期广州出口的陶瓷贸易中，石湾陶瓷出口仅次于江西景德镇而居全国的第二位[②]，其出口的地区主要在粤籍华侨较多的东南亚等地。

明清时期佛山的石湾陶瓷，包括器皿类，如花瓶、花盆、缸、花几等；陶塑类，如人物、动物、花鸟鱼虫、山公盆景、建筑构件等，以实用器为主，也有陈设器。明代中期，石湾窑逐步形成了仿钧窑变釉的艺术特色，陶瓷业迅速发展，成为当地主要的经济支柱，并大量出口。出现了"石湾之陶遍二广，旁及海外之国。谚曰：石湾缸瓦，胜于天下"[③]。

①　广东省文物局. 广东文化遗产：海上丝绸之路史迹. 广州：中山大学出版社，2016：169.

②　邓端本. 广州港史（古代部分）. 北京：海洋出版社，1986：8.

③　冯小琦. 古代外销瓷器研究. 北京：故宫出版社，2013：251.

石湾窑的代表为南风古灶窑和高灶窑，位于佛山市禅城区石湾镇街道高庙路6号，为明代石湾窑炉改革后基本定型的龙窑，依山势而建，是中国现存为数不多的，从明代至今仍在使用且沿用传统烧制工艺的柴烧龙窑，2001年南风古灶窑、高灶窑被公布为全国重点文物保护单位（图2-30）。

图2-30　佛山市南风古灶窑和高灶窑
（拍摄：张晓斌）

除石湾窑外，佛山市南海区狮山镇的奇石窑为唐宋时期大规模的陶瓷生产基地（图2-31），在西亚地区的阿曼曾出土有奇石窑的黑釉翠蓝窑变四耳罐[①]。此外，佛山市南海区里水镇的文头岭窑和瑶头窑均为唐宋时期陶瓷生产基地，与奇石窑年代相当，器形相似，应为同时期同类别瓷窑。位于佛山市高明区荷城街道沿江路283号灵龟公园内的大岗山窑，建于唐代，出土碗、碟、盆、缸、四耳罐、双耳罐、三足器、耳杯等器物上千件，部分器物在印度尼西亚出水的"黑石号"沉船上有发现。

图2-31　佛山奇石窑产品
（拍摄：张晓斌）

6. 梅州地区

梅州地区的外销瓷窑主要有水车窑、瑶上村窑、余里古窑。

水车窑址位于梅州市梅县区水车镇水车村，属唐中晚期瓷窑遗址，面积约400平方米，为馒头窑，采集有碗、碟、壶等残破碎片。水车窑地处粤东北山区的梅江河畔，该地资源丰富，取材方便，水路可直达潮州港，所制陶瓷产品物美价廉，备受东南亚各国客户的欢迎，渐次发展成为广东外销瓷生产之重要基地，在泰国曼谷等地曾发现水车窑的产品（图2-32）。

瑶上村窑址位于梅州市梅县区南口镇瑶上村，是一处宋代窑址。发现5座龙窑，曾发掘1座，长约24米，出土印花白瓷碟和四耳罐等，其中碟有双凤花草、双鲤跃水、双鹅飞舞等花纹，分布面积约3000平方米，在地表采集匣钵、陶片等遗物。

---

① 曾广亿. 阿曼出土的中国古代外销瓷. 古陶瓷研究，1982（1）.

图2-32　梅州水车窑产品
（拍摄：张晓斌）

余里窑址位于梅州市大埔县三河镇余里村，2013年10月，广东省文物考古研究所联合相关单位对窑址进行了考古发掘，清理了龙窑、房址等遗迹，出土了大批仿龙泉窑青瓷产品和匣钵、垫饼等。该窑址是广东省境内已知最早的仿龙泉青瓷窑业遗存，是同类窑址中保存较好、规模较大的明时期龙泉系青瓷窑场。余里窑部分产品应销往海外。窑址年代应为明代嘉靖时期。此次发掘填补了大埔地区明代窑业遗存的空白，为进一步研究广东仿龙泉青瓷的生产流程、窑炉技术、烧造工艺、行销路线等提供了依据[1]。2013年公布为大埔县文物保护单位（图2-33）。

7. 江门地区

官冲窑位于江门市新会区古井镇官冲村碗碟山，始于唐中期，盛于晚唐，至宋停

---

[1]　广东省文物考古研究所，中国客家博物馆，大埔县文化广电新闻出版局，等. 广东大埔余里明代窑址2013～2014年发掘简报. 文物，2019（10）.

图2-33 梅州大埔余里窑址
（拍摄：张晓斌）

烧。1957年和1997年广东省文物考古部门进行抢救性发掘，在瓦片岩的探方出土了各类瓷器4000余件，在碗碟山揭露窑炉遗迹5座。窑炉形态为馒头窑，由窑门、火膛、窑床和烟道组成，3个烟道为筒状。废窑堆积相当丰富，官冲窑出土的器类以碗、盘、罐、盆为主，还有杯、壶、器盖、网坠、纺轮、动物模型、砖、瓦及相关窑具等，青瓷最多，其中最有特色的有温壶、提梁壶、鸡首壶等。大部分瓷品胎质坚实，烧成温度不低，模制、轮制并用，多用泥块垫烧法，釉色淡青带黄。器物肩部和足底部发现较多的刻划符号和文字，其他装饰花纹少见。近年来，印度尼西亚、泰国、越南等东南亚一些国家相继出土、出水了多批官冲窑陶瓷，尤其是印度尼西亚海域发现的唐代沉船"黑石号"出水了大量酱釉罐、瓮引起广泛关注，均能与官冲窑互相印证，揭示了官冲窑为唐代海上丝绸之路贸易提供主要货品资源的历史。2015年公布为广东省文物保护单位[①]（图2-34）。

此外，江门市鹤山市涌头岗窑址、凤岗窑址与新会官冲窑出土器物的器形、釉色相类似，可能也有外销。

8. 其他地区

除以上外销瓷窑址外，在广东其他地区，也相继发现有一些外销窑址（部分尚需进一步研究是否有外销），如肇庆市封开县的都苗窑窑址群，东莞市清溪镇松岗碗窑遗址，云浮市郁南县均冲窑址、大山脚窑址等。

都苗窑址群位于肇庆市封开县长岗镇都苗村。1973年发现，堆积有的厚达2米以上，器物以碗为主，还有盘、碟、盏、杯、炉、罐、瓶、钵和壶等，皆素面无纹，胎

---

① 广东省文物局. 广东文化遗产：海上丝绸之路史迹. 广州：中山大学出版社，2016：147.

图2-34　江门新会官冲窑产品

（拍摄：张晓斌）

骨灰白色。瓷器釉色以青釉为主，有深有浅，深者青绿，浅者粉青。釉面光滑呈冰裂纹，施釉大多不到底，器外壁下部和足底露胎，露胎处多呈棕色。在窑址处采集有碗、碟等残器标本数件。都苗窑址群是目前在广东省发现较大的古瓷窑址，从目前所采集到的瓷器标本看，器物均为日常用具，其风格与广州西村窑址和笔架山潮州窑址出土的同类器也很相似，初步确定该窑址群的年代为宋代[1]。

松岗碗窑遗址位于东莞市清溪镇松岗村北部，分布范围约3000平方米，是清至民国时期烧造日用瓷器的民间瓷窑。2010年广东省文物考古研究所进行勘探调查，可见龙窑2座，残留有夯土墙体或墙基的房址6间，遗址中有大量废弃堆积，采集到大量的青花瓷器、青釉瓷器和褐釉瓷器残件，种类有碗、盘、杯、碟等日用瓷器，以及匣钵、窑垫等烧造用具。该遗址较完好地保存了从取土、炼泥、制坯到烧制成器等各个生产环节的重要遗迹，是目前珠江三角洲地区发现的工艺流程遗存保存最为完整的窑址之一，为全面系统研究该窑从掘矿采土到烧造成器的整个工艺流程提供了宝贵的实物资料。它是东南沿海广东以至福建民间青花窑系的一员，在江西景德镇的影响下，在清代或更早些时候烧制青花瓷，供应本地及外销市场[2]。

二、其他作坊遗址

除瓷器、丝绸等大宗海上丝绸之路的贸易物品外，广东一些手工业产品，如铁制

---

① 广东省文物局. 广东文化遗产：海上丝绸之路史迹. 广州：中山大学出版社，2016：173.
② 广东省文物局. 广东文化遗产：海上丝绸之路史迹. 广州：中山大学出版社，2016：173.

品、石材、蓝染布匹也有数量不等产品供外销（部分尚需进一步研究是否有外销），为此遗留下来一些冶铁工场遗址、采石工场遗址、制蓝工场遗址等。

一是冶铁工场遗址。南江流域是以广州为中心的海外贸易的重要商品来源地之一，其手工业也为海外贸易提供了优质的产品，其中一大宗便是铁。明洪武六年（1373年）罗定置十三处冶铁所，清人屈大均在所著《广东新语·货语·铁》中有"铁莫良于广铁"之说；又有"诸冶惟罗定大塘基炉铁最良，悉是锴铁，光润而柔，可拔之为线，铸镬亦坚好，价贵于诸炉一等。诸炉之铁冶既成，皆输佛山埠"[①]的记载。可见明清时期南江流域的冶铁规模庞大，且生铁产品质量很高，生铁产品由南江下西江再到佛山，最后由佛山制成成品行销海内外[②]。云浮现存的遗迹有铁炉村冶铁遗址、簕渣冶铁遗址、炉下村铁炉遗址、铁场冶铁遗址、营下村铸铁遗址等。

二是采石工场遗址。云浮市是全国闻名"石材古都"，当地从事石材生产加工已有几百年历史，盛产大理石（云石）。清咸丰年间，当地就兴办了不少手工锯石工坊，组建"云石行"，成为国内较早的石材加工场，其产品有的还出口东南亚。2012年列入第七批广东省文物保护单位的云石矿场遗址有着近400年的云石开采历史，是当年出产著名的代号为"401"、"402"云石板材的石料开采矿场。除云浮外，梅州市五华县有西湖采石遗址和叶湖采石遗址。清远市连州市有过水塘村采石场遗址，该石场开采出来的石板因其色泽接近青色，硬度适中，石纹细腻，当地称为"西岸青"，外埠称为"连州青"，因其散热性能好，特别凉快，深得南洋人青睐并视为珍品，销往日本、加拿大、美国等地。

三是制蓝工场遗址。制作蓝靛及其成品的工艺在南江流域地方志均有记载，明清时期罗定县的蓝多产于龙湾、新榕和罗镜等地。目前，在罗定市的龙湾、分界、罗镜等镇均发现了"种蓝制靛"工场遗址，如龙湾制蓝工场遗址、金河制蓝工场遗址、新榕蓝染遗址等[③]。其中龙湾镇就发现有制靛工场遗址6处，较大的制蓝工场可容纳近百人工作，说明当时制蓝业在当地非常兴盛。罗镜镇的水摆旧圩曾是蓝靛的集散地，广州、佛山两地染布作坊、商号多派人来驻地采购，然后用船运出，加工为成品后再销往海内外。

第三节　交流设施

海上丝绸之路不但沟通了东西方之间的贸易和友好往来，增进了各民族之间的友

---

① （清）屈大均. 广东新语. 北京：中华书局，1985.

② 黄健恩. 海上丝绸之路对罗定的影响分析. 丝绸之路，2016（12）.

③ 黄健恩. 海上丝绸之路对罗定的影响分析. 丝绸之路，2016（12）.

谊和了解，而且也推动了东西方经济、文化的交流，为世界文明史的发展写下了光辉的一页①。各国在文化交流过程中以物质形式保留下来的遗存，成为今天我们了解古代海上丝绸之路的重要依据。

一、宗教遗迹

从魏晋南北朝开始，借助于广东海上丝绸之路的不断拓展，外来宗教不断来华传播，主要的外来宗教有佛教、基督教、伊斯兰教等。外来宗教是"以广州及广东作为第一站和桥头堡，之后深入中国内地传播的。换言之，广东一地是中国最早接受外来宗教文化的地区"②。三国两晋时期天竺（印度）僧人真喜、迦摩罗、昙摩耶舍等就在岭南传播佛教、建寺译经；南朝时期著名的菩提达摩大约在南朝梁普通年间（520—527年）乘船泛海而来，在今天广州西关的下九路附近登岸，并在登岸处建"西来庵"，成为他在中国传播佛教的第一站，开创了中国禅宗；唐代大食、波斯的穆斯林来到广州并修建了怀圣寺和清真先贤古墓，广州又成为伊斯兰教登陆中国的第一站；西班牙传教士方济各·沙勿略于1541年受罗马教廷的派遣，以"教皇特使"的身份前往东方传教，曾经两次到过广东的上川岛，于1552年在上川岛因病去世，安葬在象山脚下。明末意大利传教士利玛窦和罗明坚等最先来到肇庆、韶关等地传播天主教，广东又成为天主教登陆中国的第一站；清朝还有新教传教活动，琐罗亚斯德教（拜火教）徒在广东也有活动。因此，广东遗留下来的宗教史迹尤为众多，在全国举足轻重。

1. 佛教遗迹

佛教起源于古印度（天竺），文献记载汉代传入中国，至今已有二千多年历史，从开始仅流行于宫廷贵族，到后来在民间广泛传播，并在隋唐时期达到鼎盛，不仅西行求法之风兴盛，东亚各国僧侣也纷纷来中国求法，佛教由此又由中国传至日本、高丽、新罗等地。特别是隋文帝时期，高丽、百济、新罗一并分得舍利，带回国建塔供养，中国汉传佛教各流派传播到日本、朝鲜、越南等地后又产生新的流派③。因此，海上丝绸之路不但是佛教传入之路，也是中国佛教影响世界之路，岭南著名的千古名刹正是这条佛教传播之路的重要节点④。

---

① 陈炎. 海上丝绸之路与中外文化交流. 北京：北京大学出版社，1996：12.
② 顾涧清，等. 广东海上丝绸之路研究. 广州：广东人民出版社，2008：231.
③ 郑佩媛. 沧海航灯：岭南宗教信仰文化传播之路. 广州：广东经济出版社，2015：2.
④ 郑佩媛. 沧海航灯：岭南宗教信仰文化传播之路. 广州：广东经济出版社，2015：98.

广州光孝寺以历史悠久、规模宏伟被誉为岭南佛教丛林之冠。据《光孝寺志》记载，寺址最初为南越国第五代王赵建德王府。从东晋起至唐宋，有不少印度、南亚高僧如昙摩耶舍、真谛等来寺传教译经，对中外文化交流有很大影响，是佛教文化通过海路在广州登陆并传播的见证。现寺内建筑有山门、天王殿、大雄宝殿、瘗发塔；其西有大悲幢、西铁塔，东有六祖殿、伽蓝殿、洗钵泉等。大雄宝殿为东晋隆安五年（401年）罽宾国（今克什米尔）法师昙摩耶舍始建，虽经多次重修，仍保留了南宋的建筑风格，在中国佛教建筑史上具有很高的地位①（图2-35）。

图2-35　广州光孝寺
（拍摄：张晓斌）

　　广州华林寺为南朝梁普通年间印度高僧达摩来华讲经传教最初登岸时始建，初名西来庵（图2-36）。六榕寺始建于南朝刘宋年间（420—479年），南朝梁大同三年（537年）诏许建塔供奉从扶南（今柬埔寨）迎来的佛舍利，并赐号宝庄严寺舍利塔（图2-37）。海幢寺是清代外国商人获准于每月规定的三天可以前往游览广州城的唯一寺庙。

　　韶关市南华禅寺始建于南朝梁天监元年（502年），由印度高僧智药三藏创建，初名为宝林寺，唐仪凤二年（677年）禅宗六祖慧能主持寺门，发展禅宗南派，故有禅宗"祖庭"之称，2001年公布为全国重点文物保护单位（图2-38）。潮州开元寺是粤东地区规模最大，保存最好的古寺，其天王殿与日本奈良东大寺佛殿几乎一样，或许具有师承关系（图2-39）。台山市灵湖古寺据清康熙《新宁县志》载："南北朝梁天监元年（502

---

①　易西兵. 广州海上丝绸之路史迹的文化内涵与遗产价值. 岭南文史，2016（2）.

图2-36　广州华林寺
（拍摄：张晓斌）

图2-37　广州六榕寺花塔
（拍摄：张晓斌）

图2-38　韶关南华禅寺大雄宝殿

（来源：第三次文物普查图录）

图2-39　潮州开元寺及阿育王塔

（拍摄：张晓斌）

年）有印僧智药三藏在新会郡地广海登陆，在乌洞手植菩提树一株，其地后建灵湖寺。"（图2-40）肇庆的鼎湖山庆云寺为岭南四大名刹之一，在国内和东南亚地区享有盛名。

图2-40　台山灵湖古寺

（拍摄：张晓斌）

岭南地区大小佛寺十分众多，有些年代久远，有些近代重修，他们是佛教经海上丝绸之路传入岭南并不断发展繁荣的历史见证。

2. 伊斯兰教遗迹

伊斯兰教与佛教、基督教并称世界三大宗教，是信仰"安拉"的一种神论宗教，中国旧称为大食法、大食教、清真教、回教等，公元7世纪初兴起于亚洲西南部的阿拉伯半岛希贾兹地区的麦加。唐初，穆罕默德圣人派遣其大弟子（也有史籍记载是其母舅）赛义德·艾比·宛葛素前来中国传播伊斯兰教，广州成为伊斯兰教最早传入中国的地区[①]。

赛义德·艾比·宛葛素是中国伊斯兰教的奠基人之一，其去世后葬于广州，现位于解放北路桂花岗的清真先贤古墓是中国最早的伊斯兰教史迹之一，古称"回回坟"，又称"大人坟"。墓园为庭院建筑，占地面积约2200平方米，四周以青砖砌筑围绕，由外陵和内陵两大部分组成。外陵的主要建筑物为礼拜殿，内陵就是墓地。园内主道两侧安葬着唐代至清代的数十位穆斯林名人，主道尽头是一座方墓圆顶的典型阿拉伯建筑，墓

---

① 郑佩媛. 沧海航灯：岭南宗教信仰文化传播之路. 广州：广东经济出版社，2015：102.

室正中有一长方形坟墓，即为宛葛素墓地。清真先贤古墓是广州作为伊斯兰教通过海路传播到中国第一站的直接见证^①，2013被公布为全国重点文物保护单位（图2-41）。

图2-41　广州清真先贤古墓
（拍摄：张晓斌）

唐宋时期，海上丝绸之路的贸易非常繁盛，广州是世界大港，往来广州的商人主要为阿拉伯人、波斯人，因为受季风的影响，他们每年有几个月需待在广州，为此，政府特意在今广州的珠江西岸光塔路一带设置了专供外国人居住的蕃坊。穆斯林因此在蕃坊的中心地带建立了中国第一座清真寺——怀圣寺。

怀圣寺与光塔同为唐宋时期广州城西蕃坊内的重要建筑，寺塔合一，是唐宋以来到广州贸易以及定居的阿拉伯商人最重要的宗教活动场所。怀圣寺始建于唐代，是伊斯兰教传入中国后最早建立的清真寺，为纪念伊斯兰教创始人——"至圣"穆罕默德，故名怀圣寺。因为是由来华的阿拉伯人所建，唐人称阿拉伯国家为狮子国，因而被称为"狮子寺"；又因寺内有一光身柱形塔，又名"光塔寺"。怀圣寺坐北向南，占地面积2966平方米，主轴线上依次建有三道门、看月楼、礼拜殿和藏经阁；光塔在寺西南角，还有回廊和碑亭。头门门额用阿拉伯文及汉文书"清真寺"，二门门额书"怀圣寺"，三门门额书"教崇西域"。怀圣寺与光塔是广州作为伊斯兰教通过海路传播到中

---

① 中共广州市委宣传部，广州市文化局. 海上丝绸之路：广州文化遗产·地上史迹卷. 北京：文物出版社，2008：106.

国第一站的直接见证（图2-42）。

图2-42　广州怀圣寺与光塔
（拍摄：张晓斌）

到了明代，朝廷曾派一千回兵到广州平乱后就地分四营驻守，回族军人为此在兵营附近新建了濠畔、小东营、南胜三座清真寺，形成与怀圣寺四坊并立的新局面[①]。今天广州的濠畔街清真寺、小东营清真寺仍在使用并被公布为文物保护单位。此外，明代有部分回族人从北方移居肇庆市，也在当地建立了一些清真寺，目前肇庆市区仍存有城东清真寺遗址和城西清真寺遗址。

3. 基督教遗迹

基督教一般指对信奉耶稣基督为救世主的各教派统称，其主要包括天主教、新教、东正教三大教派和其他一些较小教派，在我国通常把新教称为基督教。

在台山市上川岛北部的象山，有一处方济各·沙勿略墓园，它是肩负宗教使命前来中国传教的西班牙传教士方济各·沙勿略逝世并最初安葬之地。1552年9月，方济各·沙勿略来到上川岛，此行拉开了继唐、元之后基督教第三次传入中国的序幕。在岛上，他动员在当地做买卖的葡萄牙商人搭建了一间简易的教堂进行宗教活动，并等待中国商人

---

① 保延忠. 广州伊斯兰教史.（内部资料）.

带他登上大陆的信息。12月初，方济各·沙勿略在上川岛因病去世，安葬在象山脚下（图2-43）。

在距离方济各·沙勿略墓园不远的新地村新地小学内，还有一座天主教堂遗址，它是明清时期当地人为纪念沙勿略，将其传教的草棚改建成一座欧洲风格的花岗岩教堂，后被大火焚毁，现残存花岗岩房基和一些石柱础、石井阑，教堂的山门和围墙保存较好。

在沙勿略逝世的30年（1582年）后，天主教传教士利玛窦应召前往澳门传教，并于次年获准进入广东肇庆，他带来了一批当时的西方科学技术与知识文化，推动了明朝的历法、天文、水利等多个领域的发展。利玛窦在中国内地建立了第一所天主教堂——仙花寺，与崇禧塔

图2-43　台山上川岛方济各·沙勿略墓园
（拍摄：张晓斌）

并列耸立在风景秀丽的肇庆西江河畔。据文献记载，利玛窦设计的教堂样式是一座两层的欧式教堂，于1585年11月24日竣工。肇庆知府王泮按照中国传统习惯，为教堂匾额亲自题词，其中一块题词"西来净土"，另外一块题词是"仙花寺"。该教堂当时名扬省内外，大家都争相到中国内地第一座天主教堂里开开眼界，可惜建筑后来未能保存下来，2006年肇庆市文物管理委员会在遗址位置竖立了一块"利玛窦仙花寺遗址"碑[①]（图2-44）。

利玛窦后来又到广东韶关，在韶关待了四年多后开始其北上之旅，并最终成为第一个进入北京紫禁城的天主教传教士，被称为"沟通中西文化第一人"。利玛窦之后，基督教在国内不断发展，尤其是清代后期，外国传教士伴随着西方列强的战舰纷纷来华传教，在广东乡间城镇，经常可见一些或新或旧的基督教堂。

二、墓葬

在中外政治交流、贸易往来、文化交流、物产交流等过程中遗留下来了一些珠宝、

① 萧健玲. 利玛窦. 广州：广东人民出版社，2007：64.

图2-44 肇庆"利玛窦仙花寺遗址"碑
（拍摄：张晓斌）

香料、工艺品、金属器物等，这些物品的出土遗址和墓葬亦是古代海上丝绸之路的重要历史见证。墓葬共有10处，主要集中在广州和徐闻两个汉代重要港口城市，如广州的南越文王墓，湛江的华丰岭墓地、田西村珊瑚石室墓、英斐村墓葬等。

位于广州市解放北路象岗山上的南越文王墓，1983年发现并发掘，墓内随葬器物1000多件套，是岭南地区迄今考古发现规模最大、保存最完好、出土文物最丰富的一座大型彩绘石室墓①。其出土器物突出地体现了中原文化、百越文化和海外文化在此地的交流和融合。尤其是波斯银盒、原支非洲象牙、红海乳香等是直接来自海外的舶来品，是广东作为海上丝绸之路发祥地的重要和直接的物证②（图2-45）。

---

① 广州市文物管理委员会，中国社会科学院考古研究所，广东省博物馆. 西汉南越王墓. 北京：文物出版社，1991.

② 易西兵. 广州海上丝绸之路史迹的文化内涵与遗产价值. 岭南文史，2016（2）.

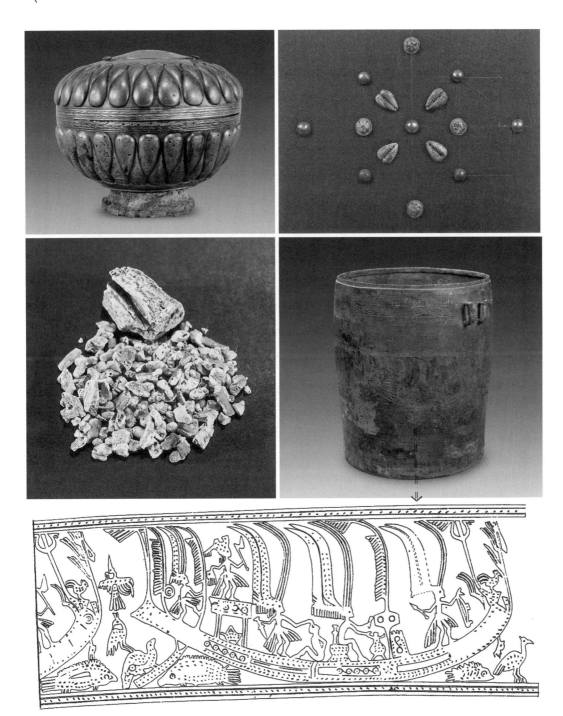

图 2-45　广州南越文王墓出土的波斯银盒（左上）、金花泡（右上）、
乳香（左下）、船纹提筒（右下）及船纹提筒船纹放大摹本
（来源：南越王博物院）

华丰岭墓葬群位于湛江市徐闻县城北乡大黄村委会华丰岭上，占地面积约为6000平方米，以华丰村为中心，东南濒大海，地形西北偏高，东南略低，山岗坡度不大，一直延伸至大海。在村南，汉墓随处可见，多为东汉墓，间有西汉墓，由于水土流失，大部分墓室遭受破坏。省市考古队多次发掘，1973年发掘51座，1982年发掘39座，多为长方形券顶砖室墓，间有珊瑚石室墓及土坑墓，均南北向。出土陶器有夹砂陶釜、陶罐、陶纺轮和陶钵，铁器有剑、箭镞、刀、凿，铜器有剑、盆、碗、镜，装饰品有银珠、水晶珠、玻璃器还有五铢钱。华丰岭汉墓出土的一些舶来品是汉代徐闻港与海外交往的直接证据（图2-46），2015年公布为广东省文物保护单位。

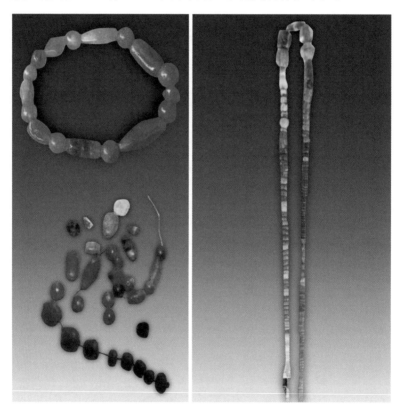

图2-46　徐闻华丰岭汉墓出土玛瑙珠饰
（来源：中山大学人类学系编《海上丝绸之路湛江申遗点》）

第四节　海神信仰设施

汉唐以后，随着中国航海业日益发达，广东沿海已开始成为航海始发和转运的要地，由于海上航行经常遭遇狂风巨浪，人们普遍产生了祈求神灵保佑平安的心理需求，海神信仰便应运而生并传播开来。广东沿海宗教与民间信仰文化具有多元性、开放性和实用性的特点，多数与海洋有关，与海上生产与生活相关，主要有南海神崇拜和北帝崇拜、妈祖崇拜、南海观音崇拜、伏波将军崇拜、冼夫人崇拜等[①]。由于北帝崇拜、南海观音崇拜、伏波将军崇拜、冼夫人崇拜在各地民间信仰中比较泛化，本书重点讨论与海洋活动最密切的妈祖崇拜和南海神（也称洪圣）崇拜设施。

此外，海神信仰设施在目前所见的申遗文本中归入基础设施或港航遗存中，主要是考虑这些建筑大部分位于港口或海岸附近，但在传播过程中，部分海神信仰已经由单纯的海神崇拜，逐步演化为具有防灾害、祛瘟疫、保农耕等多重功能，除港口外，已经散布沿海各乡间城镇，并且还传播到内陆或山区。因此，在本书的讨论框架下，将该类建筑分出作为独立的一类讨论。

一、南海神信仰

中国最早的海神记载见于《山海经·大荒东经》："东海之渚中，有神，人面鸟身，珥两黄蛇，践两黄蛇，名曰禺䝞。黄帝生禺䝞，禺䝞生禺京。禺京处北海，禺䝞处东海，是惟海神。"《山海经·大荒南经》载："南海渚中，有神，人面，珥两青蛇，践两赤蛇，曰不廷胡余。"《汉书·郊祀志》载，汉宣帝神爵元年，皇帝有感于百川之大，而元阙无祠，于是在洛水处立祠祭海神，以求丰年。有论者认为，这是中国封建帝国立祠祭海神之始。隋开皇十四年（594年），有大臣建议，海神灵应昭著，应该考虑在近海处建祠祭祀，才能表达出人间帝王对海神的虔诚，隋文帝于是下诏祭四海[②]，而南海神在东南西北四海神中地位尤其显赫，四海神庙中唯一完整保存至今的只有南海神庙。

南海神庙又称波罗庙，位于广州市黄埔区穗东街道庙头社区，是隋文帝下诏创建的国家坛庙，创建于隋开皇十四年（594年）。所祀南海神，称为祝融。唐玄宗册尊南海神为广利王，宋、元两代屡有加封，合称南海广利洪圣昭顺威显灵孚王，配以明顺夫人。历朝颁给玉带、冕旒等甚多，并每年派官员代表皇帝举行祭典，留下大批珍贵的碑刻，有"南方碑林"之称（图2-47）。

南海神庙坐北朝南，占地近30000平方米。中轴线上石牌坊后主体建筑共五进，由南至北分别是山门、仪门、礼亭、大殿和后殿。庙前为四柱三间冲天式花岗岩石牌坊，

---

①　广东省海洋发展规划研究中心. 广东海洋发展报告. 广州：广东海燕电子音像出版社，2015：79.

②　《中国海洋文化》编委会. 中国海洋文化·广东卷. 北京：海洋出版社，2016：317.

图 2-47　广州南海神庙"海不扬波"牌坊及南海神广利王庙碑
（拍摄：张晓斌）

上书"海不扬波"。山门面阔三间，进深两间，共十三架。硬山顶，人字封火山墙，重塑琉璃博古脊，脊上施二龙争珠、鳌鱼等琉璃饰物，绿琉璃瓦面。木雕封檐板，青砖石脚，大门上木匾书"南海神庙"。南海神庙前堂后寝，有两塾、仪门、复廊及东西廊庑，尚可考见唐代庙宇布局遗制，是研究中国建筑史的宝贵实物。庙内有大批碑刻，是考证海外交通史及历朝史事的珍贵资料，并有书法艺术价值。2013年，南海神庙（含浴日亭）被公布为第七批全国重点文物保护单位。

　　南海神作为岭南沿海影响很大的一个地域性海神，其信仰地方化、庶民化所形成的南海神诞即"波罗诞"、"洪圣诞"至今每年都举行且影响很大。南海神与南海神庙对于探讨研究中国海洋文化的发展历程和海上丝绸之路历史，具有独一无二的学术价值。它不仅备受帝王和文人的重视，在民间亦引发了以南海神崇拜为中心的一系列风俗活动和兴建海神庙的高潮。因南海神历代封号很多，合称南海广利洪圣昭顺威显灵孚王，除南海神庙外，在广东各地，尤其是珠三角地区，洪圣庙、广利庙、南海神祠等，遍布沿海各地，连内陆山乡如新兴、阳山、梅县等地都有，规模大小不一，全省不下500座①。

　　仅广州地区登记为不可移动文物的就有珠村南海神祠、茅岗南海神祠、沐陂村南海神庙、三东村洪圣古庙、土华村洪圣古庙、茶塘村洪圣古庙、藏书院村洪圣古庙、

①《中国海洋文化》编委会. 中国海洋文化·广东卷. 北京：海洋出版社，2016：318.

莲溪村洪圣古庙、火村洪圣古庙、乌石洪圣庙等20处，遍布广州各区。其他市的南海神信仰建筑已登记为不可移动文物的情况大致如下：佛山市有独树岗村洪圣庙、丁东洪圣古庙、高赞洪圣殿、草场洪圣古庙，中山市有圣狮洪圣殿、申堂三圣宫，惠州市有六德洪圣宫、凤岗洪圣宫、径西洪圣大王坛，东莞市有燕窝洪圣宫，江门市有潮连洪圣殿（图2-48），汕头市有南海圣王庙，湛江市有三合窝洪圣庙，等等。

图2-48　江门潮连洪圣殿
（来源：第三次文物普查图录）

　　广东全省调查有南海神信仰不可移动文物共30多处，主要分布在以广州为中心的珠三角地区，粤东、粤西沿海较少，其信仰分布区域不如妈祖信仰那么广泛。

二、妈祖信仰

　　妈祖，又称天上圣母、天后、天后娘娘、天妃、天妃娘娘、湄洲娘妈等，原是北宋福建莆田湄洲岛的一位普通女子，姓林名默，自幼聪慧，精通医理，救人治病，熟谙水性，善观天气，庇舟护航，生前被尊为神女。她死后，乡人感其生前为民治病，海上救人的恩德，就在湄洲岛立祠供奉。妈祖信仰本是福建东南沿海的地方神灵信仰，因海运而兴，经宋、元、明、清各代朝廷多达40多次敕封，加封天妃、天后，列入祀典，成为三大由国家祭典的神明（黄帝、孔子和妈祖），也成为中国最重要的海神[①]。2009年10月，妈祖信俗入选联合国教科文组织人类非物质文化遗产代表作名录。宋代以后，妈祖信仰自福建相继传播到广东、浙江、台湾、山东、辽宁等沿海地区，还随着海上丝绸之路传播至日本、泰国、马来西亚、新加坡、越南等地。

广东与福建山水相依，受妈祖信仰影响较深。宋代，妈祖信仰就随闽人带入粤地并广为流播，沿海地区及海岛不断兴建天后庙祠，广东人敬奉妈祖之诚可以说不亚于闽人，正如宋人刘克庄在《至任谒诸庙：谒圣妃庙》中所言"广人事妃，无异于莆，盖妃之威灵远矣"。到了明清，广东妈祖信仰沿着河网水路，从沿海地区往内陆扩散，甚至远及内陆山区，天后宫在各地随处可见，成为广东民间诸神信仰中最富影响的信仰之一[②]。

粤东潮汕地区毗邻福建，语言民俗相通，妈祖信仰最先传到这边，现保存的天后宫非常之多，比较有名的有潮州的柘北天后宫、龙湖寨天后宫，汕头市的厦岭妈宫、新围天后宫，汕尾市的凤山祖庙（图2-49）、浅澳天后宫等。

图2-49　汕尾凤山祖庙
（来源：第三次文物普查图录）

珠三角地区虽然是南海神洪圣公信仰的中心地区，但妈祖信仰随着影响力的不断扩大而越来越占据相当的地位，如广州就有小洲村天后宫、沙涌天后宫等11座天后宫

———————
①　上海海事大学，中国海洋学会. 中国民间海洋信仰研究. 北京：海洋出版社，2013：42.
②　上海海事大学，中国海洋学会. 中国民间海洋信仰研究. 北京：海洋出版社，2013：42.

列入不可移动文物，深圳有赤湾天后庙、上沙天后宫等，佛山有众涌天后古庙、光辉天后宫，珠海有淇澳天后宫、万山天后宫，江门有天等天后庙等。

　　粤西地区海神信仰众多，有雷祖崇拜、冼夫人崇拜、伏波将军崇拜等，但就是在这么众多的海神信仰中，妈祖信仰依然占据了重要的地位，这与雷州半岛先民多从闽南地区迁徙而来有直接关系。仅湛江地区，就有夏江天后宫、超海宫、水井天后庙、南田村天后宫、宁海天后宫等26处天后宫。此外，茂名市登楼村天后宫（图2-50）、南门头村天后宫影响较大；阳江市有东门街天后宫、儒洞天后宫、大圆村三仙宫、合水天后宫等。

图2-50　茂名登楼村天后宫
（拍摄：张晓斌）

　　粤北山区远离大海，理论上不需要妈祖护佑航海出行，但在调查中却发现这些山区也或多或少存在一些妈祖庙，如韶关市翁源县有周陂天后宫，河源市紫金县有亚婆阁天后庙、连平县有元善镇天后宫，梅州市丰顺县有留隍天后圣母宫、蕉岭县有新铺天后宫等，为什么在这远离大海边也有这天后宫？不妨看看云浮市郁南县附城村天后庙中的清康熙年间的重修碑记的记载：“神也者，灵之所积而能通者也。凡可以庇人民、利耕稼、蓄鸡犬、滋桑麻、祸盗贼、却瘟疫，则所在皆可祀之，讵必拘于海哉！”据此可知，妈祖信仰在传播过程中，已经由单纯的海神崇拜，逐步演化为具有防灾害、祛瘟疫、保农耕等多重功能。

以下简要介绍几处在广东省内具有一定历史且较有影响的妈祖信仰建筑。

1. 汕头新围天后宫

新围天后宫位于汕头市澄海区东里镇樟林村。樟林古港口为汕头开埠前粤东第一大港，新围天后宫是在樟林港贸易最繁盛的乾隆五十二年至五十七年间（1787—1792年），在接近樟林港口入海处的新围地方，以福建泉州的天后宫为蓝本，盖建的当时广东省最大的天后宫。为了褒奖潮人对外拓展，对内繁荣经济的功绩，当朝宰相刘墉特破格为这座海隅神庙题赐"海国安澜"四字巨匾，使得樟林港埠和新围天后宫更为香名远扬。新围天后宫，原宫的建筑宏伟壮观，富丽堂皇，全庙共有房三十六间，规模宏大，从前门到后殿的两廊各有房十八间，供奉顺风公、注生娘等十八位妈祖的陪神，可惜后来随着樟林港的没落天后宫也日渐破坏。1984年公布为澄海县文物保护单位（图2-51）。

图2-51　汕头新围天后宫（修缮前）

（来源：汕头市海丝申遗办）

2. 深圳赤湾天后庙

赤湾天后庙位于深圳市南山区招商街道赤湾社区天后博物馆内，创建年代不详，从明代至今已数次重修，规模日隆，成为闽广沿海最重要的一座天后庙宇之一，鼎盛时有数十处建筑，一百二十余间房屋，占地九百余亩，拥有九十九道门。现存建筑为1992年5月重修，砖木石结构，坐西南朝东北，占地面积约2500平方米，由山门、牌楼、日月池钟楼、前殿、正殿、后殿、左右偏殿、厢房、客堂等组成，规模宏大。

3. 湛江超海宫

超海宫位于湛江市雷州市附城镇夏岚南村东海滩上，始建于明代，坐北向南，四进三道门四合院式布局，面阔23.09米，进深27.4米。设有山门、拜亭、正殿、后殿、东西庑，三天井庭院。宫舍共二十余间，为砖、石、木结构古建筑。三面环海，西依南渡河围海大堤。该宫造型宏伟壮观，气势磅礴，工艺精美绝伦。其山门精致斗拱的木梁架有一对相呼应的"番鬼托梁"精湛木雕。吉祥物工艺精致，浮雕灰塑惟妙惟肖，木雕中人物、花鸟虫鱼，呼之欲出，令人叹为观止。虽受咸水侵蚀，仍保存原有风韵。2010年公布为广东省文物保护单位（图2-52）。

图2-52　湛江超海宫番鬼托梁
（拍摄：张晓斌）

第五节　小　结

绵延千年的海上丝绸之路不仅造就了一批沿海港口的繁华，更促进了东西方不同文明间的跨文化交流，而这种交流是政治、宗教、文化、技术等多方面的交流，只不过一些港口、宗教、生产类遗迹较容易保存下来，而大部分其他遗迹以非物质遗产的形式遗传下来或消失了。

广东的海上丝绸之路史迹除港航设施、生产设施、交流设施、海神信仰设施几大类外，还有一些较特殊类型的史迹不便归入以上四类的，作为其他设施，在此补充说明如下。

第一类是石刻碑刻和岩画。与航海有关的石刻岩画有珠海的宝镜湾岩画、连湾山岩画、两粤广仁税摩崖石刻，汕头南澳岛的大潭摩崖石刻等，他们多位于海岸边，为古人航海或从事海洋活动的记载，其中位于江门市台山市广海镇海永无波公园内的"海永无波"摩崖石刻（图2-53），字体苍劲雄浑，气势磅礴，石刻题款是"钦差总督备倭都督张通书，巡视海道副使徐海刻"，在南侧约50米处，还有"波恬万顷"石刻。与文化和商贸交流有关的有清远的峡山石刻，记录了梁朝时达摩初祖经此，于石上禅定一事。湛江市的黄坡埠头碑刻，内容涉及清代海关、税务、筑堤。此外，位于东莞市光明路与教场街交界处的却金亭碑，非常典型而珍贵，碑文记载了明嘉靖年间番禺县尹李恺与暹罗（今泰国）商人文明交往，不受酬金的史实，它对研究明代中泰贸易通商和当时贸易管理体制具有重要的历史价值（图2-54）。

图2-53　台山紫花岗"海永无波"摩崖石刻　　　　图2-54　东莞却金亭碑
　　　　　（拍摄：张晓斌）　　　　　　　　　　（来源：第三次文物普查图录）

　　第二类是反映海外移民与经商的遗迹。梅州的罗芳伯宅，是清代赴加里曼丹岛西部（即今印度尼西亚）创建西加里曼丹兰芳大统制共和国并出任首任大唐总长罗芳伯的故居；湛江市雷州市的东岭村莫氏宗祠（图2-55），为明末清初真腊（柬埔寨）、安南（越南）著名华侨领袖莫玖的祖祠。湛江市南三镇的田头陈氏小宗祠，是明末清初越南著名的侨领陈上川的祖祠。陈上川为明朝将领，明亡后流亡越南，成为越南开发的有功之臣。此外，东莞市虎门镇人陈益，于明万历年间到安南（今越南）经商时带回了番薯物种进行试种[①]，成功后，在小捷山祖父陈莲峰墓的右方买地三十五亩进行扩种和推广，成为中国最早种植番薯的地方之一，陈莲峰墓及周边的番薯地成为中国农业发展史上有重要意义的地方，1989年被公布为东莞市文物保护单位（图2-56）。

---

　　① 刘迎胜. 话说丝绸之路. 合肥：安徽人民出版社，2017：172.

图2-55　雷州市东岭村莫氏宗祠

（拍摄：张晓斌）

图2-56　我国最早引进番薯物种种植的地方之一——东莞陈莲峰墓周边

（来源：第三次文物普查图录）

　　第三类是古道等交通设施。广东省内保留下来的桥梁、古道、驿站等交通设施为数不少，但是否与海上丝绸之路有直接关联，很多都尚待进一步考证。本书着重讨论了海上丝绸之路与内陆对接的古道遗址，如位于饶平柘林港的风吹岭古道（图2-57），中山珠海连接澳门的岐澳古道，韶关的梅关古道、西京古道，连州的南天门古道等。

图2-57　饶平县柘林港的风吹岭古道及石刻群

（拍摄：张晓斌）

　　值得一提的是，作为海上丝绸之路上重要货物的丝绸和茶叶的生产基地或设施，目前在不可移动文物名录中没有发现，而珠三角现存的桑基鱼塘等传统种桑养蚕基地，也暂未有列入不可移动文物名录中，有待下一步加大调查和研究。

第三章

广东海上丝绸之路史迹的时空特征

对广东省海上丝绸之路史迹的年代进行统计后，根据各时期史迹保存的实际情况，本书将广东海上丝绸之路史迹划分为先秦两汉、南北朝隋唐、宋元、明、清和近现代六个阶段，并以典型史迹点为例对各时期的特点进行分析。

对广东省海上丝绸之路史迹进行地区分布统计后，在全球六大板块和全国四大片区的背景视野下，本书依据沿海港口分布将广东海上丝绸之路的空间格局分为三大节点片区，分别为粤东、珠三角和粤西。

基于对广东省海上丝绸之路史迹的时间和空间进行分析后，本书认为古代海上丝绸之路主要通过江河的连接，实现了与内陆的连通，而广东自东向西分布的韩江、梅江、东江、北江、连江、西江、南江、鉴江、漠阳江等主要河流，为沟通海洋与内陆提供了天然通道，历史上幸存下来的古道，成为海上丝绸之路与内陆对接的通道。总体上，广东境内的海上丝绸之路与内陆的对接通道大体上有五条，自东向西分别是梅江-韩江通道、东江通道、北江通道、西江通道、南江-鉴江通道。

第一节　广东海上丝绸之路史迹的时间特征

对广东省海上丝绸之路史迹的年代进行统计（表3-1）后可知，按照历史年代发展顺序，广东各地保存下来的海上丝绸之路史迹基本上呈现年代越远保存下来的遗迹越少，年代越近保存下来的遗迹越多的规律。这与所有不可移动文物的年代遗存规律是一致的，即年代越晚，遗迹越容易保存下来。各朝代保存下来的遗迹数量与海上丝绸之路在那个时代的发展繁荣情况不能简单做正比。

按照历史发展及各时期特点，大多数学者将海上丝绸之路史迹划分为秦汉、魏晋南北朝、隋唐、宋元、明清五个时期。本书有别于历史划分法，而是围绕现存史迹点展开论述，根据各时期史迹保存的实际情况，将广东海上丝绸之路史迹划分为先秦两汉、南北朝隋唐、宋元、明、清和近现代六个阶段，下面将广东海上丝绸之路史迹按照年代发展顺序作如下梳理。

表3-1　广东省海上丝绸之路史迹的年代统计表

年代区划	具体年代	数量小计	数量合计（430）
先秦两汉	商周	3	16
	秦	2	
	汉	11	
南北朝隋唐	南北朝	5	46
	隋	2	
	唐	37	
	五代	2	
宋元	宋	70	71
	元	1	
明	明	108	108
清	清	187	187
近现代	近现代	2	2

一、先秦两汉时期

如前所述，根据文献记载，目前学界基本认同海上丝绸之路肇始于秦汉时期。不过考古等资料表明，早在新石器时期，汕头南澳岛就有人类活动，发现了距今8000年左右的细小石器，此外在珠江口4.5海里左右的多个岛屿均发现了早期人类生活的遗迹和遗物，这与早期航海不无关系。虽然目前尚无证据证明这些与海上丝绸之路的直接关系，但可视为前期的探索或萌芽时期。

本书只收录广东先秦时期史迹3处，分别为商周时期的宝镜湾岩画、连湾山岩画和纯洲岛造船湾遗址。位于珠海市金湾区高栏岛宝镜湾风猛鹰山西坡的宝镜湾岩画，与早期先民的航海活动关系密切，为全国重点文物保护单位。1989年10月，考古工作者在该海湾"宝镜石"、"藏宝洞"、"大坪石"、"天才石"、"太阳石"5处发现了7幅岩画。岩画阴刻在花岗岩石面上，线条粗犷，构图稚拙，其中以"藏宝洞"东壁画面为最完整（图3-1），画面由船形图案、人物、蛇、鸟、鹿、海浪和云雷纹等十多组图案组成，内容

图3-1　珠海市宝镜湾岩画"藏宝洞"东壁
（来源：第三次文物普查图录）

丰富，表现了古越人航海活动和宗教活动的情景。岩画所描绘、建构的是一处以舟楫所到海域为中心、充满了象征意味的海洋生活世界[①]。

汉代，是有官方明确记载的海上丝绸之路的开始，《汉书·地理志》粤地条中记载"自日南障塞、徐闻、合浦船行可五月，有都元国；又船行可四月，有邑卢没国……自武帝以来皆献见。有译长，属黄门，与应募者俱入海市明珠、璧琉璃、奇石异物，赍黄金、杂缯而往……"，这是中国第一条有史书明确记载的远洋航线。因此，徐闻（包括今雷州半岛地区）与当时的岭南大都会广州是汉代海上丝绸之路的重要港口，就目前调查的汉代广东海上丝绸之路史迹也主要在徐闻和广州两地，如广州的南越文王墓、南越国宫署遗址[②]，徐闻主要有汉代港口二桥遗址和周边的汉墓群。

徐闻汉墓群主要分布于县境南部滨海、近海地带的丘陵岗地，分布范围东西长达40余千米、南北纵深（距海岸）约6千米，沿海岸线大致呈弧带状分布。已发现汉墓28处超过350座，华丰岭等地墓群经过考古发掘。出土文物有陶器、铜器、铁器等，其中琥珀、玛瑙、琉璃、水晶、紫晶、青金石、檀香珠等珠玉饰件多为海外贸易产品[③]（图3-2）。

二桥遗址位于湛江市徐闻县南山镇（原五里乡）二桥村（原讨网村）、南湾村、仕尾村一带的半岛形岬角上，以二桥村后坡为

图3-2　徐闻华丰岭汉墓群出土的水晶珠
（来源：第三次文物普查图录）

中心，自西向东依三级台地分布，濒临琼州海峡。第一级台地现为耕地；第二、三级台地现为民居等建筑占压。发现墓葬、房址、灰坑、水井等遗迹，出土陶器有釜、罐、瓮、盆、纺轮、网坠等，以及云树纹瓦当、绳纹筒瓦、板瓦、"宜官"印纹砖、铁犁等，采集有"万岁"瓦当、"臣固私印"鎏金铜印等[④]。二桥遗址年代在西汉早中期，是目前史书记载的最早出海港之一（图3-3）。

① 曹劲. 先秦两汉岭南建筑研究. 北京：科学出版社，2009：135.

② 广州的汉代遗迹将在后文中重点论述。

③ 湛江海上丝绸之路史迹申遗办公室. 海上丝绸之路：湛江文化遗产. 广州：岭南美术出版社，2015.

④ 湛江海上丝绸之路史迹申遗办公室. 海上丝绸之路：湛江文化遗产. 广州：岭南美术出版社，2015.

图3-3　徐闻二桥遗址采集及出土文物
（拍摄：张晓斌）

二、南北朝隋唐时期

魏晋南北朝是中国佛教传播的极盛时期，中外交流与贸易更加频繁，海外僧人和使者接踵而至。三国东吴孙权曾派朱应、康泰出使扶南（今柬埔寨），到南海诸国宣化；两晋时期，天竺国（今印度）僧人迦摩罗来广州建三归、王仁两寺，罽宾国（今克什米尔）佛教名僧三藏法师昙摩耶舍来广州建王园寺（今光孝寺）传教，佛教名僧耆域泛海先至广州后赴洛阳；梁普通七年（526年），天竺国僧人达摩在广州下九路的西来初地登岸传教，在今华林寺附近建西来庵，宣讲佛法。后来，达摩北上建立中国佛教禅宗，成为禅宗始祖。由于达摩在佛教界中的极大影响和地位，他在广州上岸的地点，被称为"西来初地"（图3-4）。

图3-4　广州西来初地和西来古岸
（拍摄：张晓斌）

魏晋南北朝时期岭南与外国的经贸往来和文化交流十分密切，可惜保存至今的遗迹不多，本书收集的5处文物点均为南北朝时期。位于广州市荔湾区下九路的五眼井据史书记载为南北朝时期菩提达摩来中国居留西来初地时带领信众开凿的（图3-5），而这时期在英德的石墩岭墓葬、曲江的天王山墓葬、罗定的鹤咀山墓葬、遂溪的边湾村波斯银币窖藏中发现了一些波斯银币和金银器，是这一时期海上贸易的珍贵历史物证。

边湾村波斯银币窖藏位于湛江市遂溪县遂城镇边湾村，年代为南朝。1984年，村民在平整屋基地时，发现一个带盖篦纹陶罐，内装有一批波斯银币及金银器，其中波斯萨珊王朝鱼草纹鎏金器和数件波斯萨珊王朝银币

图3-5　广州五眼井
（拍摄：张晓斌）

被确认为国家一级文物。波斯银币属波斯萨珊王朝银币，铸造年代在沙卜尔三世至卑路斯之间（相当中国南朝阶段）。鎏金器为铜质，内外鎏金，高7.2厘米，腹围27.5厘米，口径8.4厘米，重146.3克，器体呈圆形，深弧腹，敛口，尖底。在它表面通体錾刻花纹，从口沿至底间分为忍冬纹、鱼、人首鸟身、飞凤、莲瓣纹五组环绕花带，花带纹饰工艺极其精湛，线条流畅[1]。该窖藏所出土的波斯银币及金银器对研究南北朝时期中外贸易史具有重要的史料价值（图3-6）。

隋唐时期，广州是当时全国最大的对外贸易中心城市，开通了"广州通海夷道"，为当时世界最长的远洋航线，最远到达埃及。唐朝在广州首设市舶使，总管对外贸易事宜，还在广州西城设置"蕃坊"，专供外商集中居住。始建于隋兴旺于唐的广州南海神庙，著名伊斯兰教圣迹怀圣寺光塔和清真先贤古墓等，都是隋唐以来广州对外贸易与文化交流的重要遗迹。伊斯兰教自海路传入中国是唐代中西交流史上的一件大事，

---

[1]　湛江海上丝绸之路史迹申遗办公室. 海上丝绸之路：湛江文化遗产. 广州：岭南美术出版社，2015.

图3-6　湛江市遂溪县边湾村发现的窖藏波斯银币、金银器

（来源：遂溪县博物馆）

广州则是伊斯兰教登陆中国的首站。

　　南海神庙位于广州市黄埔区穗东街道庙头社区旭日街22号，是隋文帝下诏创建的国家坛庙，始建于隋文帝开皇十四年（594年）。庙坐北向南，庙内原存有众多石碑，现尚存唐韩愈撰《南海神广利王庙碑》及历代皇帝御祭石碑30余方，另有明代铁钟、玉刻南海神印等文物。庙西侧有土名章丘的小山岗，建有浴日亭，单檐歇山顶。2005年，在南海神庙浴日亭南面和"海不扬波"牌坊南面考古发现明清码头遗址。南海神庙是中国古代皇家祭祀海神的场所，是中国四大海神庙中唯一完整保存下来的官方庙宇，也是中国海上丝绸之路的重要历史见证[①]。

　　陶瓷的大量外销正是始于唐代盛于宋元，在唐代中期后有了很大发展。瓷器是沉重而易碎的商品，唐代中期后，又成为大量输出的外销商品，为了安全起见，当然以海路运输最为可靠[②]。因此，从唐代开始，广东出现了大量烧制外销瓷的窑口，如新会的官冲窑、梅县的水车窑、湛江的雷州窑，都有瓷器出口。当然，从广州港输出的瓷器，还有大量来自内陆地区，来自海外的商品也需要在广州港中转后通过水路或陆路运往中原地区。因此，迫切需要打通岭南与中原的便捷沟通之路。唐开元四年，宰相张九龄奉唐玄宗诏令在粤赣边界开凿的梅关古道，成为海上丝绸之路与内陆沟通的重要关口。

---

①　易西兵. 广州海上丝绸之路史迹的文化内涵与遗产价值. 岭南文史，2016（2）.

②　陈炎. 海上丝绸之路与中外文化交流. 北京：北京大学出版社，1996：23.

三、宋元时期

宋太祖开宝四年（971年），朝廷在广州首设市舶司，掌管海外贸易事务，对海外贸易货物进行稽查，征收税款，实行许可证制度，这可能是中国最早的海关。宋朝虽然疆域缩小，政治经济重心南移，但为了扩大海外贸易，增加国库收入，宋代发展对外贸易的措施比唐代更加积极。市舶司是海外贸易管理体系的核心，宋朝曾先后在广州、明州、杭州、泉州、温州等沿海港口设置市舶司，其中以粤、闽、浙三地最为重要。广东保存下来的广州扶胥古运河遗址、汕头凤岭古港遗址、潮州柘林港遗址等是这个时期对外贸易兴盛的见证。

位于汕头市澄海区莲下镇程洋冈村的凤岭古港（图3-7），为宋代港口。当时东有

图3-7　汕头凤岭古港遗址
（拍摄：张晓斌）

南峙山，北有凤岭，西有象山、观音山，形成一个弧形的自然港湾，中间有韩江干流直达潮州，被誉为"粤东襟喉，潮州门户"[1]。20世纪30至50年代，先后出土有大量宋代瓷片、船板、船桅、大铁锚等。在虎丘山上的凤岭宫始建于唐代，宋代时成为庇佑商贾之庙宇，今仅存残迹。

为了适应日益发展的海外贸易需要，宋元时期造船业和航海技术的发展在中国历史上都是空前的。当时所制的大型海船，船体长大，可载客数百人，能带一年粮，载重几万斛，甚至还能在船上养猪酿酒。《岭外代答》卷六《舟楫》中就有记载："浮南海而南，舟如巨室，帆若垂天之云，舵长数丈。一舟数百人，中积一年粮，豢豕酿酒其中。"[2]目前广东海域已经调查发现的宋代古沉船"南海Ⅰ号"就是典型的代表。

宋元时期各地名瓷汇聚广州出口，不仅国内众多著名窑口产品经广州销往世界各地，同时也促进了广东本地陶瓷业的发展，广东陶瓷生产可以说在宋元时期达到了顶峰。比较著名的有广州西村窑、潮州笔架山窑、惠州白马窑和雷州半岛的雷州窑，其产品深受海外欢迎，出口量非常大，在海上丝绸之路沿线国家均有发现或传世。

四、明代

明代以后，朝廷基本奉行起海禁政策，对外贸易时禁时放，但广东并未完全禁止。永乐元年（1403年），明朝置广州、泉州、宁波三市舶司；永乐三年，朝廷在广州西关十八甫还专门建有"怀远驿"用于安顿外商；嘉靖年间（1522—1566年），政府废除泉州、宁波两市舶司，只保留广州市舶司，广州也因此成为全国唯一的对外通商口岸。

明代广东海上丝绸之路史迹点基本涵盖了海丝类别中的所有大类和小类，其中尤为突出的是大批海防设施的出现。

明初由于倭寇的不断骚扰，明朝加紧了海防的建设步伐，至洪武二十八年，明朝在广东设立了南海卫等15个卫、大鹏守御千户所等43个所，同时还在沿海设置了烽堠等报警系统，建立起了包括卫所、巡检司、墩台烽堠等一整套基本完备的海防系统。如前所述，海防的最初目的虽是为了防卫倭寇和海盗对中国沿海的侵犯，但客观

---

① 许端阳，辛国安. 汕头海丝文物考古队对南澳部分遗址进行考古调查. 南方日报，2017-03-29.
② （宋）周去非. 岭外代答·卷六·舟楫.

上也为远洋航行的船只提供了安全保障，因此本书也将其列入了海上丝绸之路的相关史迹。位于汕头市南澳县深澳镇南山路的闽粤南澳总镇府（图3-8），俗称总兵府，明万历四年（1576年）副总兵晏继芳建。总镇府坐南向北，居南澳城正中，周围约200米。南澳自明万历三年（1575年）年诏设"协守漳潮等处地方专驻南澳副总兵"起至清末的三百多年中，计有总兵、副总兵约170任镇守南澳，皆驻总兵府。总兵中不少人成为民族英雄或国家栋梁，如刘永福、陈璘、赖恩爵、黄标等。1647年民族英雄郑成功收兵南澳时，也曾驻此。

图3-8　南澳岛总镇府现状
（拍摄：张晓斌）

明代，世界范围内影响最大的海事活动莫过于郑和七下西洋。据史料记载，明永乐三年（1405年）至宣德八年（1433年）郑和船队曾五次停靠南澳岛，郑和船队航海图上亦标有"南澳"地名，传说南澳离岛"大船澳"即为郑和所命名，深澳镇古城东北原有纪念郑和船队的三保公庙[1]，可惜未保存下来。广东另一个与郑和下西洋相关的岛是台山市上川岛附近的乌猪洲，《郑和航海图》上亦标有这处岛屿，岛上现存有建于明代永乐至宣德年间的乌猪洲都公庙遗址，据说是郑和下西洋所建。

明代，因为得天独厚的地理优势，广东成为众多西方传教士通过海上丝绸之路进入中国传教的第一站。

---

① 许端阳，辛国安. 汕头海丝文物考古队对南澳部分遗址进行考古调查. 南方日报，2017-03-29.

方济各·沙勿略就是最早来东方传教的耶稣会士，他是耶稣会创始人之一，首先将天主教传播到亚洲的马六甲和日本。他于1552年8月乘"圣十字"号抵达距广州30海里的上川岛，当时该岛为葡萄牙商人与中国沿海居民进行走私贸易的据点。沙勿略抵达上川岛后已认识到中国传教形势十分严峻，但没有动摇他到中国内陆的决心。同年12月，沙勿略不幸染上疟疾，不久便在岛上去世，现上川岛三洲港西北部的大象山保存有方济各·沙勿略墓园。

另一位重要的传教士为利玛窦，他1552年生于文艺复兴后的意大利，1582年远涉重洋抵达澳门，翌年先到肇庆定居，由此开始了他在中国内地的文化之旅。1589年他踏上北上的行程，先后寄居于韶州（现广东韶关）、南昌、南京，于1601年进入大明王朝的都城北京，1610年在北京去世。利玛窦在华28年，他一方面将文艺复兴后的欧洲文化、科学和技术传入中国；另一方面也把中国文化传入欧洲，扮演了"西学东渐"和"中学西传"的双重角色，成为融合中西文明的使者和先驱①。利玛窦在广东肇庆期间，创造了中西文化交流的"五个第一"：中国第一座西文图书馆、世界上第一幅中文世界地图、中国大陆第一座机械自鸣钟、世界上第一部中西文辞典《葡汉辞典》、中国大陆第一座欧式天主教堂②。

五、清代

清代广东海上丝绸之路的史迹点涵盖了海丝类别中的所有大类和小类，除了延续明代保存有大批海防遗存外，祭祀海神建筑数量最多，其次是宗教建筑及遗迹。这与文物遗存年代越近，保留下来越多的规律有关。

清康熙二十四年（1685年）朝廷设粤、闽、浙、江四海关，粤海关成为清代全国最早设立的海关之一。康熙二十五年在广州开设有专门对外贸易的十三行。乾隆二十二年（1757年）闭闽、浙、江海关，粤海关为此成为全国对外通商的唯一海路口岸，直至鸦片战争爆发。广州十三行作为清代后期全国对外贸易的唯一窗口，见证了古代海上丝绸之路的最后辉煌，可惜建筑因后来频繁的战争和大火，已无处觅踪。现存能够间接看到当年广州繁荣对外贸易的遗迹只有锦纶会馆、黄埔古港等，其中锦纶会馆位于广州市荔湾区华林街寺前社区康王南路289号，始建于清雍正元年（1723年），是广州丝织业的行业会馆，馆内完整保留有21块碑刻，是研究清代资本主义萌芽和广州商贸发展史的

---

①　美瑜. 利玛窦的中国足迹. 中国天主教，2007（2）.

②　萧健玲. 利玛窦. 广州：广东人民出版社，2007.

重要实证。

　　清代是广东移民海外的重要时期，广东人大量移民东南亚，为此也遗留下来一批与海外移民相关的文物史迹，典型人物有梅县的罗芳伯和澄海的郑信，前者在印度尼西亚西加里曼丹建立了兰芳大统制共和国，后者在泰国建立吞武里王朝，他们的家乡均保留有相关遗迹。

　　罗芳伯（1738—1795年），清乾隆三十七年（1772年）赴加里曼丹岛（旧称婆罗洲）的西部（即今印度尼西亚），清乾隆四十二年（1777年）创建西加里曼丹兰芳大统制共和国，首任大唐总长。立年号兰芳，在位19年，是世界近代史上最早建立的民主雏形。现梅州市梅县区石扇镇西南村大岭下仍保留有罗芳伯的旧宅，其建于清代，坐北向南，合瓦屋面，土木石结构，悬山顶，为合杠屋，总面阔18.3米，总进深14.65米，占地面积约270平方米（图3-9）。

图3-9　罗芳伯旧宅
（来源：第三次文物普查图录）

　　郑信（1734—1782年），祖籍澄海华富村，1734年出生于泰国，1767年带领泰国人民和旅泰华侨击退入侵缅军，后建立吞武里王朝。1782年亡故，邑人运其泰、华两套服饰葬于今汕头市澄海区广益街道的"乌鸦地"，郑信衣冠墓占地面积132平方米，坐西南向东北，上题"暹罗郑皇达信大帝衣冠墓"，该墓葬对研究中泰关系及华侨史有较高价值，1984年公布为澄海县文物保护单位（图3-10）。

图3-10　郑信衣冠墓
（拍摄：张晓斌）

六、近现代

　　根据第一章论述的海上丝绸之路的时间界限，广东海上丝绸之路史迹的下限约为清代中晚期，但调查中有两处史迹点在时间上较为特殊，分别是粤海关旧址和荣睿纪念碑。

　　粤海关旧址现位于广州市荔湾区岭南街十三行社区沿江西路29号。粤海关设立于清康熙二十四年（1685年），是中国最早设立的海关之一，原关址在五仙门内，咸丰十年（1860年），粤海关税务司在现关址正式建立公署。同治十一年（1872年）大楼重建，光绪二十五年九月一日（1899年10月5日）火灾烧毁，后重建，宣统二年五月（1910年6月）拆建，中华民国元年（1912年）11月9日复毁于火。现址为中华民国三年（1914年）3月由英国建筑师戴卫德·迪克依照欧洲古典建筑形式设计，华昌工程公司承建，1916年5月竣工。现大楼坐西北朝东南，为四层钢筋混凝土结构建筑，山花券拱上有"粤海关"三字，建筑顶筑穹隆顶钟楼，钟楼四面内置英国于1915年制造的大型四面时钟，钟内还有5个大小不一的吊钟，整点报时。该楼对研究中国海关发展史具有重要意义，2006年公布为全国重点文物保护单位。

荣睿纪念碑位于肇庆市鼎湖区鼎湖山景区莲花峰上庆云寺路末端。于1963年为纪念日本入唐留学僧荣睿大师圆寂端州而立。碑的坐向为东偏北37°，正对荣睿故乡日本美浓。碑高1.6米，宽0.95米。正面刻有"日本入唐留学僧荣睿大师纪念碑"，后面刻《荣睿大师赞》四言诗，均为中国佛教协会原会长赵朴初所题书。荣睿碑亭建于1979年，为钢筋混凝土仿唐建筑，古朴大方，别具特色。荣睿纪念碑是中日人民友好交往之实物见证，1979年公布为广东省文物保护单位（图3-11）。

粤海关旧址经过多次重建和迁移，历史上确有其址，并在清代后期的中外贸易上发挥了举足轻重的作用，历史影响大；而荣睿纪念碑虽为新中国成立后所立，但纪念的是唐代日本到粤的遣唐使荣睿大师，还被公布为省级文物保护

图3-11　肇庆市荣睿纪念碑
（来源：第三次文物普查图录）

单位。故本书在综合比较后，将这两处对广东海上丝绸之路有重要意义的史迹点列入讨论范围。

第二节　广东海上丝绸之路史迹的空间特征

广东目前有21个地级以上市（其中广州、深圳为副省级市），按照广东现行的区域划分方法，全省按片区可分为珠三角、粤东、粤西、粤北四大区域，对全省430处海上丝绸之路史迹进行地区分布统计后可知，珠三角9个市共有138处、粤东4个市有102处、粤西3个市有138处、粤北5个市有52处（表3-2）。总体而言，广东海上丝绸之路的不可移动文物主要集中在沿海区域，对这些史迹点进行归纳分析后，可以基本勾勒出广东海上丝绸之路史迹的空间分布特征。将这些空间分布置于全国乃至全球视野来看，又有其共性和独特性。

表3-2　广东省海上丝绸之路史迹的地区分布统计表

序号	地市	所属区域	数量	分计
1	广州市	珠三角地区	56	138
2	深圳市		13	
3	珠海市		11	
4	佛山市		16	
5	东莞市		3	
6	中山市		3	
7	江门市		20	
8	肇庆市		8	
9	惠州市		8	
10	汕头市	粤东地区	41	102
11	潮州市		18	
12	揭阳市		21	
13	汕尾市		22	
14	阳江市	粤西地区	12	138
15	茂名市		5	
16	湛江市		121	
17	韶关市	粤北地区	10	52
18	河源市		3	
19	梅州市		12	
20	清远市		8	
21	云浮市		19	
合计				430

一、海上丝绸之路的空间特征

海上丝绸之路是古代东西方不同文明板块之间进行经济、文化、科技交流的海路网络，其形成与变迁源自世界不同地区物产资源的互利互补和不同族群间古代先民的共同努力[①]。根据现有研究，海上丝绸之路在全球可分为六大板块，关联起古代世界的主要海域。在中国可分为四大片区，沟通起大陆自北向南沿海的重要地带；具体到广

---

① 燕海鸣，朱伟，聂政，等. 古代世界的海上交流：全球视野下的海上丝绸之路. 中国文物科学研究，2016（2）.

东省域可分为三大节点，分别为粤东、珠三角和粤西。

1. 全球的六大板块

海上丝绸之路主要关联起古代世界中低纬度的主要海域及沿海地带，东至日本，西至地中海西岸。根据地理空间特质及历史发展进程，海上丝绸之路所关联的区域大致可分为六大板块：东亚、东南亚、南亚、西亚、东非和地中海[1]。

东亚板块：包括中国、朝鲜半岛和日本。中国的东南沿岸是两千多年来海上丝绸之路主要贸易和文化汇聚之地，是其他板块进入东亚板块的主要枢纽[2]。

东南亚板块：包括中南半岛和马来群岛两大部分。含今天的马来西亚、菲律宾、新加坡、印度尼西亚、越南、泰国、缅甸等11个国家，面积约457万平方千米。东南亚地处亚洲与大洋洲、太平洋与印度洋的"十字路口"，马六甲海峡是这个路口的"咽喉"，战略地位非常重要，是东亚板块和南亚板块航线的必经之路。

南亚板块：位于亚洲南部的喜马拉雅山脉中、西段以南及印度洋之间的广大地区。它东濒孟加拉湾，西濒阿拉伯海，包括印度、巴基斯坦、孟加拉国、斯里兰卡、尼泊尔、不丹和马尔代夫等国家。其中科罗曼德尔海岸、斯里兰卡和马拉尔海岸是海上丝绸之路的地理中心，往返各板块的航船大都需经此航行。

西亚板块：位于亚、非、欧三洲交界地带，在阿拉伯海、红海、地中海、黑海和里海（内陆湖泊）之间，联系欧洲、亚洲、非洲，联系印度洋和大西洋，故有"两洋五海三洲之地"之称。西亚两河流域的古巴比伦是四大古代文明中心之一，是伊斯兰教、基督教、犹太教等世界性和地区性宗教的发源地，是东西方文明的连接处，也是海上丝绸之路和陆上丝绸之路汇合之地。

东非板块：北起厄立特里亚，南迄鲁伍马河，东临印度洋，西至坦噶尼喀湖。通常包括苏丹、埃塞俄比亚、南苏丹、厄立特里亚、吉布提、索马里、肯尼亚、乌干达、卢旺达、布隆迪、坦桑尼亚和印度洋西部岛国塞舌尔、毛里求斯。面积370万平方千米，占非洲总面积的12%，民众信仰伊斯兰教、基督教、天主教、原始宗教等。东非板块是西亚板块和南亚板块进入东非的前沿。

地中海板块：地中海处在欧亚板块和非洲板块交界处。地中海西部通过直布罗陀海峡与大西洋相接，东部通过土耳其海峡（达达尼尔海峡和博斯普鲁斯海峡、马尔马

---

① 燕海鸣，朱伟，聂政，等. 古代世界的海上交流：全球视野下的海上丝绸之路. 中国文物科学研究，2016（2）.

② 燕海鸣，朱伟，聂政，等. 古代世界的海上交流：全球视野下的海上丝绸之路. 中国文物科学研究，2016（2）.

拉海）和黑海相连。西端通过直布罗陀海峡与大西洋沟通，航道相对较浅。东北部以达达尼尔海峡－马尔马拉海－博斯普鲁斯海峡连接黑海。东南部苏伊士运河与红海沟通。

2. 中国的四大片区

航线是古代海上丝绸之路上进行商品贸易和人文交流的纽带，以文明板块的自然和人文地理特征为依据，海上丝绸之路的航线网络中主要包括两个层级的航线：一是跨板块航线，主要在以上的六大板块间进行；一是板块内部的航线，中国在东亚板块内，具体到国内的航线和交流，笔者认为可分为四大片区，即岭南片区、闽台片区、江浙片区和环渤海片区。

岭南片区：岭南，是我国南方五岭（大庾岭、骑田岭、都庞岭、萌诸岭和越城岭）以南地区的统称，指中国南岭（五岭）之南的汉地。唐代行政区岭南道以此为名，后来分为岭南东道和岭南西道，是广东、广西分治的开始，北宋淳化四年（993年）岭南道改名为广南路。由于历代行政区划的变动，现在提及岭南一词，一般指广东、广西、海南、香港、澳门，相当于今华南区域范围。岭南拥有较长的海岸线和较早开放的港口，海上对外贸易无时无刻不在刺激着商品经济和商品意识。明代至清中期，是古代岭南最繁荣的时期。清康熙二十四年，在广州建立粤海关和洋行制度，乾隆年间，特许外国人在十三行一带开设"夷馆"，广州成为当时中国唯一对外贸易港口。

闽台片区：福建是古代海上丝绸之路重要的东方起点之一。宋元时期，泉州港被誉为"东方第一大港"；明代，郑和就在福州候风放洋，而漳州月港是当时中国最大的对外贸易港口。近代中国五口通商中，福州、厦门占了其中之二。台湾与福建隔海相望，台湾海峡在东海及南海海域交通的位置特殊，自古就是航运的交通要道，也是明清时期的海商集团，如李旦、郑芝龙、林道乾等活动的区域之一。

江浙片区：江浙地区河网密布，港口众多。其中宁波在唐代发展成为重要的港口城市明州城，成为唐代四大名港之一，是连通朝鲜半岛、日本列岛的东海航线上主要贸易城市之一，宋元时期明州（庆元）港为中国三大国际贸易港之一，设置市舶司，促进了东亚贸易圈的海上贸易繁荣鼎盛。扬州作为江、河、海运交汇之地，地理位置独特，自唐代起扬州成为海上贸易重要港口城市，商业经济地位跃居全国首位，成为漕运和南北物资集散中心，其主要交流方向包括东海航线连通的朝鲜半岛、日本列岛等东亚地区，南海航线连通的东南亚和印度洋、波斯湾地区。15世纪，举世闻名的郑和七下西洋的航海壮举使南京成为海上丝绸之路的东端始发站，同时将航线拓展到非洲东岸。

环渤海片区：该片区是指环绕着渤海全部及黄海的部分沿岸地区所组成的广大区

域，是以京津冀为核心，以辽东半岛和山东半岛为两翼的环渤海区域。环渤海片区主要的沿海城市有青岛、威海、烟台、天津、秦皇岛、大连、丹东等多座城市，在古代海上丝绸之路上主要连接日本和朝鲜半岛，属于东海航线的一部分。东线是春秋战国时期齐国在胶东半岛以青岛胶州为中心开辟的"循海岸水行"，经辽东半岛到达朝鲜半岛、日本列岛的黄金通道，也称"东方丝绸之路"。公元623年，唐在青岛胶州设立板桥镇，高丽和日本的商贾、使臣、僧侣等多从这里到中国，或贸易，或国事往来，或宗教交流等。到了宋朝全国已经建立了青岛胶州、广州、泉州、明州四大市舶司[①]。明清以后，由于山东半岛是京津门户，首当其冲地关上了对外贸易的大门，其重要性慢慢让位于南方各沿海城市。

二、广东海上丝绸之路史迹的空间特征

受航海技术和不可控外力因素的影响，且鉴于海水交通介质的特点，具体的航线可以说从来都不是固定的。往返于两个港口之间的航线，都会在一定范围内摆动。从这点也可以说，港口的时空边界明确，使用功能固定，是航线得以形成和发展的保障。作为陆地运输、江河联运的终端和海洋运输的起点，港口是航线能够稳定维持的基础，其功能和空间分布直接影响航线的形成和走向。因此，港口对板块内部的空间特征具有决定性影响，是形成节点片区的基础和前提条件。

就目前广东省区域范围，可以依据沿海港口的分布将广东海上丝绸之路的空间格局分为三大节点片区，分别为粤东、珠三角和粤西。构成这三大节点片区的主要元素，即是遍布广东沿海星星点点的诸多港口海湾。

（一）粤东地区

广东粤东地区主要为现在广东东部的潮州、汕头、揭阳、汕尾四个沿海城市，也称为潮汕地区。潮汕地区历史上对海上丝绸之路的形成和发展起到重要的作用，不同时期与海外都有着重要的联系，在古代航海和海外贸易活动中占有重要的地位。潮汕地区地理环境十分优越，河流纵横、港湾密布。历史上，庵埠、凤岭、东陇、柘林、樟林和南澳各个港口相继崛起和繁荣。南澳岛地处韩江入海口外侧的闽、粤、台三省交界海域，素有"东南之门户，闽粤之咽喉"之称，历史上是闽广沿海与东南亚等地商贸航运的重要港口。

---

① 朱艳. 青岛：古"海上丝绸之路"的起点. 青岛日报，2013-07-01.

1. 凤岭港

凤岭港位于汕头市澄海区程洋冈村，作为潮汕最古老的对外贸易口岸，当时出口外销主要是陶瓷产品。唐代后期，潮州的陶瓷生产业已经相当发达，潮州笔架山百窑村生产的大量陶瓷产品，先用小船经由韩江运抵凤岭港集中，然后再改用大船或远洋船销往上海、广州以及东南亚等地①。从史志中发现，程洋冈及附近的前埔周围，有很多瓷窑，至今已发现宋代窑群17座，其窑砖经鉴定为六朝年代产品。程洋冈附近河里，发现大量陶瓷碎片，从20世纪50年代至70年代，先后在防洪固堤时挖掘出碎瓷片数千担，并多次发掘出瓷碗、船桅、锚链等物②。

2. 柘林港

柘林港位于广东省潮州市饶平县柘林湾旗头山下，西接西澳岛，出海口与南澳岛深澳湾遥相对望。柘林港通商历史悠久，是古代海上丝绸之路主要口岸之一。民间素有"未有汕头埠，先有柘林港"之说。至迟在宋代，乃至元、明、清时期，该港是粤东地区对外贸易的主要港口和人民出洋谋生、定居、探亲的出入口岸。饶平"九村窑"烧制瓷器出口东南亚等国家和地区也经柘林港。清代海禁解除后，柘林港内常停泊"红头船"、"小龟船"三四百艘，日本和东南亚国家和地区商船往来，"皆泊巨舟于此"。潮汕货物由此北上京沪，南下吕宋、安南、马来西亚等地。清朝乾隆年间，随着澄海樟林港的兴起，尤其是清咸丰年间汕头开埠后，柘林港才退居粤东对外贸易的次要地位③。

3. 庵埠港

庵埠港位于韩江、练江、榕江三江出海口的交汇处，位置非常显要，加之历史上形成的四通八达的内河网络，使其成为联系各出海港口与内河码头的绝佳中转站④，在北宋时期就已经成为潮州重要的对外贸易港口，明代不断兴起的私人海上贸易，使得庵埠港保持了对外贸易的连续性，随着清初开放海禁，各路商船接踵而来，络绎不绝，庵埠港也进入到一个全盛时期。此外，清政府还在庵埠设立造船厂和官办商业盐厂，其中庵埠造船厂与运司、河南、海口、芷寮造船厂并称为清代广东五大官营造船厂⑤。

4. 樟林港

樟林港位于汕头市澄海区东里镇樟林，东起新兴街、西至蚶墩脚、南至叶厝园、

① 陈映娜，蔡静珍. 浅析宋代笔架山"潮州窑"的兴盛及其原因. 中国陶瓷，2012，48（9）.

② 蔡英豪，蔡立周，蔡文胜，等. 广东省古村落：程洋冈村. 广州：岭南美术出版社，2013：102.

③ 张楚南. 柘林港：海上丝绸之路粤东第一港. 潮州社科，2017（1）.

④ 张伟湘，薛昌青. 广东古代海港. 广州：广东人民出版社，2006：54.

⑤ 洪英. 清代庵埠港的盛衰. 汕头大学学报，2015（1）.

北至天后宫，占地面积460万平方米。古港于明天启三年（1623年）创建商埠，清康熙二十三年（1684年）弛海禁，樟林港逐步兴盛，至乾隆、嘉庆年间达到全盛期，形成"八街六社"的格局，号称"粤东通洋总汇"，为汕头开埠前粤东第一大港。古港至今仍保存着永定楼、天后宫、风伯庙、新兴街等遗迹，并先后在南洲、和洲出土过远洋红头船。樟林港对研究潮汕地区明清时期的经济贸易情况和移民史、华侨史有重要价值，1984年公布为澄海县文物保护单位（图3-12）。

图3-12　汕头樟林古港
（拍摄：张晓斌）

（二）珠三角地区

珠江三角洲毗邻港澳，与东南亚地区隔海相望，包括现在广州、深圳、佛山、东莞、中山、珠海、江门、肇庆、惠州共9个城市。"大珠三角"指原珠三角9个城市，加上香港、澳门两个特别行政区构成的区域，是中国的"南大门"。在两千多年漫长的历史长河中，珠三角的全部历史与港口的繁荣有极大的关系。晋代广州便已崛起为重要港口，唐代是全国最大的贸易港，宋代则成为世界最大的港口之一。到了清朝，严厉的海禁政策下，广州作为全国唯一的通商口岸，达到全盛。广州以港立市，成为千年商都，为国家财政收入之源，被誉为"天子南库"。

1. 广州港

广州地处太平洋、印度洋的航道要冲，历代均为岭南地区政治、经济、文化中心。自秦汉起即为中国重要的对外贸易港口城市，历经千年不衰。其南滨珠江，外接南海，数千年来广州港作为河港兼海港，利用江海联运的方式，既对内沟通内陆各地，又对外开辟东南亚和印度洋沿岸的航线。从广州出发入南海，西行经印度洋、波斯湾，可与西亚、北非和南欧联系，南行直通东南亚，东行可至吕宋岛。

广州的海上交通与文化交流形成于秦汉时期，发展于三国、两晋，隋唐时期日趋成熟，唐宋时期成为中国海外贸易的第一大港，持续繁荣，达到全盛，明初为官方的对外贸易港口，在海禁政策下为官方朝贡贸易的重要港口城市，曾一度出现外国商使来华贸易"俱在广州"的局面。广州历史上的港口比较著名的有扶胥港、黄埔港。

扶胥港位于广州市黄埔区庙头村西，北面是丘陵台地，南面的黄埔港湾古时候属溺谷湾，扶胥港位于广州溺谷湾北缘，古时候珠江前后航道在溺谷湾汇合后向南沿狮子洋直通虎门入南海。南海神庙即建在扶胥港边上，因此成为广州扶胥港的标志。到了明清时期，由于东江三角洲的发育淤积，商船很难再在扶胥港靠岸，外港逐渐从扶胥港转移到黄埔港，黄埔港逐渐发展成为广州的主要对外贸易港口。

黄埔港位于广州市海珠区琶洲街道石基社区码头路，地处黄埔涌河畔，河面宽阔，对岸的连绵小山马鞍岗是天然避风屏障，且水域紧靠珠江主航道，却又远离市区，易于管理，在此设港通商是理想的选择。今黄埔村石基河口一带水域，就是历史上著名的粤海关黄埔税口。自明代始，各地沙田围垦加剧，原为广州外港的扶胥港亦因淤积而失去本来地位，而琶洲一带已成浙闽海船之碇泊锚地，黄埔石基河口渐成洋船之锚地。清康熙二十四年（1685年），政府在黄埔设置海关，正式确立黄埔港地位。设在黄埔港的挂号口，简称黄埔口，是粤海关下属的一个税口。按《粤海关志》黄埔税馆图，黄埔税馆遗址在黄埔村南码头与酱园码头一带的河堤旁。南码头则在黄埔村南侧，昔日用于停泊洋船和转运外商货物的"西瓜扁船"等船只，现已淤积，后来又在淤积的滩涂上新建成现在的石基村[①]。今石基河口，仍有海傍东约古建筑，及与别处不同的商业街布局，还有残存的碑记，以及洪圣、天后（妈祖）等庙宇。今在码头附近，仍然可见散落在各处的外国海员、商人的花岗石墓碑和花岗石刻"埠头"碑石[②]。2002年公布为广州市文物保护单位（图3-13）。

2. 澳门港

澳门以前是个小渔村，本名为濠镜或濠镜澳，16世纪中叶，第一批葡萄牙人抵澳时，询问居民当地的名称，居民误以为指妈阁庙（妈祖庙），用粤语答称"妈阁"。葡萄牙人以其音而译成"MACAU"，成为澳门葡文名称的由来。澳门是远东地区最早开

①　张伟湘，薛昌青. 广东古代海港. 广州：广东人民出版社，2006：15.

②　张晓东. 黄埔古港古村开发中的文化保护利用与管理. 文学界（理论版），2012（4）.

图 3-13　广州黄埔古港遗址
（拍摄：张晓斌）

放的租界，是中国最早开展东西文化交流的基地，成为沟通东西方经济的重要商埠，为16世纪海上丝绸之路的重要据点，自16世纪以来开通如下多条航线①。

中国广州—中国澳门—印度果阿—欧洲航线：澳门经印度果阿运往欧洲的商品，主要是中国的生丝、丝绸、瓷器、药材，还有金、黄铜、麝香等，为了贩运中国货物从而获得巨额利润，葡萄牙人向中国输入大量白银，使中国与欧洲贸易中长期处于有利地位，这对明代中国社会经济，特别是金融经济的发展起着促进作用。

中国广州—中国澳门—日本长崎航线：中日贸易历史悠长，但15世纪后，因倭寇危害明朝海疆，明政府中断了中日贸易。此时，澳门的葡萄牙人抓住机会，开辟了这条长达70多年的贸易航线，澳门赖以兴盛，中国商品经济和市场也得以繁荣发展。

中国广州—中国澳门—菲律宾马尼拉—拉丁美洲航线：17世纪开始，明朝实行海禁，澳门的葡萄牙人取代了中国商人的地位，几乎垄断了中国和菲律宾之间的贸易。

---

① 本节所列航线主要参考王元林：《内联外接的商贸经济——岭南港口与腹地、海外交通关系研究》，中国社会科学出版社，2012年，第201—204页。

中国广州—中国澳门—东南亚海域各岛的航线：自古以来，东南亚岛国大多数与中国历代保持传统的进贡贸易，随着南洋主要港口落入早期殖民者手中，葡萄牙人在势力范围内控制了这条航线。

3. 潭洲

江门古称潭洲，是中国海上丝绸之路的重要站点之一，在北宋时期更是广州通海夷道的必经之地，从广州出发，赴东南亚、印度洋一带远航的商船须经过潭洲停泊，为驶向深海前作最后准备。而从东南亚、印度洋来的番舶商船，到达潭洲，对于经历了沧溟汪洋颠沛的海旅客商来说，意味着一路下去再无海洋上变幻莫测的凶险，解除了商旅安全上的顾虑。同时，他们也还要在这里接受官府的登记盘查，严密监视，以防沿海走私，确保足额关税的征收。因此，潭洲就是唐宋时期海上丝绸之路上番舶商船的"放洋"之地，又是市舶贸易管理体制之中的重要一环。此外，江门沿海诸澳也是明清时期往来中外船舶停泊的重要海港。新会的奇潭，台山的广海、望峒、寨门等沿海诸澳，可供来往于中国与南洋之间的船只停靠，既可入港避风，又可接受补给①。

江门市地处珠江三角洲西部，南临大海，为珠江文化与海洋文化的交会地带，位于中国传统的西洋航线之上，沿海地区拥有天然的港湾，海上丝绸之路文化源远流长，唐宋时期，江门为中国外销瓷的生产基地之一，是广州通海夷道上的"放洋"之地。明清时期，江门沿海是东南亚地区各国入贡夷船规定停泊的澳口。地理大发现后，葡萄牙人在这里建立了早期对华贸易的据点，其中上川岛以"贸易岛"著称于世。这里既有华夷船舶往来的交通驿站，又有指引西洋航路的重要航标，还有守护海上丝绸之路的卫所营寨②。作为中国著名侨乡，不仅输出的国际移民常年往返于这条航路，更是遗存了众多见证中外经济、文化交流的遗址。

（三）粤西地区

粤西是广东省西部地区的简称，一般包括湛江、茂名、阳江三个地级市。地形以山地丘陵为主，湛江、茂名属台地。粤西地理位置优越，处于雷州半岛与北部湾、大西南联结点。正因为雷州半岛位于祖国大陆最南端，在古代航海技术不发达的情况下，雷州半岛的红土地和广东海上丝绸之路的形成与发展有着重要的联系。虽然雷州半岛的海岸线两千多年来一直没有发生过明显的变迁，但其经济中心却一直伴随着海上丝绸之路的出海港不断北移。从汉代的徐闻港、唐宋时期南渡河口的雷州港到明清赤坎

---

① 石坚平. 江门海上丝绸之路文化探源. 五邑大学学报（社会科学版），2015，17（3）.

② 石坚平. 江门海上丝绸之路文化探源. 五邑大学学报（社会科学版），2015，17（3）.

港，再到今天的湛江港。港口的不断内移，恰恰反映的是雷州半岛海上丝绸之路的发展历史①。

1. 汉徐闻港

古徐闻港是历史典籍明确记载的中国海上丝绸之路最早的始发港口之一。西汉元鼎六年（公元前111年），汉武帝派近臣到徐闻管理并进行海上贸易（黄门译长）。汉武帝组织的官办贸易使团自徐闻、合浦出海，到达今越南、泰国、缅甸、印度和斯里兰卡等国进行贸易，形成通达东南亚和印度洋沿岸一带的海上丝绸之路，《汉书·地理志》明确记载了这一海上丝绸之路的贸易活动②。

两汉时期徐闻拥有优越的地理位置：一是靠近东南亚，为中国大陆航船沿着海岸向东南亚航行的最近地点；二是接近岭南经济最为发达的区域，并有着方便的交通联系中原，为自中原和岭南经济发达区域前往东南亚的最便捷地点；三是位于北部湾适宜建立外贸港口的地带，对东南亚和海南岛联系都很方便。两汉时期，徐闻港所在的合浦郡是岭南开发较早的区域之一，并靠近经济比较发达的苍梧郡，又是岭南通往北方最重要的交通线，与作为主要出口物资提供地和进口物资销售地的中原保持着密切联系，具有较其他港口广阔得多的经济腹地。因此，徐闻才有可能发展为当时最重要的对外贸易港口③。由于造船技术的发展和航线的转移，自唐代后徐闻港就淤积废弃不用（图3-14）。

2. 雷州港

雷州港是唐宋时期雷州半岛主港，位于南渡河口，以雷州郡城为依托，海路通闽、浙、广、潮，或下琼崖而出南洋，主要集散谷、米、牛、酒、黄鱼等货物。明万历《雷州府志》载，大宗货物棉花"自广西海南随舶至雷，集于南亭河下，发各商转鬻"。《读史方舆纪要》谓："雷州三面距海，北负高凉。有平田沃壤之利，且风帆顺易，南出琼崖，东通闽浙，亦折冲之所也。"史学家认为，"唐宋时期，雷州港已取代徐闻港，成为雷州半岛的水陆枢纽，亦为出海通往印度、非洲等地的重要口岸，是唐宋时期海上丝绸之路的重要始发港之一"④（图3-15）。

---

①　阮应祺. 海上丝绸之路航线上雷州半岛主港概述. 湛江师范学院学报，2002，23（2）.

②　《汉书·地理志》："自日南障塞、徐闻、合浦船行可五月，有都元国；又船行可四月，有邑卢没国；又船行可二十余日，有谌离国；步行可十余日，有夫甘都卢国……有译长，属黄门，与应募者俱入海市明珠、璧琉璃、奇石异物，赍黄金、杂缯而往……黄支之南，有已不程国，汉之译使自此还矣。"

③　吴松弟. 两汉时期徐闻港的重要地位和崛起原因：从岭南的早期开发与历史地理角度探讨. 岭南文史，2002（2）.

④　洪三泰，谭元亨，戴胜德. 开海：海上丝绸之路2000年. 广州：广东旅游出版社，2001：99.

图3-14　汉徐闻港二桥村现貌
（拍摄：张晓斌）

图3-15　湛江雷州港之西厅渡遗址
（拍摄：张晓斌）

3. 赤坎港

赤坎港位于雷州半岛东北端海湾深处的赤坎埠，前面以东海岛和南三岛为屏障，可通南海广阔海域。港口位置十分优越，港湾内风平浪静，适合避风泊船，背靠辽阔的经济腹地，陆路交通也很方便，逐渐发展成为雷州半岛的第三个主港口。赤坎港虽然港口条件优越，但真正发展起来是在清代的康熙年间，随着海禁政策的全面解除，沿海富有经商习惯的广州、潮州、福建和本地等民众纷纷来此定居，使赤坎港很快呈现出繁荣的港口商埠局面。海边街、大通街、水仙街一带货栈林立，商贾云集，广州会馆、潮州会馆、高州会馆、闽浙会馆等相继建立。在清代晚期，赤坎港的货物仍远销南洋和欧美等地，到鸦片战争之后其海上贸易才告一段落[①]。

4. 芷寮港

芷寮港位于湛江市吴川市吴阳镇芷寮中斗门村，为明代遗址。因长期沙泥淤塞，现已废。清雍正版《吴川县志》载："芷寮为海口市泊所集，每岁三月后，福、潮商艘咸泊于此……"清光绪版《吴川县志》又载："芷寮初属荒郊，居民盖草寮造纸于岭头，人目之曰纸寮。明万历间，闽广商船大集，创铺户百千间，舟岁至数百艘，贩谷米，通洋货。吴川小邑耳，年收税饷万千计，遂为六邑最。"由此可见，"芷寮"乃"纸寮"的演变。明代芷寮是福州、广州、潮州的大商船集散之地，十分繁华，有福州会馆、广州会馆、潮州会馆，还有两街、三巷、六行头：正街、曲街、秀清巷、广成巷、牛儿巷、沙螺行、蟹行、谷行、虾蛋行、壳灰行和番薯行，商贾云集，茶楼、烟馆齐全[②]。

5. 大澳港

大澳港位于阳江市阳东区东平镇东南，大澳古港水位深、港池较大，属静水区。水上交通便利，当年许多来往香港、澳门、广州、江门、珠海、斗门的商船、捕鱼船，大多会抛锚停泊在大澳塘一带。自唐宋以来，中国古代"海上丝绸之路"从始发港广州至出口港徐闻，大澳是个必经的避风港和补给港。到明清时期，广州成为清廷唯一允许的对外通商口岸，大澳作为商船进出广州的补给港，其繁盛也走向了顶峰。港内帆船云集，岸上车水马龙，商铺林立，人群熙熙攘攘，商业市场异常繁荣，大澳也一度与广州"十三行"齐名，被中外客商称为"十三行尾"和"东方威尼斯"[③]，大澳作为渔港的繁华在鸦片战争后逐渐走向衰落（表3-3）。

表3-3　南海丝绸之路上的重要港口[④]

朝代	珠三角地区	粤东地区	粤西地区
两汉	番禺（今广州）		徐闻、合浦
魏晋南北朝	广州		阳江
隋唐	广州	潮州	阳江、钦州、神应、石镇、崖州
宋元	广州	潮州、柘林、南澳	阳江、钦州
明清	广州、澳门、香港	樟林、汕头	阳江、钦州、芷寮、海口

---

① 顾涧清，等. 广东海上丝绸之路研究. 广州：广东人民出版社，2008：284.

② 消失在历史中的芷寮港. http://www.gdzjdaily.com.cn/topic2012/rwdl/2012-07/06/content_1508499_2.htm.

③ 大澳：唯一保留原始风味的古渔村. http://epaper.southcn.com/nfdaily/html/2012-06/05/content_7090543.htm.

④ 参考广东省博物馆编《粤海遗珍——广东海上丝绸之路重点文化遗产展览大纲》，所列港口含古代属于广东地域管辖范围的现海南省和广西壮族自治区的部分区域。

第三节　广东海上丝绸之路与内陆的对接

目前，学术界认为中国古代的丝绸之路主要有四条通道：一是由西汉张骞开通西域的官方通道"沙漠绿洲丝绸之路"；二是由西安到成都再到印度的山道崎岖的"西南丝绸之路"；三是向北从蒙古高原，再西行天山北麓进入中亚的"草原丝绸之路"；四是从广州、泉州等沿海城市出发，经东南亚到阿拉伯海，甚至远达非洲东海岸的"海上丝绸之路"。

秦汉以前，岭南为越族聚居之地，尚未形成统一的政权。秦统一岭南后，将其纳入王朝版图，推行一系列统一的政令。虽然秦末汉初岭南在南越国地方政权统治下交通一度阻隔，但汉武帝灭南越后大一统的格局重新确立。从此以后，中央政令上传下达，岭南地方交通网络逐步形成和发展，在大一统的政治格局下，中央和地方使臣、官吏、军队来往，文件及贡物传送，民间交流及贸易往来，逐步构筑起岭南交通的网络。

广东雨量充沛，珠江水流量特别丰盈，航运条件非常便利，尤其是广州地处珠江三角洲北缘，是东江、北江和西江注入南海的汇合处，三江汇于这里形成珠江。由于广东具有石灰岩地貌使潜流得以过滤的特点及温和的气候条件，使江河含沙量少，为水上运输提供了一个水量足、水位高、淤浅少的优良条件。在交通工具不发达的古代，水运是最具有经济效益的运输方式。组成珠江水系的东江、北江和西江不仅使整个广东连成一个整体网络，而且还通过三江上游及支流连接广西、贵州、云南、湖南、江西等内陆广大地区，尤其是秦代开通的灵渠，把西江与湘江相接，使珠江水系与长江水系连在一起，再通过贯穿南北的大运河，形成了包含黄河、长江和珠江三大水系的纵横交错的水运交通网络。《汉书·地理志》所载汉武帝派黄门译长从徐闻出发往东南亚各地，是史籍关于海上丝绸之路的最早记载，有研究认为就是从水陆联运的潇水至贺江古道到广信，然后又沿南江、北流江、南流江到达徐闻而出海[①]。而韶关的梅关古道是唐代宰相张九龄主持开通的，他在《开凿大庾岭路序》中写道其主要目的就是为了沟通中原与海外的贸易和往来。

广东作为海上丝绸之路与内陆交汇与连接的纽带，其空间网络值得总结与研究，而历史上幸存下来的古道和水道，成为研究海上丝绸之路与内陆连接的切入点。

广东河网密布，自东向西分布有韩江、梅江、东江、北江、连江、西江、南江、

---

① 王元林. 海陆古道：海陆丝绸之路对接通道. 广州：广东经济出版社，2015.

漠阳江、鉴江等主要河流，为沟通海洋与内陆提供了天然通道。可以说，广东之所以能在两千多年的海上丝绸之路上长盛不衰，也是得益于这些密集的河网起到的转运作用。参考现有一些研究成果①，笔者认为广东境内的海上丝绸之路与内陆的对接通道大体上可分为五条，自东向西分别是梅江－韩江通道、东江通道、北江通道、西江通道、南江－鉴江通道（图3-16）。

一、梅江－韩江通道与海上丝绸之路的对接

梅江－韩江通道主要位于粤东的梅州、潮州、揭阳、汕头境内，线路沿韩江而上，在三河镇分别与梅江、汀江相接，经梅江至华城镇后可转陆路与东江相连到广州，经汀江而上可通往福建上杭。梅江－韩江水道也是广东境内重要的民系迁徙通道、商业贸易通道和中西文化交流通道，融合了广府、客家、潮汕三大民系，从唐宋开始就承担起潮汕和梅州地区来往中原的沟通作用。在韩江入海口附近，分布有粤东几大重要的港口，如凤岭港、庵埠港、樟林港。而溯韩江而上，在韩江、梅江与汀江的交汇处，还存在一个重要的内陆港口——梅县松口港。

松口港位于松口圩梅江河畔，得益于发达的韩江水系，是梅州周边客家地区直下"南洋"的第一站，其所在地梅州市梅县区松口镇的水路自古辉煌，当地有种说法："自古松口不认（嘉应）州"。松口之所以不认州，一是历史上先有松口镇后有嘉应州；二是旧时松口是广东第二大的内河港，地处闽粤赣三省交汇处，水陆交通发达，商贸活跃，是货物人流的集散地，更重要的是松口人对海外通邮、通航、通商均不用经过当时的嘉应州（即今梅州）城，海外信件的信封上只要写明"中国汕头松口转某村某人"②，即可经当时的汕头港直转松口②，这也说明梅江与韩江的水路交流。

梅州地处闽粤赣交汇处，素有"华侨之乡"之称，旧时凭借着水陆交通便利、广东第二大内河港口等得天独厚的地理条件，成为客家人"南洋古道"③第一站、"海上丝绸之路"不可或缺的重要节点，一直处于中外经济、文化交流的前沿。梅州与东南亚、

---

① 参考了广东省住房和城乡建设厅等编《广东省南粤古驿道线路保护与利用总体规划》，2017年。该规划将广东境内的古驿道分为六条文化线路，分别是粤北秦汉古驿道文化线路、北江－珠江古驿道文化线路、东江－韩江古驿道文化线路、西江古驿道文化线路、潮惠古驿道文化线路、肇雷古驿道文化线路。

② 谢莉，冯亚芬. 岭南松口古镇的保护与旅游开发. 地域研究与开发，2011，30（3）.

③ 南洋是明清时期对东南亚一带的称呼，是以中国为中心的一个概念，包括马来群岛、菲律宾群岛、印度尼西亚群岛，也包括中南半岛沿海、马来半岛等"海上丝绸之路"沿线地区的相关国家。

南粤古驿道重点线路图

图 例

- 南粤古驿道重点线路(陆路)
- 南粤古驿道重点线路(水路)
- 南粤古驿道重点线路(海防/海岛)
- 南粤古驿道重点线路连接线
- 古港、海口埠
- 华南教育历史研学基地
- 南岭国家公园
- 比例尺 1:2 400 000
- 注：本图界线不作为划界等争议的依据。资料截止时间为2021年6月30日。

粤赣古驿道(平远段)

湘粤古道(大埔三河坝段)

粤闽古驿道(饶平麒麟岭段)

华南教育历史研学基地(梅州)

南粤"左联"之旅暨中央红色交通线之旅

樟林古港

湘粤古道(兴宁段)

粤闽古驿道(和平段)

粤闽古驿道(连平段)

粤赣古驿道(东源段)

潮惠古道(海丰羊蹄岭段)

潮惠古道(揭东段)

乌迳古道

梅关古道

华南教育历史研学基地(乐昌坪石)

西京古道(乳源段)

华南教育历史研学基地(乳源大村)

南岭国家公园

罗浮山古道

广韶古道(从化段)

岐澳古道(中山段)

岐澳古道(珠海段)

香山古道(珠海/中山段)

香港

东澳湾海关古道

华侨卅行政区

万山群岛

西京古道(承德段)

秦汉古道(连州段)

湘粤古道(连州段)

华南教育历史研学基地(连州东陂)

秦汉古道(阳山段)

西京古道(阳山段)

潇贺古道(怀集段)

潇贺古道(德庆段)

南江古水道(郁南段)

华南教育历史研学基地(云浮)

茶盐古道(信宜段)

双鱼城海防古港

广州市黄埔古港

徐闻古港

南国海口市一号

南 海

东 沙 群 岛

印度洋沿岸各国的水上交通与文化交流，开始于唐朝；发展于宋元明；清代与民国时期不但没有萎缩终止，甚至让"国际移民之路"日趋成熟，达到全盛①。松江内河航运的开发得益于潮盐闽运，北宋初的"松口盐务"之设，标志着它作为闽粤间重要贸易中转站已初步形成。至明嘉靖年间，"松口市"已在闽粤边境有其特殊位置，尔后随着民间盐盗严重，政府又在松口设立"州同"巡检司。直至民国，松口港仍是粤盐闽运的主要中转站②。松口水运运输船只主要有民船、拖驳船、客运机轮、货运机轮4种，物资流转区域为赣南、武平、上杭及潮州、汕头乃至海外。

梅州客家山区地处内陆，客家人要到海外谋生要比沿海地区的人出洋平添几分艰辛和周折，但所幸的是贯穿粤东地区的梅江和韩江与大海相通，使客家山区没有隔绝与海外的联系，"下南洋"的路径一般是先沿梅江、韩江顺流而下再出海。梅江流域的客家人从梅江的各个码头乘船而下，汇集松口，再从松口直下南洋，松口自然而然成为许多客家人出海的一个重要的码头。换句话说松口成了粤东客家人出洋的始发港，旅外人士返乡的终点港。沿着梅江，一直到达潮州的湘子桥，再分两条路行走。早期是换大船沿韩江经樟林港再乘船出海；汕头开埠以后，一般从陆路到达汕头，再坐船出海。在茫茫大海上颠簸数日，然后到达海上丝绸之路沿线南洋诸岛各国。作为重要的内河码头，松口港从清代以来就有大量的梅州人从这里坐船出洋③，虽然在民国时期出洋大潮达到鼎盛，但松口港对外贸易、文化交流与人口迁徙的历史，在清代乃至更早就有了。

南洋与汕头的货物先到松口中转，当时松口设有13个行（经营油、米等不同货品的商店），各种海货（海产品、洋油等舶来品）都由汕头经潮州再到松口，然后转到周边县或外省（江西、福建）。港区中"火船码头"是沿河29个码头中人流量最大、最繁忙的码头，在松口的鼎盛时期，"火船码头"附近拥有1000多家商铺，每天多达300条船停泊于此，6000多名旅客在这里登船下南洋④。正对火船码头而建的"松江大酒店"，在1949年之前是全梅州最大最豪华的旅馆，属于仿西洋风格建造的五层骑楼式建筑，占地面积近千平方米，钢筋洋灰（水泥）结构，有200多间客房，至今仍保留有"HOTEL TSUNG KIANG"英文字样。松江大酒店是客家人下南洋的驿站，它见证了历史上松口曾经的繁华与辉煌（图3-17）。

① 梅县松口镇志编纂办公室. 梅县松口镇志. 广州：广东人民出版社，2014.
② 房学嘉. 围不住的围龙屋：粤东古镇松口的社会变迁. 广州：花城出版社，2002：167.
③ 房学嘉，肖文评，钟晋兰，等. 客家梅州. 广州：华南理工大学出版社，2009：21.
④ 梅县松口镇志编纂办公室. 梅县松口镇志. 广州：广东人民出版社，2014.

图3-17　梅县松口港火船码头和松江大酒店

（拍摄：张晓斌）

二、东江通道与海上丝绸之路的对接

东江，古称湟水、循江、龙川江等，是珠江水系干流之一，发源于江西省寻乌县桠髻钵山，源河为三桐河，向西南流经广东省龙川县、东源县、紫金县、惠州市惠城区、博罗县至东莞市石龙镇进入珠江三角洲，于广州市增城区禺东联围东南汇入狮子洋。东江水道也是广东境内重要的民系迁徙通道、商业贸易通道，是古代广东通往江西的重要交通要道。现保存较好的粤赣古道主要在东江上游，有五合径古道、桥头圩古道、黄石古盐道和青化古马道等[①]。

1. 五合径古道

五合径古道位于河源市龙川县赤光镇沥口村枫树坝水库边。筑于明代，始发点为五合码头，向东逶迤曲折穿过高山峡谷至沥口村，长约6千米，路面全用石块铺砌而成，因修筑于山边峡谷，石阶路面时宽时窄，时坦时陡，最宽的有1.2米，最窄的仅0.4米。省道隆江公路（老隆至江西）修筑以前，龙川主干运输为东江水运，地处东江上游小合水、流田水、沙洲水、安远水和黄麻水5条河交汇的五合便成为水陆货运集散地，五合径自然也就成为五合至沥口的交通要道。通过五合径向东不仅可以到达赤光、廻龙、新田等地，也可通至兴宁的大坪。因此五合径又是沟通东江和韩江流域的一条重要道路。

2. 桥头圩古道

桥头圩古道位于河源市东源县双江镇桥联村桥头小组。原圩大部分损毁，现仅剩100米长，25米宽的鹅卵石街道。圩设于何时已无资料查考，据民间传说为秦末汉初，当地村民广为流传谚语"先有桥头圩，后有河源城"。该圩原为上达龙川、连平、和平、江西，下通河源、惠州、广州的古道要塞，上下古道至今仍保留用鹅卵石铺砌的路段，据长者回忆，到清光绪年间，该地已有布店、水货店、药店、打铁店、客栈、中伙等20多间。

3. 黄石古盐道

黄石古盐道位于河源市龙川县黄石镇黄石村。筑于清代，南北走向，是黄石通往江西的必经之路。据《龙川县志》记载：黄石地处东江上游西岸，设圩已有200余年。新中国成立前盐商船只多此泊岸，然后雇工肩挑到江西定南、寻乌等地。现存长约7千

---

①　各古道介绍参考了广东省住房和城乡建设厅等编《广东省南粤古驿道线路保护与利用总体规划》，2017年。

米，宽约1米，碎石铺砌。道路旁有一风雨亭，石灰夯墙体，原瓦木屋面，现改为水泥屋面，面宽3.8米，深3.8米。亭内墙南北面各一门，洞宽1.2米，高2.2米，南北窗设拱洞。

4. 青化古马道

青化古马道位于河源市龙川县上坪镇青化村，筑建于明代，自山脚向山岗延伸，大致东北—西南走向。皆用石铺砌，宽0.9米，现存约12.5千米，为古时上坪通往江西省寻乌县中和镇的重要道路，对研究古时粤赣边境交通道路状况具有一定的参考价值。

三、北江通道与海上丝绸之路的对接

北江通道从南雄经北江上游的浈江到韶关市区，再顺北江而下，经清远至佛山三水思贤滘，最终到达广州黄埔古港。此外，北江的最大支流连江，流经连州、阳山，至英德市江头咀注入北江，亦是古代北通中原的重要通道。

自秦汉以来，中原与广东的交通要道主要是通过粤北诸道，经由浈江、北江、珠江水路到达珠三角，再从广州出海。至今保留下来的重要古道有乌迳古道、梅关古道、西京古道、秦汉古道、宜乐古道、秤架古道、茶亭古道、珠玑古巷等，其中南雄梅关古道是经由广东海上丝绸之路与中原对接的最重要通道和接力点。

1. 梅关古道

梅关古道位于韶关市南雄市珠玑镇梅岭村，修建于唐开元四年（716年），由张九龄奉诏开凿。南雄现存古道自梅岭村北路口至关楼，长约1200米，宽3—4米，以青石、鹅卵石铺砌。南粤雄关最早修建于北宋嘉祐八年（1063年），现存关楼建于明万历年间（1573—1620年），坐南朝北，东西紧连山崖，为二层砖石结构建筑。南粤雄关与古道于2013年被国务院公布为全国重点文物保护单位[①]（图3-18）。

唐代经过贞观以来近百年的励精图治，与海外通商日益频繁，岭南以其沿海之利，商业已相当发达，那时的广州已是拥有9万多人口的商港。东南亚、阿拉伯诸国商人、使者，多从海上丝绸之路到达广州，在这种情况下，开凿梅关古道以利南北交通，显得非常迫切。开元四年，在朝廷门下省任左拾遗的张九龄，因直言得罪当朝者，辞病告归原籍始兴。当他路过梅岭时，见岭道险峻，行走困难，便向唐玄宗上了一条奏折，建议开辟岭路，改善南北交通[②]。唐玄宗看了他的奏章，很是赞赏，当即诏令张九龄开

---

① 广东省地方史志编纂委员会. 广东省志·文物志. 广州：广东人民出版社，2007：314.

② 刘兴洲. 岭南千年第一人：张九龄. 韶关政协，2008（5）.

图3-18　南雄梅关古道关楼

（来源：第三次文物普查图录）

岭道。张九龄奉诏之后，行动很快，他亲自攀登梅岭，做出了施工规划，率民工打开了一座长约20丈、宽3丈、高10丈的大山坳，开通了一条宽一丈余，长约三十华里的山间大道[①]。

梅关古道开通之后，岭南与中原的交通大为改观：广州等地客商货物由水运北上到雄州，经古道运往岭北；由中原南下的客商货物，则由水路到大庾经古道运到南雄，而后转北江水路到广州等地出海。古道的开通，为珠玑古巷的兴盛、南雄城商埠的发展创造了交通条件。尤其是宋代以来，南来北往交通运输、邮驿、商旅络绎不绝，成为五岭南北主要交通要道，它是把长江水系与珠江水系连接起来的交通纽带。宋余靖著的《武溪集》有云："沿汴绝淮，由堰道入漕渠、溯大江、渡梅岭、下浈水、至南海之东西江者，唯九十里马上役，余皆篙工楫工之劳，全家坐而万里。故之岭南虽三道，下浈水者十七八焉。"[②]此时，广州沿海及岭南的货物，溯北江经韶州，入浈江到达南雄，通过梅岭到达江西大余，再沿章水下赣江、出长江。反之，中原出口的货物经梅

①　王薇. 文化线路视野中梅关古道的历史演变及其保护研究. 上海：复旦大学博士学位论文，2014：40.

②　（宋）余靖，等. 武溪集　安阳集（影印文渊阁四库全书）. 台北：台湾商务印书馆，1986.

关古道到南雄，转经水路运至珠三角和海外①。

　　唐代梅关古道贯通后，经梅岭的贸易逐渐发展，特别是宋、明、清时期，其时从海外进口的货物数量、品种繁多，有珍珠、玳瑁、象牙、香药、犀角、金帛、玻璃制品、机械钟表、西洋镜画等。岭南输往江浙的货物有土纸、海盐、糖果、咸鱼、水果等。而中原经梅关古道销往岭南乃至海外的货物有皮革、茶叶、丝绸、布匹、香菇、瓜子、粮油、樟脑、人参、鹿茸、陶瓷等②。万历年间来华取道梅关古道上京的意大利传教士利玛窦描述了看到的情景："旅客骑马或乘轿越岭，商货用驮兽或挑夫运送，他们好像不计其数，队伍每天络绎不绝。"③

图3-19　南雄珠玑古巷
（拍摄：张晓斌）

　　古代，县城均高筑城墙，人口、建筑增加受到限制，因此，位于梅岭与县城之间的珠玑镇因地理位置适中，镇廓广大，土地肥沃，逐渐发展成为外来人口聚居，商贸交流集散的重镇。历史上，中原诸多南迁氏族，多在珠玑镇珠玑巷驻足，又先后南迁珠三角及海外，繁衍生息，开拓事业。因此，珠玑巷又是当今数以千万计海内外珠玑巷后裔的桑梓之乡，而珠玑古巷在历史上作为商贸聚散地，也为海上丝绸之路的繁荣发挥了重要的作用④（图3-19）。

2. 西京古道

　　西京古道是指东汉时期，在南岭开凿的一条南起英德浛洸，途经乳源，北接湖南的骡马古道（湘粤古道），通往西京（今西安市）的大路，包括古道和古亭，始建于东汉建武二年，唐至清曾多次重修。西京古道南通广州，是当时运送贡品、官书传递的重要通道。在过去两千多年里，西京古道曾是沟通中原与岭南一带的交通要道。现保

① 刘兴洲. 岭南千年第一人：张九龄. 韶关政协，2008（5）.

② 张泽咸. 唐代工商业. 北京：中国社会科学出版社，1995.

③ 刘兴洲. 岭南千年第一人：张九龄. 韶关政协，2008（5）.

④ 海陆丝绸之路在此交汇. 南粤古驿道网 http://www.nanyueguyidao.cn/2016.

存较完好的路段主要分布在乳源境内，古道乳源北段由县城西大富桥上腊岭过风门关，途经龙溪、大桥镇均丰、白牛坪、乐昌出水岩、梅花、老坪石等地，在乳源境内绵延约为160多千米[①]。

西京古道开通以后，把珠江与长江水系连接起来，沟通了岭南与中原的经济和文化交流，促进了岭南经济文化的发展。作为一条开凿较早的中原通往岭南的主要道路，西京古道尤其在连接海上丝绸之路与中原都城方面起到重要的作用。

据史料记载，唐都城长安（西京）为岭南朝京、进贡的目的地，玄宗时尤盛。除了岭南往京城的域内朝贡外，海外诸国（尤其是南海诸国）遣使向当朝进贡的路线也主要是通过西京古道。《梁书》卷五十四之《诸夷·海南诸国》记："海南诸国，大抵在交州南及西南大海洲上，相去近三五千里，远者二三万里，其西与西域诸国接。汉元鼎中，遣伏波将军路博德开百越，置日南郡。其徼外诸国，自武帝以来皆朝贡。后汉桓帝世，大秦、天竺皆由此道遣使贡献。及吴孙权时，遣宣化从事朱应、中郎康泰通焉。其所经及传闻，则有百数十国，因立记传。"[②]从这则记载中可以看到，自西汉武帝后，海外诸国就通过海上丝绸之路来朝贡。朝贡之路必由海路至广州，后翻越南岭至中原（西安）。而东汉建武二年开凿的西京古道，使朝贡与交流更加方便快捷。岭南地区与其他地区相比，其突出特点是濒临海洋，番禺（广州）与海外的联系十分紧密，海外贸易也十分发达，出洋的船只和航海的来舶频繁，各种海外舶来品皆由此入，这也极大地促进了岭南乃至中国海外贸易的发展。伴随海外贸易的发展，海外诸国的使臣便由海路至广州，经西京古道北上朝贡[③]。

西京古道，作为南北交往商道作用突出，其开凿也加强了中国与海外诸国的沟通与交流，故唐、明、清三代均有重修记录。今沿途保留的古文化遗存，有东汉时期桂阳太守卫飒"凿山通道"开凿的梯云岭"云梯石级"，有明清时期重修的青石板铺筑的路面和石筑凉亭、石拱桥、古碑刻、古民居、古书院等（图3-20）。

3. 秦汉古道（连州段）

秦汉古道（连州段）位于清远市连州市大路边镇顺泉村，始建于秦汉，由古道、南天门凉亭、怀清亭组成。古道宽约3米，部分石阶在山岩上一级级开凿出来，多数由一块块宽约50厘米，长约1.3米的开凿有防滑槽的青石板，沿着山势砌成宽约3米的石板路，从山下到山上共有一千多级，是秦汉时期沟通五岭南北的古道（图3-21）。

① 广东省地方史志编纂委员会. 广东省志·文物志. 广州：广东人民出版社，2007：315.

② （唐）姚思廉. 梁书·卷五十四：列传第四十八·诸夷. 北京：中华书局，1973.

③ 赖井洋. 韶关古道概述之一：西京古道. 神州民俗，2012（3）.

图3-20　韶关市西京古道上的梯云岭亭（左）和乌桐岭官止亭（右）
（来源：第三次文物普查图录）

图3-21　清远市连州市秦汉古道和凉亭
（来源：第三次文物普查图录）

　　古道最早是秦始皇派遣的军队修建，用于统一岭南。西汉武帝元鼎五年（公元前112年），汉武帝命伏波将军路博德率十万楼船水师，沿顺头领古道南下"出桂阳，下湟水"一举平定了岭南。东汉章帝时期（76—88年），大司农郑宏奉命将骑田岭古道铺设成由岭南通往京城的"康庄大道"。唐元和十年（815年），刘禹锡被贬为连州刺史时，走的也是这条古道。从秦汉以来，特别唐至民国时期，通过这一古道来往于中原和岭南的商贾、游宦络绎不绝①。

4. 宜乐古道

　　宜乐古道位于韶关市乐昌市坪石镇武阳司村，秦汉时期开辟通行。东北方向，上长岗岭山坳上的乐善亭，往观音岩民生桥接蛤蟆石村、济美亭、三星坪的西京古道，全程约4千米。西南过武江渡口往新董水头村过粤楚停骖亭通湖南宜章栗源，全程约4

---

　　①　南天门古道："水陆联运"通湘粤. http://zjwhzz.blog.163.com/blog/static/13049746620154864 70785/.

千米。古道由红砂岩条石铺筑，宽0.8—1米，是秦汉时期湘粤两省古代交通和经济贸易往来的重要交通通道[①]。

四、西江通道与海上丝绸之路的对接

西江是华南地区最长的河流，为中国第四大河流，珠江水系中最长的河流，长度仅次于长江、黄河、黑龙江，航运量居中国第二位，仅次于长江，发源于云南，流经广西，在广东佛山三水与东江、北江交汇。其干流在江门、中山注入南海，与东江、北江合称珠江，是珠江水系最长的河流。干流各段在历史上有过不同的名称，其中源头至贵州省望谟县蔗香村称南盘江，以下至广西壮族自治区象州县石龙镇称红水河，石龙镇至桂平市区称黔江，桂平市区至梧州市称浔江，梧州市至佛山市三水区思贤滘始称西江[②]。

西江自古以来作为连接南粤与西南地区的重要水道，其主要交通是水运，现保存下来的古驿道不多，有梁村燕岭古道遗址、封川石街等，此外潇贺古道在广东境内不长，但因其作为西江上游古水道在历史上发挥过重大作用。

1. 潇贺古道

潇贺古道，历史上是中原沟通岭南最主要的通道之一。古道分东、西两条干道，东道为修筑于春秋战国时期的桂岭通楚古道，连接湖南省江华瑶族自治县境内的大圩，经今天的广西壮族自治区贺州市八步区开山镇到达桂岭镇，与桂岭河相连。西道即秦朝时期的"新道"，经湖南江永至谢沐关，到富川古城，入贺江。两条道路经水路在临贺古城（今贺街）汇合，然后向东通珠江，进广州，联通大海；西进通大西南，特别是经过北流江、南流江可与中国最早的对外贸易港口之一的合浦港连成一体。潇贺古道虽然大部分不在广东境内，但作为西江上游重要的古水道，在海上丝绸之路与内陆的对接方面具有非同寻常的意义[③]。

2. 梁村燕岭古道

梁村燕岭古道位于广东省肇庆市怀集县梁村镇花石村委会燕岭山。古道用砂岩石块铺路面，中间多处石步级，从山腰一直铺到山顶，全长约1200米，宽1米。在未有

---

① 参考广东省住房和城乡建设厅等编《广东省南粤古驿道线路保护与利用总体规划》，2017年。

② 水利部珠江水利委员会，薛建枫. 中国江河防洪丛书：珠江卷. 北京：水利电力出版社，1995.

③ 潇贺古道是海陆丝绸之路的最早对接通道. 人民网http://gx.people.com.cn/n/2015/0402/c179430-24369232.html.

公路时，燕岭古道是南来北往的主要通道，通往封开、广西等地，是古代粤桂交通、物流的一条重要线路①。

五、南江-鉴江通道与海上丝绸之路的对接

南江（又称罗定江）处于广东省中西部西江南岸的云浮市境内，发源于信宜市合水镇的鸡笼山、平塘镇的平塘河和茶山镇的大营坳，主干流和支流主要流经信宜、罗定、郁南、云安4个县（市），在郁南县南江口汇入西江。全长201千米，水系流域面积4493平方千米，是西江上游的主干支流之一，也是西江和沿海交通的主要渠道。清代学者范端昂《粤中见闻》、屈大均《广东新语》中将南江与西江、北江、东江并称为广东四大江之一。主要支流有罗镜河、太平河、围底河、连州河、镇安河等，其中罗镜河支流林垌河南可入信宜，与鉴江上游钱排河仅一山之隔，顺鉴江南下可从吴川市直达海岸；镇安河经富林、阳春顺漠阳江而下，可抵阳江进入大海②。

鉴江位于广东省西南部，发源于信宜市里五大山的良安塘，流经信宜、高州、化州、吴川四市，至吴川黄坡入南海。较大的支流有曹江、罗江、袂花江等，分布于湛江、茂名地区，占两市总面积的40%。鉴江平原不但风光优美，而且历史文化积淀深厚。

南江流域和鉴江流域一直有着丰富的商品、文化和人员的交流，历史上曾是中原对接海上丝绸之路的便捷通道之一。

隋唐以前，广信地区是岭南重要的政治经济中心，合浦、徐闻为海上丝绸之路始发港，南江-鉴江流域是中原地区对接海上丝绸之路的重要通道。基本路线是从西江入南江，上行至罗定罗镜、太平或船步，再至信宜新宝、合水，越过分水岭，再沿鉴江顺流而下，到湛江、吴川之间出海。唐以后，以广州为始发港，南江是粤西地区对接海上丝绸之路的重要通道，基本路线是从信宜入南江，下行至南江口及西江，到达广州、佛山等地出海。南江和鉴江流域一直扮演着对接海上丝绸之路重要的货物、文化、人员交往通道的角色，在文化上颇受海洋文化的影响，同时又为海上丝绸之路提供充足的货物和人力支持。

---

① 广东省住房和城乡建设厅等编《广东省南粤古驿道线路保护与利用总体规划》，2017年。

② 曾昭璇，曾新，曾宪珊. 西江流域南江水系的人文地理概述. 广东史志，2002（3）.

第四节　小　　结

　　《中国文物古迹保护准则》指出，文物古迹保护和管理程序分为六步，依次是调查、评估、确定文物保护单位等级、制订文物保护规划、实施文物保护规划、定期检查文物保护规划及其实施情况[①]。因此，海上丝绸之路史迹的调查分类与时空研究作为文物古迹保护管理的前两个步骤，是所有工作的基础。

　　在时间特征方面，本书有别于传统的海上丝绸之路历史划分法，而是根据调查的各时期史迹保存实际情况，将广东海上丝绸之路史迹划分为先秦两汉、南北朝隋唐、宋元、明、清和近现代六个阶段，并对各时期史迹的特点进行了分析。先秦时期是海上丝绸之路的探索或萌芽时期，秦汉的史迹主要集中在徐闻和广州两大港口。南北朝时期广东一些地方发现的波斯银币和金银器成为海上贸易的珍贵历史物证。隋唐时期开通的"广州通海夷道"是当时世界最长的远洋航线，并出现了大量专门烧制外销瓷的窑址。宋代官方注重发展对外贸易，广东陶瓷生产外销也达到了顶峰。明代广州逐渐成为全国唯一的对外通商口岸，广东成为众多西方传教士进入中国传教的第一站，大批海防设施也开始兴建。清代著名的广州十三行作为全国对外贸易的唯一窗口，见证了古代海上丝绸之路的最后辉煌。

　　在空间分布方面，海上丝绸之路作为古代东西方不同文明板块之间进行经济、文化、科技交流的海路网络，其形成与变迁的根本动力是世界不同地区间物产资源的互利互补。从全球视野来说，海上丝绸之路可分为六大板块，关联起古代世界的主要海域，中国地处东亚板块；在中国又可分为四大片区，沟通起大陆自北向南沿海的重要地带；具体到广东省域还可分为三大节点，分别为粤东、珠三角和粤西地区，而构成这三大节点片区的主要元素，即是遍布广东沿海的诸多港口、海湾。

　　在与内陆的对接方面，海上丝绸之路为中原王朝提供了源源不断的货物，而中原地区货物也必须通过陆路转运至港口销往海外，由此保留下来的古道和水道，形成海上丝绸之路与内陆的对接通道。笔者认为广东境内的海上丝绸之路对接通道大体上可分为五条，自东向西分别是梅江-韩江通道、东江通道、北江通道、西江通道、南江-鉴江通道。

---

　　① 国际古迹遗址理事会中国国家委员会. 中国文物古迹保护准则（2015年修订）. 北京：文物出版社，2015.

第四章

文化线路视角下广东海上丝绸之路史迹的价值

根据2015年修订并出版的《中国文物古迹保护准则》，文物的价值主要包括历史、艺术、科学、文化和社会价值五方面[①]，但海上丝绸之路作为一条典型的文化线路，其价值除了普遍意义的文物价值外，更有其独特的线路遗产价值，本章在文化线路的理论框架和国际视角下，分析广东海上丝绸之路的价值构成要素和构成体系。

第一节　文化线路及其价值构成要素

"文化线路"（cultural routes）是文化遗产保护领域中一个较晚形成的门类。1993年，西班牙圣地亚哥朝圣之路作为新型的遗产列入世界文化遗产名录，可以说拉开了文化线路类遗产研究的序幕，最初关于文化线路的研究主要是在西班牙开展的，经过十多年的发展才最终确立完善的宪章框架。

一、文化线路研究的发展

1994年，在马德里召开了以"线路，作为我们文化遗产的一部分"为主题的专家讨论会，会议对文化线路的概念、遗产构成、特点等进行了初步的探讨。形成的《专家报告》第一次清晰地提出了文化线路的概念，指出文化线路是一种具体的动态的文化景观，认为文化线路是"建立在动态的迁移和交流理念基础上，在时间和空间上都具有连续性"；线路强调的是国家或民族间的交流和对话，无论线路形成的初衷是什么，或是为了宗教，或是出于商贸、政治、军事等原因，但在长时间的发展过程中，新的功能会不断凝聚在线路上，从而使线路具有多维度的特性。

1998年，国际古迹遗址理事会（ICOMOS，以下均以此简称）在西班牙特内里费

---

① 国际古迹遗址理事会中国国家委员会. 中国文物古迹保护准则（2015年修订）. 北京：文物出版社，2015.

召开会议，正式成立文化线路科学委员会（CIIC，以下均以此简称），这标志着以"对话和交流"为特征的跨地区或跨国家的文化线路被国际文化遗产保护领域所认同。会议还通过了该委员会的工作计划和宪章等一系列文件，从而开始系统、深入地探讨"文化线路"的内涵、价值、意义及其保护策略。提出文化线路是由一系列具有内在联系的物质及精神遗产构成的大型遗址群，它对某时期、某区域内的文明进程起到决定性作用，且"整体价值永远大于个体价值之和"。

1999年，ICOMOS召开了题为"文化线路遗产研究方法、界定和管理方法"的国际讨论会，会议通过了《文化线路方法、界定和实施要素的最终宣言》，指出"人类长期的、持续性的迁移必然会带来物质、文化或精神上的交流或交换，会在所经过的国家、区域间形成新的文化融合区，这些区域是构成文化线路的必备要素，而非物质要素是线路价值的必要补充。"

2002年，在马德里召开了以"文化景观与文化线路差异性研究"为主题的研讨会，探讨了文化景观与文化线路的内在联系与本质性的区别，形成了《马德里共识》，提出"文化线路与纪念物、历史城镇、文化景观等文化遗产类型不同的是它具有动态性、更富有生机，可以将它认为是各类遗产的集合体，而它的动态性和文脉已经或正在形成"。会议指出文化线路与文化景观是具有不同内涵和特点的文化遗产类型，消除了长期以来两者在概念界定上的混淆，确立了文化线路作为独特遗产类型的地位。

2015年，《实施〈世界遗产公约〉操作指南》中，进一步阐释了文化线路的定义："遗产线路的概念丰富多彩，它提供了一种有效的构架，使相互理解、多种历史观的共存及和平文化能在其中发挥作用。遗产线路由各种有形的要素构成，这些要素的文化意义来自于跨国界和跨地区的交流和多维对话，说明了沿这条线路上展开的运动在时空上的交流互动。"同年10月，在中国西安召开的ICOMOS第15届大会上，将文化线路列为四大专题之一，聚焦于"文化线路"被列入世界文化遗产的项目，并形成了有关《文化线路宪章（草案）》的决议[1]。

2008年，ICOMOS第16届大会在加拿大魁北克召开，会议通过了《国际古迹遗址理事会文化线路宪章》（以下简称《文化线路宪章》），提出文化线路是具有某些特殊价值的交通线路。《文化线路宪章》的颁布，为文化线路提供了一个相对完善的理论研究框架，说明文化线路作为一种新型的文化遗产类型已被世界文化遗产领域所认可，成为迄今为止文化线路保护的最重要指导性文件之一。

---

① 单霁翔. 关注新型文化遗产：文化线路遗产的保护. 中国文物科学研究，2009（3）.

二、文化线路的定义及认定要素

2008年ICOMOS通过的《文化线路宪章》中，明确地将文化线路定义为：

无论是陆地上，海上或其他形式的交流线路，只要是有明确界限，有自己独特的动态和历史功能，服务的目标特殊、确定，并且满足以下条件的线路可称为文化线路[①]：

a）必须来自并反映人类的互动，和跨越较长历史时期的民族、国家、地区或大陆间的多维、持续、互惠的货物、思想、知识和价值观的交流；

b）必须在时空上促进涉及的所有文化间的交流互惠，并反映在其物质和非物质遗产中；

c）必须将相关联的历史关系与文化遗产有机融入一个动态系统中。

该定义的确立，距离第一个文化线路圣地亚哥朝圣之路列入世界遗产，已经整整过去了12年。为了进一步理解和阐释该定义，《文化线路宪章》分五点对文化线路的价值构成要素进行了详细说明，分别是文化线路的"背景"、"内容"、"作为整体的跨文化意义"、"动态特性"和"背景环境"。除此之外，《文化线路宪章》还对文化线路的类型、界定、整体性、真实性、国际合作，以及文化线路管理的方法论等进行了深入阐述，这些统一构成了《文化线路宪章》的完整体系。

其中，《文化线路宪章》的"背景"、"内容"、"作为整体的跨文化意义"、"动态特性"和"背景环境"五大价值构成要素是理解文化线路的基础[②]（表4-1）。

表4-1　《文化线路宪章》中所列的价值构成要素[③]

背景	◇ 自然背景：地理概况、气候特征、地貌特征 ◇ 文化和历史背景
内容	◇ 文化线路本身 ◇ 与线路的功能相关的物质文化遗产 ◇ 见证线路上的交流过程和人类间的对话的无形遗产

---

① 国际古迹遗址理事会文化线路科学委员会（CIIC）. 国际古迹遗址理事会（ICOMOS）文化线路宪章. 中国名城，2009（5）.

② 国际古迹遗址理事会文化线路科学委员会（CIIC）. 国际古迹遗址理事会（ICOMOS）文化线路宪章. 中国名城，2009（5）.

③ 参考杨珂珂：《文化线路遗产价值评价特性分析——以〈世界遗产名录〉的6处文化线路遗产为例》，中国建筑设计研究院硕士学位论文，2009年。同时根据《国际古迹遗址理事会（ICOMOS）文化线路宪章》整理而成。

续表

作为整体的 跨文化意义	◇ 超越滋养文化线路的不同文化简单叠加的整体性价值 ◇ 文化线路各组成部分所共有的、多面的价值 ◇ 作为连接不同的民族、国家、区域和大陆的纽带价值 ◇ 文化线路所包含的文化多样性
动态特性	◇ 文化线路的动态性仅能作为文化现象来理解 ◇ 体现在物质和非物质遗产方面的流动性 ◇ 通过把文化线路理解为一系列文化交流的动态元素的集合，可在准确的时空范围 　内认识和理解文化线路的价值
背景环境	◇ 地理条件 ◇ 区域环境 ◇ 自然和文化景观 ◇ 线路与自然、城市或乡村环境的关系，或者孤立的古迹与其环境的关系 ◇ 历史传统景观 ◇ 为了真实完整保护文化线路而设立缓冲区

"背景"主要用来强调与文化线路遗产有关联性的自然和人文背景，能体现线路价值的自然环境和人文环境要素都是文化线路遗产的必备构成要素。

"内容"是文化线路的具体遗存，是文化线路在精神内涵和物质实体方面的直观实证，其主要包括物质和非物质遗产两方面的内容，物质遗产是文化线路中的最基础元素，非物质遗产则是线路的重要佐证。

"作为整体的跨文化意义"是文化线路遗产价值的核心，文化线路的整体价值永远都大于个体价值的总和。也就是说，虽然构成文化线路的每一处遗产都有其自身价值，当它作为文化线路的组成部分时，单体遗产的自身价值不但没有消失或削弱，反而因整体线路扩展出新的内涵和外延。

"动态特性"是文化线路有别于其他遗产类型的主要特性，是文化线路认定要素中最为突出的一个特征。文化线路是动态变化的文化体系，在发展过程中它的功能、路径、传播的内容价值趋向等都有可能在不断地变化。

"背景环境"更多地从微观方面阐释文化线路的关联背景和直接遗产点，主要包括自然环境和人文环境两个方面的内容，在中国文化遗产保护实践和语境中，经常用来指遗产的周围环境风貌。

三、对文化线路的价值构成要素之再理解

《文化线路宪章》的导言指出"将文化线路作为一种新概念或类别，并不与文化遗产现有的范畴或类型相冲突或重叠，如已有的古迹遗址、城镇、文化景观和工业遗产

等，也可能存在于特定文化线路之内。文化线路只是将这些个体包含在一个联合系统中，提升它们的价值。"①虽然目前来说人们更多地关注于文化线路中的世界文化遗产，但有别于世界文化遗产的价值评估体系，文化线路遗产的评价体系有其自身特点，关注的范围远比世界遗产要广。

关于文化线路的研究，从世界范围来说是缘于世界文化遗产，历来的研究也把主要关注点放在列入世界遗产的文化线路。然而，能够列入世界遗产的毕竟是凤毛麟角，大多数的文化线路或尚在轮候申遗，或正被发现，或仍湮没在历史长河中。

截至2016年12月，已列入《世界遗产名录》的文化线路有8条，分别是圣地亚哥·德·孔波斯特拉朝圣之路（西班牙、法国）、乳香之路（阿曼）、胡卖海卡山谷（阿根廷）、纪伊山圣地和朝圣之路（日本）、香料之路-内盖夫的沙漠城镇（以色列）、皇家内陆大干线（墨西哥）、印加路网（阿根廷、玻利维亚、智利、哥伦比亚、厄瓜多尔、秘鲁）、丝绸之路（中国、哈萨克斯坦、吉尔吉斯斯坦）。近年来，随着文化线路遗产被介绍到国内，特别是伴随着丝绸之路的申遗和世界遗产申报数量的限制，国内部分文化线路不断得到发掘和重视，一些重要的文化线路也积极筹备申报世界文化遗产，如万里茶道、蜀道、茶马古道等。

通过对现有文化线路的梳理和总结，笔者对《文化线路宪章》五大价值构成要素"背景"、"内容"、"作为整体的跨文化意义"、"动态特性"和"背景环境"进行进一步归纳和提炼，认为从国内的文化遗产语境出发②，可以从以下几方面来理解文化线路的价值构成要素。

1. 整体性是文化线路遗产价值的核心

文化线路的整体性即是文化线路的整体价值，是文化线路这类大型系列遗产的特有要素，也是遗产价值的核心，其突出表现为文化线路的整体价值永远都大于个体价值的总和。就单体价值而言，构成文化线路的每一处遗产虽然都有其自身价值，然而其影响可能是有限的，但是当它置身于文化线路的背景之中后，其单体遗产的自身价值不但没有削弱，反而因整体线路扩展出新的内涵和外延。在选择遗迹时，应充分考虑到文化线路的整体性，着重考虑那些与线路价值直接相关的遗迹，并尽量将与线路相关的遗迹都囊括进来。

---

① 国际古迹遗址理事会文化线路科学委员会（CIIC）. 国际古迹遗址理事会（ICOMOS）文化线路宪章. 中国名城，2009（5）.

② 《文化线路宪章》的"背景"、"内容"、"作为整体的跨文化意义"、"动态特性"和"背景环境"五大价值构成要素主要是基于西方语境的直接翻译，与汉语的表达方式迥异，对我们理解文化线路多少有点晦涩。

《文化线路宪章》价值构成要素中的"背景"、"背景环境"和"作为整体的跨文化意义"突出体现了文化线路的有机整体性价值。

2. 功能性是文化线路的本质特征

文化线路是由人们持续性的活动或迁徙而形成的，而这种持续性的活动在形成之初就具有较强的目的性，或是商业贸易，或是宗教朝圣，或是交通网络，由此形成文化线路的功能性特征。文化线路在形成之初和形成之后，一定是为了满足人们的某种需要或某种愿望，是为了完成和实现特定的目的而具有特定功能的交通线路[①]。此外，文化线路的功能也不是一成不变的，起初作为贸易功能的路线，随着其不断发展，会衍生出宗教、文化、科技、政治等功能，且有些功能在后期会超越原有的功能。

《文化线路宪章》价值构成要素中的"内容"、"作为整体的跨文化意义"突出体现了文化线路的功能性价值。

3. 交流性是文化线路的基本属性

文化线路强调不同国家、民族或地区间的对话与交流。这种交流可以是物质层面的，如商品的互换；也可以技术层面的，如新物种的传播与推广，制作工艺的流传；还可以是精神层面的，如宗教、文化、艺术的传播与融合。因此，交流性是文化线路的基本属性，它的突出表现就在文化线路上发生的物品、人员、技术、宗教、文化等往复迁移和相互影响这一过程是动态的，且是一直持续不止的[②]。文化线路的交流性不但表现在遗产的物质构成要素上，也表现在非物质遗产要素上，在发展过程中它的功能、路径、传播的内容价值趋向等都有可能在不断地变化。可以说，交流性（动态特性）是文化线路认定要素中最为突出的一个特征，也是文化线路遗产与其他类型遗产最大的区别。

《文化线路宪章》价值构成要素中的"动态特性"突出体现了文化线路的交流性价值。

第二节　文化线路视角下广东海上丝绸之路的整体价值

文化线路是由一系列的物质和非物质遗产要素构成的，这些要素见证了文化线路的整体意义和价值，在对线路遗产进行遴选时，只有将与线路相关的所有遗产都列入线路遗产的预备名单中，才能确保文化线路的特征、历史进程及其意义能够完整呈

---

① 周剑虹. 文化线路保护管理研究. 北京：科学出版社，2013：83.

② 周剑虹. 文化线路保护管理研究. 北京：科学出版社，2013：27.

现①。如前所述，文化线路的整体性突出表现为文化线路的整体价值永远都大于个体价值的总和。就海上丝绸之路史迹而言，构成文化线路的每一类史迹，如不是放在海上丝绸之路的大背景下，虽然其本身也具有价值，但缺少了海上丝绸之路赋予的整体价值，其单体价值或将大打折扣。

一、物质与非物质遗产共同构成文化线路的整体价值

文化线路的遗产要素是线路价值和意义的载体，是人们认识和研究文化线路的物质基础，主要包括两个方面的内容：一方面是证明文化线路存在的物质元素，另一方面是给予物质元素支持和深化的非物质元素。其中，物质元素是基础，非物质元素是有力的佐证。

文化线路遗产，顾名思义，必须首先得有线路。与目前大多数文化线路具有明确的线路特征比较，海上丝绸之路作为一个海洋交通路线，可以说是一项非常特殊的文化路线，是线路特征最不明显的一类。海上丝绸之路的航线虽然也可以通过沉船及一些中转岛屿进行标识，但因实物遗存的数量极少，航线本身又具有变化性和不确定性，其线路特征远不及陆地线路稳定和可辨识。相对而言，海上丝绸之路最重要的联系方式是港口和港口城市上的相关设施，其更多地是呈现"点"的特征，构成海上丝绸之路遗产的主要内容，也是串联起这些"点"的各类遗存，即是两千多年来通过海上丝绸之路开展商贸往来、文化交流、宗教传播、政治交往等在港口城市留下来的物质和非物质文化遗产。

1. 物质文化遗产

在《文化线路宪章》框架下，与线路的功能相关的物质文化遗产大致可分为六类②（详见表4-1），一是"控制和保护贸易线路并因此获利繁荣的城镇"，具体反映在广东的海上丝绸之路史迹方面，该类的遗存如明清时期因海外贸易而繁荣的汕头樟林古港及新兴街，明清时期作为广州外港而兴起和繁荣的黄埔古港及黄埔古村等；二是"保护线路的军事要塞和其他建筑物"，该类史迹可在遍布广东沿海的海防设施中找到；三是"沿途为接待旅行者建造的聚居点和客栈"，如唐宋时期官府专门为来华贸易的外国人建造的蕃坊，用于招徕外宾专门建造的怀远驿等；四是"反映线路文化、宗教等传

---

① 周剑虹. 文化线路保护管理研究. 北京：科学出版社，2013：40.

② 杨珂珂. 文化线路遗产价值评价特性分析：以《世界遗产名录》的6处文化线路遗产为例. 北京：中国建筑设计研究院硕士学位论文，2009.

播的场所"，该类史迹保存下来的最多、最完整、价值也相对较高，如佛教、伊斯兰
教、基督教等外来宗教的寺庙遍布城乡各地；五是"文化景观，如农业区、为维持聚
居点而建造的集水系统等"，作为海上丝绸之路航线上的重要节点和文化景观，广东
沿海的南澳岛、上下川岛、海陵岛等，可以作为一项特殊的景观遗产补充海上丝绸之
路的遗产类型；六是"地理道路、标志性自然形成物、其他相关的交通系统的古迹遗
址"，如沿海设立的大大小小的航标和兼具航标功能的人工塔，对船舶起引航作用，又
如上下川岛附近的乌猪洲，多次出现在古代航海地图上，它已作为一个地理标志，是
海船从近海驶向深海的一个标志性自然岛屿。

　　当然，海上丝绸之路的物质文化遗产因其线路的特殊性，可以针对线路特点进行
专门的分类，如本书就将广东海上丝绸之路史迹分为港航设施、生产设施、交流设施、
海神信仰设施、其他设施五大类，在第二章已介绍，在此不赘述。

2. 非物质文化遗产

　　非物质文化遗产是见证文化线路上的交流过程和人类间对话的无形遗产，《文化线
路宪章》专门强调了非物质遗产在文化线路遗产认定中具有重要意义，是理解文化线
路的重要性和相关遗产价值的基础，并指出非物质要素必须与物质遗产进行关联研究。

　　作为延续了两千多年的海上丝绸之路，这期间产生和衍生出来的非物质文化遗产
应该是非常多的，有些已经湮没在历史的长河中，有些一直代代流传下来，这其中，
最为典型的当属海神祭祀传统，如以南海神庙为祭祀场所的波罗诞、以妈祖庙（天后
宫）为祭祀场所的妈祖诞或妈祖节等。

　　波罗诞即南海神庙的庙会，它是一种古老的汉族民俗及民间宗教文化活动，在每
年农历二月十一至十三举行，其中十三为正诞，也叫波罗诞，即南海神诞，是广东省
广州市乃至珠江三角洲地区独具特色的汉族传统民俗节庆活动和民间庙会，也是现今
全国唯一对海神进行祭祀的活动。它是珠三角地区最具影响力的民间庙会，蕴含了广
州最有代表性的汉族传统民俗文化元素，有着千年的历史文化传统。宋代诗人刘克庄
《即事》诗中，就描述了"波罗诞"庙会的盛况[1]。2011年，波罗诞被国务院公布为第
三批国家级非物质文化遗产名录（图4-1）。

　　妈祖信俗也称娘妈信俗、娘娘信俗、天妃信俗、天后信俗、天上圣母信俗、湄洲
妈祖信俗，是以崇奉和颂扬妈祖的立德、行善、大爱精神为核心，以妈祖宫庙为主要
活动场所，以庙会、习俗和传说等为表现形式的中国传统民俗文化。妈祖信俗由祭祀

---

① 吕鹰. 千年庙会"波罗诞"探析. 神州民俗（学术版），2010（2）.

图4-1　广州市南海神庙"波罗诞"庙会
（拍摄：张晓斌）

仪式、民间习俗和故事传说三大系列组成[①]。2009年9月30日联合国教科文组织将"妈祖信俗"列入世界非物质文化遗产，这成为中国首个信俗类世界遗产。

　　相传农历三月二十三和九月初九，分别是妈祖的诞生日和忌日，每到这两日，数以万计的海民都来湄洲岛朝拜妈祖。目前节期有拜妈祖、妈祖文化研讨、工艺品展销活动。人们可观赏富有特色的民间歌舞，品尝闽菜等。截至2017年，莆田市湄洲岛一年一度举行的中国湄洲妈祖文化旅游节已举办19届，并且从2010年举办第12届时正式升格为国家级节庆活动（图4-2）。

二、文化线路串联起各单体遗产整体价值

　　文化线路的形成是基于特定历史时期的交流道路之上的，这种交流道路，可以是陆上的，也可以是海上的，或者水陆兼有的其他形式交流线路；文化线路的道路应该

　　① 王霄冰，任洪昌. 妈祖信俗的概念与内涵：兼谈民间信仰的更名现象与制度化问题. 文化遗产，2018（2）.

图4-2　湄洲岛妈祖祖庙妈祖祭祀仪式
（拍摄：张晓斌）

有相对明确的界限，即一定时期内有相对的起点和终点，但不限于只有一个起点和终点，因有些线路是变化和多样的，不同时期的线路也有可能不一样；此外，道路不论是否仍在使用，或遗迹有无保留下来，其线路和价值是客观存在的，而文化线路的整体价值，也体现在将沿线的不同单体遗产串联起来。

如前所述，本书将广东海上丝绸之路史迹分为港航设施、生产设施、交流设施、海神信仰设施、其他设施共五大类，这些统一构成了文化线路的有机整体，缺少其中任何一类，其价值都将受到影响。同样，构成文化线路的每一类史迹，如不是放在海上丝绸之路的大背景下，虽然其本身也具有价值，但缺少了海上丝绸之路赋予的整体价值，其单体价值也将大打折扣。

如港航设施中的大潭摩崖石刻，位于汕头市南澳岛，为北宋政和三年（1113年）和政和五年（1115年）两次镌刻，虽然面积只有1平方米，所刻字数40字左右，石刻本身记录事情琐碎，价值不算高（图4-3），但放在海上丝绸之路文化线路的大背景下，它却是宋代海商途经南澳的见证，也是南澳作为海上丝绸之路中转站及必由之路的实物例证，在南澳县现存石刻中具有典型性、独特性和代表性，与其附近海域近年来不断发现的古代中外贸易沉船"南澳Ⅰ号"、"南澳Ⅱ号"、青澳湾沉船等遥相呼应。

图 4-3   南澳岛大潭摩崖石刻
（来源：第三次文物普查图录）

又如文化交流遗存中的新地村天主堂遗址，位于台山市上川岛新地村，修建年代为 1897 年，坐东向西，面朝大海，平面近长方形，长 62.2 米，宽 42.8 米，在 1941 年前后损毁，现仅存山门、围墙、教堂墙基、柱础、水井等遗址，文物建筑价值可以说很低，但天主堂遗址所在的上川岛是海上丝绸之路的重要节点，在早期葡文中一度被称为"贸易岛"，毗邻明代中葡贸易据点大洲湾遗址和西方来华传教第一人方济各·沙勿略的墓园，它是早期天主教从海路传入中国的重要遗迹。此外，调查中还发现，新地村村民均为天主教信徒，而"新地"的名称就是英语 SUNDAY 的粤语译音，意为"礼拜日"，这反映了天主教对该村村民影响深远，也为研究上川岛与海上丝绸之路中西方宗教、贸易交流提供了重要物证。

三、背景与环境是文化线路整体价值的组成部分

《文化线路宪章》的第一项构成要素"背景"主要包括自然背景（地理概况、气候特征、地貌特征等）、文化和历史背景；第五项构成要素"背景环境"在中国文化遗产保护实践和语境中，经常用来指遗产的周围环境风貌，在世界文化遗产保护中主要是指遗产的缓冲区。如果说"背景"是指文化线路宏观的关联背景的话，其"背景环境"则更多地从微观方面阐释文化线路的关联背景和直接遗产点。两者共同构成文化线路整体价值的重要组成部分，是理解、研究文化线路遗产的基础之一。

2005 年 10 月，ICOMOS 第 15 届大会在中国西安通过了《西安宣言——保护历史

建筑、古遗址和历史地区的环境》①，该宣言充分认识了背景环境（setting）对于历史建筑、古遗址和历史地区重要性的作用，并将历史建筑、古遗址或历史地区的环境认定为"直接的和扩展的背景环境，即作为或构成其重要性和独特性的组成部分。除实体和视觉方面含义外，背景环境还包括与自然环境之间的相互作用；过去的或现在的社会和精神活动、习俗、传统知识等非物质文化遗产方面的利用或活动，以及其他非物质文化遗产形式，它们创造并形成了环境空间以及当前的、动态的文化、社会和经济背景。"文化线路作为一项大型线性遗产，与背景和环境更加密不可分，线路沿线的自然景观、人文环境等，都对文化线路的认定和价值评估有着重要影响。

具体到海上丝绸之路，因涉及的背景和环境十分广泛且复杂，从全球视野来看，它跨越几大洋连接几大洲，每一个区域都有其独特的自然与文化环境，尤其是物产的差异性，为此促成货物贸易的交流；从一个国家来说，它涉及沿海岸线的诸多港口城市，各城市在航线上的功能与作用也不尽相同；从一个城市来说，它有丰富的海港码头、江河联运、城市功能分布、生产设施、文化交流，等等；具体到每一个史迹点，它有独特且唯一的环境风貌，体现出独特的历史、艺术、科学价值，以及与该史迹点有关的信仰习俗、传统活动等非物质文化遗产。

在这里，仅列举三处与广东海上丝绸之路十分密切的岛屿——三墩岛、南澳岛和上川岛，它们是海上丝绸之路上重要的背景和环境要素，对理解广东海上丝绸之路的背景和环境有重要参考和示范意义。

三墩岛是湛江市徐闻县最南部的三个小岛，古称"瀛洲联璧"、"蓬莱三仙洲"（图4-4），呈品字形漂浮在海面，相互偎依，是海上丝绸之路汉代徐闻始发港的天然屏障。汉武帝元鼎六年（公元前111年）徐闻置县，汉代徐闻是海上丝绸之路南海航线的主要始发港口之一②。徐闻二桥遗址南临琼州海峡，推断为西汉合浦郡治和两汉徐闻县治。琼州海峡平均宽约30千米，平均水深44米，东西潮汐差异大，风向、海流复杂，航行危险，因此唐代自交趾航海归来仍然在此舍舟登陆入粤③。汉代徐闻港作为潮汐变化的缓冲地带，成为观测季风海流俟机起航的船舶集结地④，是海船通行琼州海峡或者

① 西安宣言：保护历史建筑、古遗址和历史地区的环境. 中国文物报，2005-12-07.

② 《汉书·地理志》："自日南障塞、徐闻、合浦船行可五月，有都元国……"

③ （唐）刘恂《岭表录异》："舟子曰，此鳅鱼喷气，水散于空，风势吹来，若雨耳。……交趾回人，多舍舟，取雷州缘岸而归，不惮苦辛，盖避海鳅之难也。"

④ 陈立新. 论汉代徐闻港在海上丝路史上的地位和作用. 岭南文史，2002年增刊.

图 4-4　湛江市徐闻县三墩岛
（拍摄：张晓斌）

舍舟登陆地点。二桥遗址"前临海，峙起三墩，中有淡水，号龙泉"①，而三墩岛是进出徐闻港的航海地标，是汉代海上丝绸之路始发港的重要背景环境。

南澳岛主岛面积约108平方千米，地处韩江入海口外侧的闽、粤、台三省交界海域，素有"东南之门户，闽粤之咽喉"之称，历史上是闽广沿海与东南亚等地商贸航运的重要港口，"南澳Ⅰ号"明代沉船即发现于南澳岛云澳镇东南的三点金海域。考古发现证明南澳岛唐宋时期已经成为海上丝绸之路上的港湾，明清时期地位更加突出。明代就有"海上互市"和"番船渊薮"②之称，从漳州月港往返东南亚的外国商船"必经此路"③，吕宋、琉球、占城、暹罗、真腊等国"番舶为患"④。郑和船队曾经五次停靠南澳岛，在《郑和航海图》上记录为导航"望山"。16世纪初至17世纪上半叶南澳岛成为中外私商的贸易据点，是葡萄牙人"日本贸易航线"和荷兰人"中国台湾—日本列岛—东南亚三角贸易"的中转港口，荷兰人称为"好望角"⑤。南澳岛也是明清时期闽广沿海商贸活动的中转港口，"凡闽船入广，广船入闽，皆不能外"。由于地理位置特殊重要。明万历三年（1575年）置福建、广东两省共管的南澳副总兵，清康熙二十四年（1685年）升南澳总兵，管辖闽南、台湾、粤东海域军事。作为海上丝绸之路南海航线和东海航线的交汇节点和贸易枢纽，南澳岛在海上丝绸之路航线上的背景环境要素特征非常突出，是广东海上丝绸之路航海地标的突出代表。

上川岛位于台山市广海湾南面隔海相望的川山群岛东部，与西面的下川岛、东南

①　徐闻县志编纂委员会. 徐闻县志. 广州：广东人民出版社，2000.

②　（明）陈天资. 东里志. 汕头：汕头市地方志编纂委员会办公室，1987.

③　（清）顾炎武. 天下郡国利病书. 上海：上海古籍出版社，2012.

④　（明）陈天资，东里志. 汕头：汕头市地方志编纂委员会办公室，1987.

⑤　Capo de Goede Hoop. 荷兰人在"福尔摩沙"1624—1662. 程绍刚，译. 台北：联经出版事业公司，2000：133.

面的乌猪洲因良好的海域条件成为唐宋至明清时期多条海上丝绸之路航线必经之地，尤其乌猪洲更是唐宋以后海上丝绸之路航线深海与近岸航线的交汇点，明代《郑和航海图》和《顺风相送》上都标有乌猪洲。乾隆《新宁县志》中记载，"上下二川，各延袤数百里，为产盐、办饷之区，为洋番南船出入必经之地"，是商船番舶往来中国南海、印度洋的重要航海地标，附近海域被称为番舶往来之冲。上川岛是海上丝绸之路上的重要贸易岛和宗教岛，1987年在上川岛附近海域发现的"南海Ⅰ号"就是最重要的见证。在上川岛的大洲湾海滩上发现了一个含有大量明代瓷片的堆积文化层，是明代中期中外商人进行瓷器贸易的重要地点。利玛窦在《中国札记》就明确指出，"在澳门城兴建之前，上川岛是中国和葡萄牙人贸易的地点"，因此，大洲湾遗址是中葡两国早期贸易的历史见证。在上川岛北部象山上，还有一处方济各·沙勿略墓园，它是肩负宗教使命前来中国传教的西班牙传教士沙勿略逝世并最初安葬之地，是明清时期中西宗教文化交流的重要遗址。为此，西方宗教文献称象山为圣若翰山，上川岛为圣若翰岛。

第三节　文化线路视角下广东海上丝绸之路的功能与价值

文化线路的功能价值突出表现为线路所承载的各种本身功能和衍生功能，就海上丝绸之路而言，其形成的最初目的就是货物贸易，但在两千多年漫长的发展过程中，除了维持它原有的贸易功能外，还衍生出交通功能、信仰功能、政治功能、军事功能等其他功能，使得线路的价值和内涵不断丰富，遗产类别和数量也不断增加，由此产生文化线路的动态性与多维度性。

一、贸易功能

经济利益是形成贸易往来的直接动因，交易双方通过互通有无，互利互补。海上丝绸之路作为一条以贸易物品直接命名的文化线路，其开通之初的最直接目的即是商品贸易。在中国，官方和民间贸易均有，在很长一段时间内以官方贸易为主，南宋时期甚至一度成为政府的主要收入来源；明清时期实施海禁政策期间，民间贸易也十分活跃，由此也造就了一批富甲一方的海商家族。

作为古代东西方交流历时最长、影响最远的贸易路线，丝绸仅仅是海上丝绸之路贸易活动的商品之一。以唐朝为例，外国输入广州的主要商品有香料、珍珠、象牙、犀角等"珍品",而输出的商品主要是丝织品、瓷器、金银和铜钱,外国输入的商品要纳"舶脚"或"下碇"税3/10,这是国家的一项重要财政收入[①]。广东保留下来了一批贸易市场或商品集散地旧址,如广州的锦纶会馆是当时丝织业的行业会馆,馆内完整保留21块碑刻,是研究清代广州贸易发展史的重要实证资料。汕头新兴街是当时号称"粤东通洋总汇"的樟林古港全盛时期的货栈街,兴起于明末清初。樟林港作为河海之间的转口贸易港和粤东华侨海外拓展的出海港,是汕头开埠前粤东第一大港,20世纪70年代先后在附近出土过两艘远洋红头船。潮州市龙湖古寨处韩江中下游,始建于南宋,保存有昔日繁华的三街六巷景观,是古代潮州城以南的一个繁华的贸易集镇,也是清代海内外商品货物的集散地。江门上川岛大洲湾遗址是明代葡萄牙人在中国最早进行贸易的据点,遗址至今仍遗存有大量出产于中国沿海外销瓷窑口的瓷器碎片堆积。

　　造成这种贸易往来的最根本因素就是自然环境的差异,不同的自然环境造就不同的商品品类,为相互贸易提供了前提和基础。而商品在交易过程中,有的需翻越崇山峻岭,有的需跨越江海河流,才能到达目的地,也使得货物价格上涨。如在中亚地区作为普通作物的香料,被贩运到中国后成为供贵族使用的奢侈品和祭祀用品,货物价格暴涨千万倍;又如在中国作为百姓普通日常用品的瓷器,通过海上丝绸之路转运至欧洲后,成为贵族阶层的专用器皿,价格不菲。正是由于自然环境的差异造就商品价格的暴利,才使得商旅不顾生命安危,不断冒险[②]。

二、交通功能

　　虽然海上丝绸之路的交通介质是水,不像其他文化线路一样保留有实实在在交通道路遗存,其航线的走向和范围也不是固定不变的,但作为一条文化线路,交通功能是它的基础功能,可以通过连接不同地域间的节点遗迹,如港口、码头、航标、沉船等表现出来。

　　海上丝绸之路贸易与交流的繁荣,必然带来沿线海港城市的建设、航运设施体系的建设,其中最重要的是沿海港口和港口城市的兴起(表4-2)。随着王朝更替,各地社会经济开发,广东海港不断增加,成为海上丝绸之路上大大小小的节点。有的长盛不衰,始终在海上丝绸之路中占据中心地位,如广州;有的则是海上丝路的中转港,

　　①　陈炎.海上丝绸之路与中外文化交流.北京:北京大学出版社,1996:81.
　　②　周剑虹.文化线路保护管理研究.北京:科学出版社,2013.

如唐宋时期海南岛的神应港、石镬港、崖州港；有的是区域性的货物集散港，如潮州樟林港、高州梅菉港、吴川芷寮港、雷州港等。这些港口在海上丝绸之路形成的交通贸易网络中发挥不同的功能，构成了广东对外贸易的港口系统，也奠定了广东在海上丝绸之路上不可取代的重要地位[①]。

表4-2　海上丝绸之路的文物价值与文化线路价值的对应关系表

文物价值五大方面	细化的文物价值	对应文化线路价值构成要素	文物价值对应分布在线路价值中的部分
历史价值	见证海外贸易历史	整体价值	文化和历史背景
		功能价值	文化线路的贸易功能
	见证文化交流历史	交流价值	宗教交流
	见证海神信仰发展	功能价值	文化线路的信仰功能
艺术价值	建筑艺术	交流价值	艺术交流（外国模仿中国瓷器、山水审美和造园艺术）
	外销瓷艺术		
	审美艺术		
科学价值	陶瓷制作技术	交流价值	科技交流→制瓷纺织技术
	古代航海技术		科技交流→航海技术
	建筑营造技术		科技交流→建筑营造技术
	种植技术		科技交流→种植技术
文化价值	文化传播（信仰、精神）	交流价值	宗教交流→民间信仰传播
	宗教传播	交流价值	宗教交流→宗教信仰传播
	民俗活动	整体价值	非物质文化遗产
社会价值	政治价值	功能价值	文化线路的政治功能
	经济价值	功能价值	文化线路的贸易功能
	教育价值	这两方面的内容在以下第五章第二节"广东海上丝绸之路史迹的利用现状评估"的第二点"广东海上丝绸之路史迹的主要利用现状"中基本已涵盖	
	旅游价值		

在海上丝绸之路的交通线路上，直接与航线有关的是"航线遗存"，主要包括水下沉船和航标地标两类。其中，能够直接证明航线的物证莫过于海中的沉船。沉船遗址通常形成于船难，不是主动性的人类行为，沿海海域发现的古代沉船是否属于海上丝绸之路历史遗迹的范畴，需要根据船舶性质和船货内容（不过丝绸、茶叶、书籍等有机物质不容易保存下来）等具体情况加以判断。广东海域经过水下考古调查和发掘，

① 李庆新. 历史视野下的广东与21世纪"海上丝绸之路"//赵康太，王晓. 海上丝绸之路建设与琼粤两省合作发展：第三届中国（海南·广东）改革创新论坛论文集. 海口：南方出版社，2014.

已经确认"南海Ⅰ号"和"南澳Ⅰ号"沉船与海上丝绸之路的贸易活动有关。此外还有其他一些唐、宋、明、清时期沉船遗址或沉船遗址线索。

除沉船遗址外，航标也是海上丝绸之路上一类重要的交通设施。航标指引航道，引导船舶航行、定位、抛锚和避让滩险等碍航物，一般是专门建造设置的人工设施。古代航标依靠船员的直接观测，属于"视觉航标"，因此专门设置的航标设施以外，航道附近突兀醒目的楼、塔等建筑也能发挥航标作用。它在地理节点意义上成为航线指南的重要地理标志物。广东海岸、江边的一些建筑物在古代往往兼具有航标的作用：如广州怀圣寺光塔是唐宋以来在广州贸易和定居的阿拉伯商人最重要的宗教活动场所，光塔作为中国伊斯兰教的标志性建筑，兼具灯塔引航功用；而分布在珠江内河航道上的莲花塔、琶洲塔、赤岗塔，犹如三支桅杆，既是过往船舶的重要航标，也在外国人的记忆中留下深刻印象，成为来华外国人游记和历史绘画的重要素材①。此外，广东沿海兼具航标作用的古塔还有阳江市阳东区北津村独石塔，揭阳惠来县神泉镇玉华塔，潮州饶平柘林港的镇风塔、龟塔、蛇塔等。

三、信仰功能

随着海上丝绸之路的开通和不断发展，沿海居民由于对海洋的认识有限，无法科学地解释海上的瞬息变幻和各种自然现象，便认为海洋存在超自然的神灵，这些神灵便是海神，出于对海洋未知世界的祈福，带来了海神信仰，由此衍生出海上丝绸之路的信仰功能。当然，海上丝绸之路的信仰功能也包括了外来的宗教信仰（在第四节"文化线路视角下广东海上丝绸之路的交流与价值"中另谈），这里重点谈谈诞生自本土的海神信仰。

沿海的海神信仰体系具有两个特征：一是官方信仰和民间信仰都很重视，两者之间逐步形成互动；二是海神从最初的神话人物逐步人格化为历史人物，体现出亲民和易于接受倾向。海神信仰广泛存在于世界各地，我国华南沿海的海神信仰有南海神、妈祖、洗夫人、伏波将军、南海观音、北帝、水尾圣娘等。

南海神是中国古代东南西北四海神之一，地处广州的南海神庙是祭祀南海神的庙宇，始建于隋，海祭延续千年，是四大海神庙中唯一完整保存至今的海神庙。南海神与南海神庙见证了广州港市发展的历史进程，是广州历史文化海洋性的重要体现。同时，南海神在东南西北四海神中地位显赫，据唐代韩愈《南海神广利王庙碑》记载：

---

① 中共广州市委宣传部，广州市文化局. 海上丝绸之路：广州文化遗产·地上史迹卷. 北京：文物出版社，2008：32.

"考于传记，而南海神次最贵，在北东西三神、河伯之上"，历代帝王循礼崇封，官民祈禳祝佑，备受推崇。唐玄宗加封南海神为广利王，南汉国时期由于经济收入主要依靠海上贸易，加封南海神为昭明帝。宋仁宗加封南海神为洪圣广利王，元朝对四海海神的祭祀日期、地点都做了规定，加封南海神为广利灵孚王。南海神成为岭南沿海影响巨大的一个地域性海神，南海神信仰地方化、庶民化所形成的南海神诞"波罗诞"、"洪圣诞"至今犹存①。此外，南海神与南海神庙声名远扬，流波扩散，在以广州为中心的珠三角等地广见南海神分祀庙宇，遍布各地大大小小的各类洪圣庙、广利庙等，都是由南海神庙衍生而来。

　　妈祖又称天妃、天后、天上圣母等，是北宋福建莆田湄洲岛的一位普通女子，姓林名默。她死后，乡人感其生前为民治病、海上救人的恩德，就在湄洲岛立庙祀之，即为湄洲妈祖祖庙（图4-5）。湄洲岛在莆田东南八十多里的海中，面对台湾海峡，地处福州与泉州之间，是海上南北交通必经之路。林氏女"生而神异"，"初以巫祝为事"，她不但为民治病，还经常把观察得到的海上气象告诉人们，使许多渔船和商旅避免了危险。在那气象科学不发达的时代，她的所谓"知人祸福"、"言人休咎"等气象

图4-5　湄洲妈祖祖庙

（拍摄：张晓斌）

① 王元林. 国家祭祀与海上丝路遗迹：广州南海神庙研究. 北京：中华书局，2006.

预言，对于湄洲岛冒险出海的渔民及其家属来说，无疑有很大的吸引力，成为人们安全的依赖对象。妈祖就成为航海者海上活动的精神支柱。自北宋末年褒封，后南宋、元、明、清历代皇帝都对妈祖尊崇备至，封号由"崇福夫人"，进而"天妃"、"天后"，直到"天上圣母"。历代帝王对妈祖的加封，对汉族民间妈祖信仰的发展起了很大的促进作用①。宋代开始，妈祖信仰就传入广东地区。目前在广东区域内祭祀妈祖的庙宇不计其数，根据本次调查，有历史价值的妈祖庙（天后宫、天妃宫等）就有两百多座，不仅遍布沿海江河，在内陆的粤北山区也有，这反映了随着妈祖信仰进入国家正祀行列，其功能也逐渐扩大，由最初的海神，扩展为具有救灾、御寇、抗旱、防洪、赈饥、治病、去魔等多功能女神，也使得妈祖信仰成为民众普遍信奉的海神信仰。

除南海神、妈祖信仰外，广东地区比较有名的海神信仰还有南海观音崇拜、北帝崇拜。观世音常以大慈大悲、救苦救难的菩萨形象出现，自佛教传入中国后就成为很多地方精神上求助的对象，几乎在中国每个地区都有。观音菩萨在印度，原本为男身，到了中亚，依然是男身，到了中国汉地，却一举而变化为女身。作为女身的观音，形象既端庄美丽，同时又法力无边，大慈大悲，无求不应。古代的老百姓，尤其是女性，无论贫富贵贱，几乎没有不喜欢、不拜观音菩萨的。观音又称"南海观世音菩萨"，南方尤其是沿海地区信奉者众，建有很多观音庙，渔民出海前也喜祭拜观音②。大型观音塑像也很多，如广州珠江入海口莲花山的观音铜像，佛山南海西樵山的南海观音像等。

北帝，又称玄武、真武、玄天上帝等，珠江三角洲民间更多称之为北帝。根据阴阳五行来说，北方属水，北方之神即为水神。《后汉书·王梁传》曰："玄武，水神之名，司空水土之官也。"因雨水为万物生存所必需，故玄武的水神属性，深受人们的信奉。作为北帝崇拜的重要载体之一，佛山祖庙从北宋元丰年间建立以来，以其"历岁久远"，成为佛山"诸庙之首"。每年的农历三月初三为佛山祖庙北帝神诞，在诞期不仅要建醮贺诞，而且还举办各种祀神庆典活动。

四、政治功能

海上丝绸之路除了贸易、交通、信仰功能外，在不同时期还被赋予政治功能。

首先表现在政府对海外贸易的管理制度上。秦汉和南越国时期，广州作为重要都会，是南海海上贸易的政策指令中心和贸易主要集散地，现位于中山四路的南越国宫

---

① 张桂林. 试论妈祖信仰的起源、传播及其特点. 史学月刊，1991（4）.
② 王邦维. 布呾洛迦山与普陀山：关于观音的故事. 文史知识，2015（5）.

署遗址是南越国的宫殿区，是这一时期掌管对外贸易的重要管理机构。唐代随着"广州夷海通道"的开通，当朝政府在广州全国率先设立市舶司和蕃坊，分别用于管理外国商船和外国人，据史书记载，每年抵达广州通商交易的海外船舶就有四千余艘[①]，来自波斯和阿拉伯的商人长期留住广州，政府为此在今光塔路一带专门修建许多住宅供外商居住。宋朝重视海外贸易，分别在广州、泉州和明州设立市舶司，但"唯广最盛"[②]，蕃坊的规模进一步扩大，据宋朝赵汝适《诸蕃志》记载，当时有超过50个国家与广州市有直接贸易往来。明朝实行海禁政策，贸易主要为朝贡形式，广州市舶司专通占城、暹罗诸番，明成祖即位后，在广州设怀远驿招待各国贡使。清朝开放海禁后，广州两度成为全国唯一的通商口岸，十三行作为清政府专设的对外贸易特许商，具有代海关征收进出口洋船各项税饷、代官府管理外商和执行外事的职能。

其次表现在政府奉行的朝贡贸易和外交上。中国自古以来就与周边国家建立起一种历史悠久的朝贡体系，随着海上丝绸之路的不断发展，无疑促进了这种朝贡体系的发展，并发展成为一种集政治、经济和贸易为一体的特殊的国家交往模式。明代，海上丝绸之路的海外贸易由官府集中控制和管理，朝贡成为海外贸易的唯一合法途径，并由政府垄断专营。朝贡外交发展的顶峰，无疑是明朝政府主导的"郑和七下西洋"。从1405年到1433年，郑和奉明永乐皇帝之命，率船队七次出使亚非三十多个国家和地区，开辟了多条新航线，建立了亚洲和非洲国家间的和平友好关系，显著提高了当时中国的威望，赢得了亚非许多国家对中国的信仰和友谊，数十个国家沿着郑和所开辟的航路，不远万里，纷纷来朝，向明朝进贡珍贵礼品。郑和下西洋把中国与亚非各国之间的朝贡和外交推进到一个空前的发展阶段。

五、军事功能

如前文所述，海防设施是中国明清时期为防倭寇、海盗等对沿海的侵扰，在北起辽东，南至海南岛的中国沿海，构筑的以卫城、所城为骨干，堡、寨、墩、烽堠和障碍物相结合的军事工程设施。它们集中反映了当时的海防形势、海防战略、海防体制、海防部署、海防工程的情况，包含了丰富的历史信息。海防设施为古代海上丝绸之路的畅通与发展提供了可靠保障。虽然海上丝绸之路是和平交往与互利平等的商贸之路，但沿

---

① 《旧唐书·李勉传》记载，大历五年（770年），李勉任广州刺史和岭南节度使后，每年抵达广州通商的海船有四千余艘。

② 李燕. 古代中国的港口：经济、文化与空间嬗变. 广州：广东经济出版社，2014.

途除了要抗击大自然凶险的恶劣环境外，也要防备一些来者不善的倭寇、海盗的抢劫，因此，从事远洋贸易的船舶一般都会配备一些武器装备，以防不测，这在"南澳Ⅰ号"等商船上已有体现①。海防设施在海上丝绸之路上价值与功能主要体现在以下两方面。

一方面，海防设施在海上丝绸之路中起到防务和保障作用。可以说，没有沿海海防设备的保障与防务，就没有海上丝绸之路的畅通无阻。如位于深圳的大鹏所城，始建于明洪武二十七年（1394年），全城东西长345米、南北长285米，占地约10万平方米，在明清两代抗击倭寇、维护周边海域安全中起过重要的作用，是岭南重要的海防军事要塞，为护卫正常的海上贸易做出了贡献。又如位于南澳岛的总镇府，自明万历四年（1576年）由副总兵晏继芳始建至清末的三百多年中，南澳计有副总兵、总兵172人，不少成为民族英雄或国家栋梁。南澳设镇建制后，使原来十分落后的地区得到发展，经济渐趋繁荣，社会稳定，人民生活不断提高，各类生产、商业活动和货物流通不断发展②。"南澳Ⅰ号"等沉船的发现佐证了南澳曾是"海上丝绸之路"的重要门户，素有"粤东屏障、粤闽咽喉"之称。在现总镇府的围墙上，仍保留着"贩船换证碑记"、"港规碑记"、"云澳网桁碑记"等碑刻，详细记述了南澳总镇府所公布的各种商贸法规。

另一方面，海防设施在海上丝绸之路中起到船舶管理与征税的作用。"隆庆开海"后，明政府开放了福建漳州月港等港口供商民从事海外贸易，但商人须向海防机构申请"船引"，即合法出海的凭证。"商引填写限定器械、货物、姓名、年貌、户籍、住址、向往处所、回销限期，俱开载明白，商众务尽数填引，毋得遗漏。海防官及各州县仍置循环号簿二扇，照引开器械、货物、姓名、年貌、户籍、住址、向往处所、限期，按日登记。贩番者，每岁给引，回还责道查覆，送院复查。"③从这一规定可见，船主须缴纳"引税"，严格地按照船引开列的贸易目的地前往，所载货物不得违禁，不得超过规定的数量，要在规定的日期内返回，凭引进港，违者法办④。可见，海防设施在海上贸易中起着管理与监督作用。如分布在珠江出海口东西两岸及江中三个岛屿上的虎门炮台区域，其南面是伶仃洋，北面是狮子洋。一江两岸以主航道分界，两岸诸炮

---

① "中国商人长期遭遇海禁，即使后期解禁，也对海船大小、船只数量、通番货物等都有严格限制，诸多束缚让中国商人整体上处于不利的地位……同时为了自保，抗拒来自葡萄牙、荷兰等殖民者之间的私掠行径，出海商船上也配备了炮、铳类武器。"见周春水：《"南澳Ⅰ号"沉船出水文物概述》，《孤帆遗珍——"南澳Ⅰ号"出水精品文物图录》，科学出版社，2014年，第21页。

② 黄迎涛. 粤海重镇：南澳海防史图录. 汕头：汕头大学出版社，2017：102.

③ （明）陈子龙，等. 明经世文编·卷四〇〇·疏通海禁疏. 北京：中华书局，1962.

④ （明）张燮，著；谢方，点校. 东西洋考·卷七·饷税考. 北京：中华书局，1981.

台与江心的上、下横挡炮台形成了多道防线，扼进出广州的咽喉，清朝在广州设立粤海关，直接向皇帝和户部负责，粤海关下辖省城大关和7个总关口，总关口下又下辖70个小关口，其中虎门口和黄埔口隶属于省城大关口[①]。虎门口是所有进出广州港的商船都必须经过的第一道关口，战略地位十分重要，是政府对进出珠江的船舶进行管理和课税的重要屏障，当时来华的外国商人，大都认为虎门炮台负有海关收税和港口管理的职能，所以上横档岛和岛上的炮台长期被外国人称为"税馆"和"税馆炮台"[②]；又如位于江门台山的广海一带，在北宋时期便是广州通海夷道的必经之地，从广州出发，赴东南亚、印度洋一带远航的商船必须经过广海停泊，为驶向深海作最后准备。而从东南亚、印度洋来的番舶商船，到达广海后要在这里接受官府的登记盘查，严密监视，以防沿海走私，确保足额关税的征收。因此，广海既是唐宋时期海上丝绸之路上番舶商船的"放洋"之地，又是市舶贸易管理体制之中的重要一环[③]。明清时期，政府在台山设立广海卫城，作为东南亚地区各国入贡夷船规定停泊的澳口，可供来往于中国与南洋之间的船只停靠，既可入港避风和接受补给，又可作为关税的征收点。

第四节　文化线路视角下广东海上丝绸之路的交流与价值

持续不断的动态交流是文化线路区别于其他文化遗产和交通道路的最主要特征。理论上，文化线路的交流性也可以作为功能性的一个方面，即交流功能，但由于海上丝绸之路的动态交流在线路的发展过程中占据极其重要的作用，故在此单独讨论。

海上丝绸之路文化线路的动态特性即是其交流特性，其所遗留下来的史迹集中反映了自秦汉时期（公元前1世纪左右）到清代中晚期（19世纪中后期）长达两千多年海上丝绸之路沿线不同地域、不同族群之间积极而深远的相互交流和相互影响，展现了持续两千多年的东西方之间物品、人员、文化、技术、宗教等跨海交流和文明互鉴。前面提到，文化线路交流价值可以是物质层面的，如商品的互换；也可以技术层面的，如新物种的传播与推广，制作工艺的流传；还可以是精神层面的，如宗教、文化、艺术的传播与融合。商品的交流在前一节的贸易功能中已经论述，此不赘述，下面重点从宗教交流、民间信仰交流、科技交流、艺术交流四方面来诠释海上丝绸之路的交流价值。

① 赵崔莉. 明清丝路贸易与对外开放. 北京：人民出版社，2016：258.
② 黄利平. 大湾区海防炮台形制及历史作用. 岭南文史，2020（4）.
③ 石坚平. 江门海上丝绸之路文化探源. 五邑大学学报（社会科学版），2015，17（3）.

一、宗教交流

随着海上丝绸之路的发展，世界各地不同的国家、不同的文明进行了持续的交流，尤其以宗教的传播与交流最为突出，这也使得广东沿海成为世界主要宗教的汇聚之地，并带来了多元文化的融合与创新。

佛教发源于印度半岛，公元4世纪左右，中国与印度之间的佛教交流因海上丝绸之路航线的稳定而日趋频繁，一大批弘法高僧经海路来到中国，其中，广州是佛法经海路东来的第一站。广东佛寺众多，历史上海外高僧云集，也是中国化佛教——禅宗的诞生之地。两晋时期，天竺国（今印度）僧人迦摩罗来广州建三归、王仁两寺，罽宾国（今克什米尔）佛教名僧三藏法师昙摩耶舍来广州建王园寺（今光孝寺）传教，佛教名僧耆域泛海先至广州后赴洛阳；梁普通七年（526年），天竺国僧人达摩在广州下九路的西来初地登岸传教，在今华林寺附近建西来庵，宣讲佛法，527年，达摩也曾驻锡于光孝寺，后来，达摩北上建立了中国佛教禅宗，是为禅宗始祖。由于达摩在佛教界中的极大影响和地位，他在广州上岸的地点，被称为"西来初地"。佛教的教义、戒律与中国文化相结合，形成了中国化的佛教，并进而经由海上丝绸之路东传到日本、朝鲜半岛，其中最著名的是唐代赴日传法的名僧鉴真，唐天宝七年（748年），鉴真第五次东渡日本，因受风浪漂至海南岛，于第二年到达广州，驻锡制止寺（今光孝寺）。其中，日本僧人荣睿五次随同鉴真东渡未果，最后圆寂于肇庆鼎湖山，现鼎湖山庆云寺附近立有荣睿纪念碑，为省级文物保护单位。公元753年，鉴真携弟子搭乘日本遣唐使团的船第六次东渡，终于进入日本国都奈良，天皇任命他为大僧都，成为日本律宗始祖。鉴真还携带了不少佛经、佛像等到日本，同行弟子有的擅长雕塑、绘画、建筑等，他在奈良建立的唐招提寺一直沿用至今。

伊斯兰教于公元7世纪初在阿拉伯半岛创立。随着海上丝绸之路的发展，从海路进入广州的穆斯林商人不断增多，他们很多人长期定居在广州从事贸易活动，更有数十年不归者，这些人在当时被称为"蕃客"、"胡客"等，唐宋时期由于广州聚居的外国人很多，官府特意在城外专门划出一地段，作为穆斯林等海外侨民居住的特殊区域，称之为"蕃坊"，宋代朱彧记载"广州蕃坊，海外诸国人聚居，置蕃长一人，管勾蕃坊公事"。穆斯林商人带来的象牙、玻璃、香料、玛瑙等货物，当时成为街名并一直沿用下来，如广州怀圣寺光塔一带保留至今的象牙巷、玻璃巷、玛瑙巷、甜水街等。穆斯林商人信仰伊斯兰教，他们除经商外，也传播了伊斯兰教，死后还安葬在当地。因此，他们在蕃坊的附近建立了怀圣寺及光塔，并一直保留下来沿用至今。位于今广州解放北路的全国重点文物保护单位清真先贤古墓，是中国现存最早的伊斯兰教遗址，为唐代伊斯兰教早期著名宗教领袖苑葛素来华传教后"归真"之所。此外，泉州、扬州等地伊斯兰教遗迹也非常丰富，这些都是伊斯兰教对外文化交流的有力证据。

天主教是基于至公派神学的基督徒三大教派分支之一，又称为"公教"、"罗马公教"、"旧教"，以区别于基督教新教，明朝末年该教由罗马教会传入中国。15世纪末，欧洲通往中国的新航线开通后，传教士随着商人和商船来到中国。位于江门市上川岛的省级文物保护单位方济各·沙勿略墓园是明朝时期肩负宗教使命来中国传教的西班牙传教士方济各·沙勿略逝世并最初安葬之地，是中西宗教文化交流的重要见证。方济各·沙勿略于1541年受罗马教廷的派遣，以"教皇特使"的身份前往东方传教，其后的十余年间，他的足迹遍及今天的印度、斯里兰卡、马来西亚、新加坡、印度尼西亚和日本等地。上川岛因位于葡萄牙殖民者所开辟的从好望角到日本贸易航线的中间地带，成为他传教之路的必经之地。沙勿略曾经两次到过上川岛，他动员在当地做买卖的葡萄牙商人搭建了一间简易的教堂进行宗教活动，并等待中国商人带他登上大陆的信息，1552年12月初，他在上川岛因病去世，安葬在象山脚下。方济各·沙勿略去世30年后（1582年），意大利天主教士利玛窦来华，次年与另一位传教士罗明坚在"大陆传教的第一个据点"——广东肇庆传教，在肇庆期间与地方官员互动频繁，在崇禧塔附近建有仙花寺。此后，利玛窦又来到韶州（今韶关）传教，万历二十九年（1601年），他到了北京，受到明神宗皇帝召见，成为首批到达京城的天主教传教士。在广东的肇庆、韶关等地，目前还保留着一些早期天主教的文化史迹。

二、民间信仰交流

民间信仰的跨文化交流虽然不如佛教、伊斯兰教、天主教的影响那么广泛，但根植于中国的海神信仰，也随着海上丝绸之路传播到世界其他地方。其中影响最大的，莫过于妈祖信仰。

妈祖信仰本是福建东南沿海的地方神灵信仰，因海运而兴，经宋、元、明、清各代朝廷多达40多次敕封，加封天妃、天后，列入祀典，成为三大由国家祭典的民间信仰，妈祖也成为中国最重要的海神[①]。2009年10月，妈祖信仰入选联合国教科文组织人类非物质文化遗产代表作名录。宋代以后，妈祖信仰自福建相继传播到广东、浙江、台湾、山东、辽宁等沿海地区，还随着海上丝绸之路传播至日本、泰国、马来西亚、新加坡、越南以及美洲、欧洲等世界各地。目前，在世界各地尤其是沿海城市，都可

---

①　上海海事大学，中国海洋学会. 中国民间海洋信仰研究. 北京：海洋出版社，2013：42.

以看到天后宫、妈祖庙、天妃宫等，不仅有华人的地方就有妈祖信仰，她还被很多其他民族所接受并祭祀，成为和平与友好的象征，可以说，妈祖信仰这一因海上丝绸之路而兴的信仰成为许多地区航海行业的普遍信仰①。

冼夫人（522—602年）即冼英，高凉郡（今广东茂名地区）人，南北朝时期的政治家、军事家、社会活动家。她率领族人归附隋朝被加封为谯国夫人，去世后追谥"诚敬夫人"。她23岁被推为俚人首领，在位60多年，她始终坚持祖国统一和民族团结的治邦思想，当地各民族都归服于她，她所管辖的地域包含今粤西、海南岛和广西部分，历经梁、陈、隋三朝，顺应历史潮流，致力维护国家统一、促进民族团结，功勋卓著，先后被七朝君王敕封，被尊称为岭南"圣母"，周恩来总理称她为"中国巾帼英雄第一人"（图4-6）。历代为奉祀冼夫人而修建的冼太庙遍及茂名、雷州半岛、海南岛等地。清代，到东南亚谋生的高州府华侨将冼夫人信仰带到海外，成为粤西华人与故乡联系的纽带，也为华侨团结发展提供了精神动力。他们纷纷在当地设立会馆并供奉冼夫人，从故乡"根庙"引香到当地兴建"支庙"。据统计，全世界约有2500座冼夫人庙，主要分布于粤西、桂东、海南、辽宁以及马来西亚、新加坡、越南、泰国等地②。

图4-6　隋谯国夫人冼氏墓园内的冼夫人像
（拍摄：张晓斌）

除妈祖信仰、冼夫人信仰外，岭南的南海神（洪圣）崇拜、伏波将军崇拜③、江门五邑南宋杨太后崇拜④，在东南亚等地也有信仰，并有庙宇供奉，但影响范围均较小。

① 王宏刚. 妈祖：中国海洋和平开拓的精神旗帜//妈祖文化学术论文集. 台北：立得出版社，2006.

② 吕淑仪. "一带一路"背景下冼夫人文化资源整合研究. 广东石油化工学院学报，2019，29（6）.

③ 王元林. 明清伏波神信仰地理新探. 广西民族研究，2010（2）.

④ 牛军凯. "海为无波"：越南海神南海四位圣娘的传说与信仰. 海交史研究，2011（1）.

三、科技交流

在海上丝绸之路的交流过程中，中国与世界各地进行了广泛的航海、制瓷、纺织、建筑、种植等方面的技术交流，中国从世界各地获得了新的科技与物产，也将本国先进的科技水平传播到世界各地，共同促进了世界文明的发展。

在航海技术方面，中国在古代很早就利用天文知识和星象来确定海上的方位，至元明时期发展为"牵星术"，即通过观测北极星的高度来确定地理纬度。中国从北宋时期发明了指南针和航海罗盘并广泛运用于航海活动中，它很快通过海上丝绸之路沿线不同人群的传递，传播到印度洋地区，再通过阿拉伯商人传到欧洲，为15世纪西欧的海上探险家们开辟新航路、发现新大陆提供了关键的导航技术。此外，中国人掌握的造船技术领先世界，很早就能造出大型的海船，并发明了水密隔舱等关键技术，这被视为中国对世界造船技术发展的杰出贡献。英国科技史学家李约瑟曾指出，欧洲造船技术在18世纪后期，才开始充分认识到中国的水密舱壁实践，并加以采用[①]。

在制瓷与纺织技术方面，由于海上丝绸之路的开通和海路运输的优势，瓷器一直作为中国出口的大宗货物被输送到世界各地，它不仅改变了人们的生活习性，也对当地人的生产、生活产生深刻影响。为此，世界各地也纷纷从中国学习制瓷技术，它们或派工匠到中国学习，或从中国引进工匠或技术。据有关资料，朝鲜在10世纪初即能够仿造越窑、汝窑青瓷，日本在宋朝和明朝期间都曾派人来中国学习瓷器制作技术。11世纪中国的制瓷技术传到波斯和阿拉伯，15世纪又传到意大利及欧洲其他国家。此外，丝绸作为海上丝绸之路的代表性货物，在中外贸易中占有举足轻重的地位。唐宋以后，随着丝绸出口的增多，养蚕缫丝与纺织技术也逐步向外传播，纺织工人渡海出洋，也促进了日本、东南亚等国家的丝绸技术的发展。而国外的一些狮子纹、连珠纹、大洋花图案元素的传入，也为中国的纺织技术提供了新的灵感。

在建筑营造技术方面，伴随宗教的交流，印度的佛教建筑、雕刻艺术等也传入中国，并与中国文化结合形成中国独特的佛教建筑风格，印度原有的佛塔等建筑形式传入中国后与本土的木结构殿堂建筑相结合，产生了楼阁式佛塔、佛殿，广东保留至今的光孝寺、南华寺、国恩寺、华林寺等即是优秀代表。同时，随着佛教沿海上丝绸之路继续东传，中国的佛教建筑风格也传到日本、朝鲜半岛等地，并得到进一步发展，最终形成自成体系的东亚佛教建筑风格，如日本奈良唐招提寺，韩国庆州的佛国寺等，

---

① 朱杰勤. 中国航海史研究的回顾和展望. 海交史研究, 1989 (2).

在寺院格局、建筑形式各方面都与同期的中国佛寺一脉相承[①]，日本奈良东大寺佛殿与潮州开元寺的天王殿几乎一样，或许具有一定的师承关系。

在种植技术方面，海上丝绸之路的发展为各地不同的物产提供了交流与交易空间，不同地区的物种进行流动的同时，也促进了种植技术的交流。中国目前大量种植的番薯、玉米、花生、土豆等农作物，都是外来物种，一些植物，从其名称来看都可以判定是外来产品，如番茄、番石榴、西洋菜、高丽菜、西洋参，等等。这些外来农作物通过海上丝绸之路从国外引进后，经过不断实践和改良，最终适应了国内的气候和土壤，成为造福百姓的日常食物。如明万历十年（1582年）广东东莞虎门人陈益到安南（今越南）经商时，当地人用甘薯招待他，陈益通过酋长仆人取得薯种，带回国内，念其来之不易，先种于花台，结得薯块，起名为番薯[②]。成功后，在小捷山其祖父陈莲峰墓的右方买地三十五亩进行扩种和推广，成为中国最早种植番薯的地方之一，在中国农业发展史上具有重要意义。

四、艺术交流

由于大量行销海外，中国的瓷器在国外也被海上丝绸之路国家制瓷业竞相模仿。如朝鲜半岛的高丽青瓷吸收了越窑和龙泉窑的艺术；明末清初由于战乱，外销瓷来源几乎断绝，而欧洲人又急需购买景德镇瓷器，为此，日本的伊万里窑便大量模仿景德镇瓷器的造型、纹样，生产景德镇瓷代替品投放欧洲市场。17到18世纪，欧洲的许多国家也掀起了仿制中国瓷器造型与装饰艺术的热潮。另外，为迎合海外市场的需要，中国明清晚期的外销瓷也在产品设计上有意识地吸收外来元素，有时甚至根据订制需求，直接采用外来样式和图案进行加工，这方面最典型的是广彩。得益于一口通商和中国瓷器在世界畅销，广彩瓷出口量亦不断扩大，生产迅速发展，当时广州商行为迎合欧洲人喜好，为来华商舶专门定造釉外彩之五彩或三彩瓷器，其素瓷多由景德镇烧成运到广州后，广州商行乃依欧洲人之习惯及时尚，有时专用欧洲人之稿本或军团之军徽，其花纹全属欧化，有时花纹半中半西，有时习以中国画谱，由广州之瓷画手以珐琅彩及泥金，绘画于素瓷上，炉烧而成釉外五彩或三彩，供给欧洲商船。

受惠于海上丝绸之路文化艺术的频繁交流，中国的山水审美意识和山水风景题材

---

① 郭湖生. 东亚建筑研究的现状与前瞻. 东南大学学报，1999（2）.

② 刘迎胜. 话说丝绸之路. 合肥：安徽人民出版社，2017.

作品传到国外，影响了海外一些国家和民族的造园艺术和审美艺术，如日本、越南、朝鲜半岛受"西湖景观"的影响，很多园林都采用堤岛格局和西湖景观造景艺术，一些景观名字也采用中国传统命名方式，越南河内西湖则直接以西湖命名①。此外，中国的山水审美艺术不仅受邻近地区推崇，影响还远及欧洲，一些欧洲的富商甚至直接从中国定制假山石头，在自家庄园中仿造江南古典园林。

第五节　小　　结

文物一般包括历史、艺术、科学、文化和社会五方面的价值，海上丝绸之路作为一条典型的文化线路，其价值除了普遍意义的文物价值外，更具有其独特的文化线路遗产价值。根据《文化线路宪章》确立的"背景"、"内容"、"作为整体的跨文化意义"、"动态特性"和"背景环境"五方面价值构成要素，在分析了国内外现有的文化线路案例基础上，本章从文化线路的视角对海上丝绸之路广东段的价值构成进行了系统梳理，总结了文化线路的整体、功能、交流三大价值体系。

文化线路的整体价值突出表现为其整体价值永远都大于个体价值的总和，构成文化线路的每一类史迹，如不是放在海上丝绸之路的大背景下，虽然其本身也具有价值，但缺少了海上丝绸之路赋予的整体价值，其单体价值要大打折扣。海上丝绸之路作为一项非常特殊的文化路线，是一个海洋交通路线，属于线路特征最不明显的一类，其主要的联系方式是港口和港口城市上的相关设施，遗留下来的物质文化遗产更多的是呈现"点"的特征，而非"线"的特征，须通过沿海的"点"和海底的沉船串联起线路。而一些看似不起眼的史迹点，放在海上丝绸之路的框架下讨论，对线路整体却有突出价值和贡献。此外，非物质要素在文化线路遗产认定中具有重要意义，是理解文化线路的相关遗产价值的重要补充。文化线路强调的是整体价值，在其物质形态上残缺的部分，其真实性存在和整体价值可以通过非物质形态层面追溯出来②。

文化线路的功能价值突出表现为线路所承载的各种本身功能和衍生功能，就海上丝绸之路而言，其形成的最初目的就是货物贸易，但在两千多年漫长的发展过程中，除了维持它原有的贸易功能外，还衍生出交通功能、信仰功能、政治功能、军事功能等其他功能。

---

① 陈明松. 中国风景园林与山水文化论. 中国园林，2009（3）.

② 单霁翔. 关注新型文化遗产：文化线路遗产的保护. 中国文物科学研究，2009（3）.

文化线路的交流价值是区别于其他文化遗产和交通道路的最主要特征，海上丝绸之路文化线路的交流价值特征非常突出。以宗教和民间信仰传播为主的文化交流，使广东成为世界主要宗教的汇聚之地，并带来了多元文化的融合与创新；以航海、制瓷、纺织、建筑、种植为主的科技交流，使中国从世界各地获得了新的科技与物产，也将本国先进的科技传播到世界各地，共同促进了世界文明的发展；以建筑艺术、外销瓷艺术、审美艺术为主的艺术交流，形成了中国与外国相互学习对方艺术审美和模仿对方装饰艺术的盛况。

此外，作为一项大型文化线路，海上丝绸之路形成的背景与环境十分广泛且复杂，线路沿线的自然景观、人文环境等，都对文化线路的认定和价值评估有着重要影响。广东沿海具有优越的自然条件和季风、洋流的气候条件，拥有辽阔的海岸线和优良的港口，具有悠久的商业贸易和接纳外来文明的文化传统和历史背景，凭借便捷的内陆交流和广泛的经济腹地等天然优势，使之成为中国古代海上丝绸之路对外贸易和人文交流千年不衰的区域。

以上是从文化线路的视角对海上丝绸之路史迹的价值进行的分析。传统的文物价值评估，主要包括历史、艺术、科学、文化和社会价值五方面，对于广东的海上丝绸之路文物价值来说，这五方面的价值基本涵盖在上文的文化线路价值体系之中（详见表4-2　海上丝绸之路的文物价值与文化线路价值的对应关系表），固不再赘述。只不过文化线路关注的价值侧重于文物的文化和科技交流，强调的是作为线路的整体价值和功能。

第五章

广东海上丝绸之路史迹的保护管理与利用策略

文化遗产是祖先创造并留给子孙后代的不可再生历史文化资源，是一个国家、一个民族甚至全人类的共有遗产，是国家和民族的根基和灵魂。中国是世界上历史最悠久的国家之一，文化传统不曾中断。保存至今的大量文物古迹，是中华民族生生不息的印记，是中华五千多年文明史的见证，也是传统文化可持续发展的基础。

海上丝绸之路史迹作为中国文化遗产的重要组成部分，见证了两千多年来中华民族与其他国家的对外贸易和友好交流，这些遗产资源是在历史的长河中慢慢积累起来的，非常宝贵而又脆弱。在中国城镇化快速发展的历史进程中，如不及时加强保护和有效利用，有些可能消失得特别快，而这些宝贵的遗产"一旦被毁，便覆水难收，就将永远失去，再难恢复"[①]，因此，有必要对广东海上丝绸之路史迹的保护、管理和利用现状进行一个综合评估，并在此基础上提出加强遗产有效保护与合理利用的措施与建议。

第一节　广东海上丝绸之路史迹的保护管理现状评估

广东海上丝绸之路史迹的保护管理现状可以从法律法规保障体系、管理体制与机制、自然与人为影响因素等几方面进行评估。

一、法律法规保障体系

中国近代的文物保护观念和方法开始于20世纪30年代。中华人民共和国成立以后，在有效保护了一大批濒于毁坏的古迹的同时，形成了符合中国国情的保护理论和指导原则[②]。1982年11月，第五届全国人大常委会第二十五次会议通过并发布实施《文

---

① 单霁翔. 文化遗产保护与城市文化建设. 北京：中国建筑工业出版社，2009：23.
② 国际古迹遗址理事会中国国家委员会. 中国文物古迹保护准则（2015年修订）. 北京：文物出版社，2015：1.

物保护法》，建立起文博事业的法律基础。当前，我国基本形成以《文物保护法》为核心，以行政法规为支撑，以各种规范性文件和行业标准为基础的文物保护法律法规体系。据不完全统计，目前中国现行有效的文物法律法规文件总量已经达到了600多件，与海上丝绸之路史迹保护管理相关的法规与文件主要体现在以下几方面。

1. 国际公约和文件

中国自1985年以来，相继参加了《保护世界文化和自然遗产公约》（1972年通过）、《保护和促进文化表现形式多样性公约》（2005年通过）、《关于被盗或者非法出口文物的公约》（1995年通过）等。此外，一些国际性遗产保护文件也对中国遗产保护有指导意义，如《威尼斯宪章》（1964年通过）、《佛罗伦萨宪章》（1982年通过）、《文化线路宪章》（2008年通过）、《文化遗产阐释与展示宪章》（2008年通过）、《奈良真实性文件》（1994年通过）等。

2. 国家法律法规和部门规章

《文物保护法》是中国保护文物的专门法律，也是国内文化领域的第一部法律，自1982年公布实施以来，历经多次修改完善。它是中国贯彻依法治国方略、全面加强文物保护法治建设的基础和保障。依据《文物保护法》，我国制定的行政法规有《中华人民共和国文物保护法实施条例》（2017年修订）、《历史文化名城名镇名村保护条例》（2017年修订）等；发布的部门规章和技术标准规范有《文物保护工程管理办法》（2003年施行）、《世界文化遗产保护管理办法》（2006年施行）、《全国重点文物保护单位保护规划编制要求》（2004年施行）、《中国文物古迹保护准则》（2017年修订），等等。

3. 地方性法规

根据国家有关法律法规精神，广东省和省内各地结合本地文物保护工作实际，也制定并公布了一批文物保护的地方性法规，如《广东省实施〈中华人民共和国文物保护法〉办法》（2008年施行）、《广州市文物保护规定》（2020年修订）、《广州市历史文化名城保护条例》（2020年修订）等。此外，还有一些专项的地方性法规，如针对海上丝绸之路史迹丰富的特点，同时配合开展申报世界文化遗产工作，广州市政府于2015年12月公布了《广州市海上丝绸之路史迹保护规定》，江门市政府于2016年8月公布了《江门市海上丝绸之路文化遗产保护办法》，这两部地方性法规针对性十分强，对当地海上丝绸之路的认定、保护、管理与研究起到了十分积极的作用。

二、管理体制与机制

管理体制与机制是文物管理的基本内容，涉及范围非常广泛琐碎，这里重点评估现行的文物管理模式、文物的保护级别、文物的保存现状及保护措施等内容。

（一）现行文物管理模式评估

我国对文物的保护实行属地管理、分级负责的行政管理体制。因海上丝绸之路史迹在文物管理的分类中属于不可移动文物范畴，在此重点讨论不可移动文物的管理模式。管理模式即根据各个不可移动文物的不同情况而采取的相应管理方式。因不可移动文物包括四个层次，级别较多，具体情况又千差万别，因而管理的模式、管理的成效也不可避免地会存在一些差异。综合各地实践，目前广东省海上丝绸之路史迹采取的管理模式主要有如下几种。

（1）机构管理模式。即针对某一文物保护单位建立专门的保护管理机构，实施有效的保护和管理，最常见的是依托重点文物保护单位成立博物馆、纪念馆，它们有独立法人和完整的部门设置，负责对文物保护单位进行维护、修缮、藏品保管、宣传陈列和科学研究等工作。这是对文物保护单位的最佳管理方式，但限于机构设置和人员限制，一般也只有极少数非常重要的文物保护单位才能成立这样的管理机构，如南越王博物院、广州海事博物馆。

（2）直接管理模式。即由当地的文物管理部门对不可移动文物进行直接的管理，这种模式当前比较多用于地面无明显标志的古遗址、古墓葬等。根据本次广东海上丝绸之路史迹调查的430处史迹数据，属于古遗址的有170处，占到总数的40%；属于古墓葬的有16处，占总数的近4%；两者共占总数的近44%，接近一半。在这个数量当中，级别较高的文物保护单位，按照《文物保护法》的相关要求，必须设置保护管理机构，但由于这些史迹点无具体的使用单位或使用者，一般由文物部门对保护单位进行监督或管理，或由文物部门直接聘请专人，专职或兼职作为文物管理员，进行日常管理看护，定期向文物部门汇报情况，遇有紧急情况立即报告。

（3）间接管理模式。即不可移动文物由非文化文物系统的其他部门或单位管理的一种模式。根据中国现行文物保护的相关规定，文物的权属不因文物的级别而改变。因此，大部分文物因产权和管理权不在文物部门，由使用单位或部门与文物管理部门签订使用合同或协议，明确保护责任与任务，并指定相关责任人作为文物保护的负责人。由于我国现行管理体制的历史原因，很多文物保护单位涉及众多部门，权属关系比较复杂，因而在不可移动文物的各种管理模式中，该模式占据有相当比例。特别是海上丝绸之路史迹涉及大量宗教建筑及遗迹、庙宇建筑，这部分文物的权属基本不在文物部门，根据本次调查的430处史迹数据，属于寺庙祠堂的建筑有195处，占到总数的近45%，数量相当多，其中宗教建筑及遗迹的权属多在宗教部门，海神祭祀建筑的产权多属村民集体所有。

（4）无人管理。前面提到，本次广东海上丝绸之路史迹调查的古遗址和古墓葬总数有186处，占总数的43%，接近一半。在这个数量当中，一般只有已经公布为各级文物保护单位的史迹会按照《文物保护法》的相关要求指定相关管理机构进行直接管理，但对于大多数尚未核定公布为各级文物保护单位的不可移动文物，甚至还有部分只是登记线索点，按照现行的实际情况，是处于无人管理的状态，一些古窑址、古驿道、古码头、水下遗址等，名义上是国家所有，实际工作中可能没有特定的单位或机构对其进行日常的管理。

（二）文物保护级别评估

从本次调查收录的430处广东海上丝绸之路史迹来看，全国重点文物保护单位24处，约占总数的6%。其中，港航设施5处，生产设施2处，交流设施11处，海神信仰设施1处，其他设施5处。

省级文物保护单位44处，约占总数的10%。其中，港航设施6处，生产设施9处，交流设施13处，海神信仰设施4处，海防设施8处，其他设施4处。

市县级文物保护单位110处，约占总数的26%。其中，港航设施16处，生产设施12处，交流设施24处，海神信仰设施34处，海防设施19处，其他设施5处。

其他属于登记不可移动文物和相关史迹点共252处，约占总数的59%。其中，港航设施28处，生产设施75处，交流设施14处，海神信仰设施104处，海防设施19处，其他设施12处。

总体上看，调查的430处史迹点文物保护级别从高至低呈金字塔形，这是与中国实行文物保护分级管理制度基本吻合，但总体上文物保护级别的层级不高，部分有重要价值的史迹未被公布为更高级别的文物保护单位，这与广东作为海上丝绸之路发祥地的地位不符。按照上面论述的中国现行不可移动文物管理模式，登记不可移动文物很多处于无人管理状态，相关保护措施和监督难以执行，登记不可移动文物消失和损毁的速度比较快。而未列入文物名录的史迹点，长期游离于《文物保护法》保护之外，其保护状况更是岌岌可危，容易受到破坏。

（三）文物保存现状及保护措施评估

海上丝绸之路史迹遵照"不改变文物原状"和"最少干预"的原则实施保护，主要措施包括日常保养和维护、现状修整、防护加固、重点修复等，同时编制和执行保护规划，加强对组成部分的管理力度，以及对表面风化、结构变形等病害进行监测等。目前，省级以上的文物保护单位保护状况相对良好，而市县级文物保护单位和登记不可移动文物，很多还没有建立健全相关保护措施，部分文物点因地处荒郊野岭，有些无人问津、有些缺乏管理、有些破旧不堪，亟待相关部门重视并加强管理修缮。以下各选取文物类型较多的海港码头、窑址和海神信仰建筑三个典型例子说明相关问题。

1. 徐闻二桥遗址

徐闻二桥遗址位于广东省徐闻县南山镇西南一处呈小半岛形的海岬上，地处海滨，受台风海潮影响较大；遗存的地下部分处于较好的自然保存状态，但多为村落建筑占压，农田改造、土地耕作、建筑开荒和取土等人为因素破坏了文化土层和历史文化生态，致使部分汉代遗址台基裸露；另有部分遗存经过考古发掘已实施了回填保护。此外，当地政府前些年在遗址周围建设了大汉三墩旅游景区，开辟道路，营造了不少现代景观，对遗址和周围环境也造成了一定破坏。

当地文物部门对汉代二桥遗址进行了全面普查、建立了资料档案，并委托科研机构编制保护管理规划。1990年和2000年先后发布《关于公布徐闻县第二批重点文物保护单位的通知》《关于保护汉代海上丝绸之路始发港遗址的通告》，把古港遗址列为县重点文物保护单位，划定保护范围，树立标志。2015年，徐闻二桥遗址被广东省人民政府公布为第八批广东省文物保护单位。

2. 雷州窑窑址群

雷州窑窑址群主要分布于雷州半岛中部，该地区大部分未进行开发，窑址大部分处于自然保存状态，未受到严重人为破坏。部分窑址在20世纪80年代曾进行过考古发掘，已进行回填保护。除少部分遗址因水土流失或人为取土破坏，现遗存的150多座遗址及周边历史环境保存较好。

当地文物部门对雷州窑窑址群进行了全面普查、建立了资料档案，2002年，广东省文物考古研究所与湛江市博物馆、雷州市文化局合作对雷州半岛的窑址进行了一次全面调查，并出版了《雷州窑》一书。150多座雷州窑遗址除少部分公布为文物保护单位外，一部分为登记文物点，大多数处于无保护状态。旧洋、余下、茂胆、新埠、下山井、东港仔六处较有代表性的雷州窑窑址于2015年被广东省人民政府公布为第八批广东省文物保护单位。

3. 柘北天后宫

柘北天后宫位于广东省潮州市饶平县柘林镇柘北村，始建于明代，于清康熙年间和1986年两次重修，现遗存主体为清代建筑。天后宫坐东向西，二进二廊格局，门前有石牌坊1座；通面宽10米，进深16米，占地总面积约240平方米；硬山顶，灰瓦屋面，夯土抹灰墙，木瓜抬梁构架。前埕正中建造一座四柱三门的石牌坊，柱联分别用正楷、草、隶、行四种字体阳刻。石雕、木雕、彩画和嵌瓷装饰较为丰富。南北侧有水井二口，当地人称为"龙井"、"虎井"。作为柘林港的重要组成部分，柘北天后宫基本结构保存完好，体现潮州地区清代妈祖信仰建筑的特点，但由于后期维修过多采用现代材料，致使原状有所破坏，历史信息保存不佳，这是广东沿海的海神信仰建筑中存在的普遍现象。1988年公布为饶平县文物保护单位。

三、自然与人为影响因素评估

由于海上丝绸之路史迹大部分处在沿海地区，加之广东地区台风、暴雨等自然灾害较多，文物受自然的影响较为明显。人为方面的影响则主要有人类生产生活、城乡建设和旅游开发等活动。

（一）自然灾害和自然因素影响

台风、暴雨是目前各组成部分面临的主要灾害威胁因素。广东省处于东南沿海，属亚热带海洋性季风气候区，在夏、秋季多发台风。台风和暴雨对遗产带来的直接破坏是对建筑外部构件的损害，加重其自然残损，并造成渗漏等。

因为特殊的地理环境，广东可以说是全国受台风影响最多的省份，每年登陆广东的台风有3—7个，数量居全国之首。由于海上丝绸之路史迹大部分处在沿海地区，台风、暴雨的影响就更为明显，历史上广东沿海的众多码头遗迹现已无从寻觅，也与海边常年受台风的冲击影响很大有关。同时，持续的台风和暴雨还容易引起周边山洪暴发等次生地质灾害，对处于山区的遗产会造成更大的威胁，如位于中国大陆最南端的徐闻县，三面环海，台风袭击多集中在每年的7至10月，平均每年有4个左右，正面登陆徐闻的次数较多。台风带来暴雨，容易引起积水。台风、暴雨对徐闻二桥汉代遗址台基区的安全构成威胁。

由于春季降水会偶尔呈酸雨状态，这些环境因素会加重碑刻、造像、建筑或遗址石构件等表面的风化。由于广东雨水充沛，地下水位高，也导致部分遗址和建筑基址常年受地下水渗漏的威胁。例如，作为交流设施重点遗迹的怀圣寺光塔，由于塔原始入口地坪低于现状地坪1.5米，低于市政排水标高，积水难以通过地下管道直接排向市政排水系统，导致塔基常年泡在水中，对建筑安全造成巨大危害，近年已观测到塔身有所倾斜。

此外，部分遗址位于海边沙滩上，面临着更大的保护难题。例如，上川岛的大洲湾遗址，其遗产区和缓冲区大部分为海滩，并延伸进大海，几十年海岸线的变化（30年前海岸线还距离今天位置50米远），原来的岸地变成海洋，每天的潮起潮落，海水浸泡，遗迹面临着随时消失的危险。

（二）人类活动和城乡建设影响

海上丝绸之路史迹主要分布在沿海发达城市，随着中国近年来经济的快速发展，沿海城市正经历着快速的城市化与现代化建设，面临着很大的发展压力。主要体现在城乡发展和建设开发对各组成部分景观视廊及周边环境风貌的影响。

在中国经济蓬勃发展、不断推进城市化进程的大背景下，城市周边相继建设了一定数量与遗产要素风貌不相协调的民用、商用建筑，使得原有组成部分景观视廊及周边历史环境风貌均发生了一定程度的改变。

在实际工作中，文物保护让位于城市建设的例子也不鲜见。始建于清雍正元年（1723年）的锦纶会馆，是旧广州纺织业（即锦纶行）的老板们聚会议事的场所，见证了中国资本主义的萌芽，是广州唯一幸存的行业会馆。1920年，当时民国政府要将会馆收入公产，孙中山先生获悉后，立即做出批示要"永远保留"。2001年，广州修建南北主干道康王路，锦纶会馆却成了工程的"拦路虎"。几经论证，广州市政府进行了国内首例连地基完整平移文物，移动面积达668平方米，重2000吨。作为广州市唯一保留较完整的清代行业会馆，锦纶会馆是中国资本主义萌芽的历史见证，是海上丝绸之路的重要遗迹，是"十三行"对外贸易的重要物证，见证了中国纺织行业及丝织品出口曾经有过的辉煌，但由于文物原状改变，其真实性和完整性受到了影响，使得这一处海上丝绸之路史迹点的史迹价值大打折扣。

人类日常生产活动也对文物史迹带来破坏，特别是众多窑址多分布于乡村农田或山林坡野，受人类耕种和造林影响较大。位于江门新会的官冲窑场遗址此前考古勘探、发掘的探方和探沟回填后，现为耕作农田林地，新发现的遗物点也多在耕作区，在人为耕种、生产建设的破坏下，遗址面积正逐年缩小，时刻面临被破坏的危险。

此外，由于很多史迹点位于老城区，在城市变迁和现代化建设过程中，文物受周边历史环境风貌影响较大。例如，作为重要宗教文化交流场所的广州光孝寺，东邻居民小区和海珠北路，民居建筑多为4至9层，建筑立面破旧、霉变，私搭乱建雨棚的现象比较严重；南邻净慧路和光孝路，南门东侧有净慧市场，而市场排烟道直对光孝寺，威胁文物本体安全；净慧路和光孝路两边建筑外立面私搭乱建，商铺密集，广告牌杂乱无章；而北侧的广州市第一人民医院，建筑高度为13—16层，对文物景观视线有一定干扰。

（三）旅游开发影响

遗产旅游一方面对文化遗产保护有促进作用，通过挖掘遗产的价值和资源，发展遗产旅游业，可以促进当地经济发展，带动相关产业和消费的发展，为遗产地居民提供就业机会，同时通过遗产地旅游门票收入，解决遗产保护与管理的资金问题。

但遗产旅游另一方面又会对文化遗产保护产生负面影响，一些地方在进行旅游开发时，片面追求经济效益，忽视了遗产的代际传承，开发措施不当，导致旅游发展与文化遗产保护的矛盾日益突出，文物保护与经济和旅游的协调发展成为亟待解决的问题。随着城镇化发展进程的加快，一些地方拆旧建新、以假替真现象严重，乱建设、乱开发的现象普遍存在，特别是在大规模城市化进程和经济建设中，一些有价值的古遗址、古墓葬、古建筑面临被毁的危险；一些地方和单位在文物保护单位的保护范围或建设控制地带内进行违章建设，破坏了文物保护单位的周边环境及历史风貌。深圳市的全国重点文物保护单位大鹏所城，在2011年世界大学生运动会举办前夕，因为表演场地需要，当地街道办在未经批准的情况下，在大鹏所城的保护范围内兴建北城门楼。

由于广东的海上丝绸之路史迹目前都不算是热门的旅游景区，大部分史迹点未对外开放或者访客量极少，少量已经辟为参观游览场所的重要史迹点的年游客量也不大（表5-1），基本不存在旅游压力。部分位于市区的祭祀和宗教类史迹点近年来游客量逐年有所递增，在已对游客开放的史迹点中，广州的光孝寺、南海神庙、南越王墓游客量较多，存在一定的游客压力。一些遗产点在某个特定时间举办相关活动，会在短时间内造成巨大人流，使文物建筑承受巨大的压力，如作为AAAA级旅游景区的南海神庙，在2014年的游客量共计132万人次，而当年在举行波罗诞庙会当天的游客就达到16.4万人次。作为广州重要佛教圣地的光孝寺，2015年的游客量共计280万人次，但在春节期间，由于香客集中前往上香朝拜，单日的游客量近30万人次[①]。怀圣寺光塔、清真先贤古墓两处遗产虽未完全对外开放，无旅游压力，但在穆斯林重要节日等特定时期内存在一定程度的使用压力。

---

① 参考中国文化遗产研究院2017年编制的《海上丝绸之路·中国史迹管理规划（2016—2035）》。

表5-1 2012—2015年广东海上丝绸之路重点史迹的年游客量统计表①

序号	申报遗产点	游客数量统计（万人）			
		2012 年	2013 年	2014 年	2015 年
1	南越国宫署遗址	11	8	26	28
2	南越文王墓	37	41	40	41
3	光孝寺	200	220	250	280
4	怀圣寺光塔	100	100	100	100
5	清真先贤古墓	150	150	150	150
6	南海神庙及码头遗址	93	117	132	30
7	琶洲塔	—	—	—	—
8	方济各·沙勿略墓园				
9	大洲湾遗址	◎	◎	◎	◎
10	笔架山潮州窑遗址	—	—	—	—
11	宋元时期雷州窑外销瓷窑址	◎	◎	◎	◎

注：表中"—"表示该遗产点未对外开放，"◎"表示该遗产点游客量极少。

此外，随着海上丝绸之路申遗工作的推进，重点遗产的环境景观会逐步改善并完善相关展示设施，加上媒体越来越多地宣传，海上丝绸之路史迹在国内外的影响力会持续扩大，可以预见未来可能会逐渐面临一定的潜在旅游压力，但考虑到海上丝绸之路史迹遗产本身的体量、规模和较分散等特点，总体上具有较强的旅游容纳能力，在可预期的将来，旅游活动对遗产保护的压力仍然会相对有限。

四、广东海上丝绸之路史迹保护管理存在的主要问题

海上丝绸之路史迹是广东省宝贵的历史文化财富，也是世界海上丝绸之路文化遗产的重要组成部分，从以上调查和分析情况来看，广东省的海上丝绸之路史迹保护管理工作还存在一些不足。

1. 基础工作和研究比较薄弱

一方面，广东省海上丝绸之路的学术研究基础相对薄弱，相关海丝史迹点的突出普遍价值尚待进一步发掘和研究，考古调查、勘探和发掘工作还需进一步加强；另一方面，各重点海丝遗产点保护管理状况仍有待提升，有些连最基本的"四有"（即有保

---

① 此表部分内容参考了中国文化遗产研究院2017年编制的《海上丝绸之路·中国史迹申遗文本》。

护标志、有保护机构、有保护范围、有记录档案）工作都没完成，有些亟须增加管理机构和人员力量，有些未完成专项保护规划编制，有些还要进行文物本体保护维修和开展遗产监测等工作。

2. 文物管理体制机制尚不健全

海上丝绸之路作为一个典型的线性文化遗产，遗产尺度大，权属复杂，又跨区域、跨部门，存在多头管理、职能交叉、区域分割、权责不统一等问题，如海上丝绸之路史迹中的海港码头多归海洋交通等部门管理，宗教文物多归民族宗教部门管理，海神信仰建筑多属村民组织或个人所有，由文物部门直接管理的极少，日常工作中文物部门大多未能主动介入遗产的保护与管理。此外，大多数的海上丝绸之路由基层文物部门（县级）管理和代为管理，而当前基层文物行政部门相对薄弱，与日常大量繁重的工作任务不相适应，与文物法治的要求不相适应。文物工作以政府为责任主体、社会参与为基本机制，任何法规政策都需要人来执行，而目前文化文物系统最大的矛盾是行政管理部门不平衡、不规范、不稳定。很多省份在县一级成立有文物保护管理所，承担日常文物保护管理工作，而广东省至今没有一个县成立有文保所，日常工作很多依靠县（区）博物馆来完成。可以说，专业人才队伍编制严重不足、结构不合理，专业基础知识薄弱，现行政策很难吸引优秀人才待在基层，导致基层难以承担文物工作的基本职能。

3. 文物保护层级和力度不够

一是保护层级不高。从调查的430处海上丝绸之路史迹来看，全国重点文物保护单位24处，约占总数的6%；省级文物保护单位44处，约占总数的10%；市县级文物保护单位110处，约占总数的26%；其他的59%属于登记不可移动文物，甚至还有部分未列入不可移动文物范围。未列入文物名录的史迹点，长期游离于《文物保护法》保护之外，其保护状况可以说岌岌可危，容易受到破坏。二是保护力度不够。省级以上的文物保护单位保护状况相对良好，而市县级文物保护单位和登记不可移动文物，大都没有建立健全相关保护措施，很多文物点因地处荒郊野岭，有些无人问津、有些缺乏管理、有些破旧不堪，亟待相关部门重视并加强管理修缮。

4. 文物保护经费投入仍显不足

总的来说，列入国家级、省级的文物保护单位国家和省财政投入较多，保护状况也相对较好，但是对于一些低级别的，尤其是市县级文物保护单位，还有260多处尚未核定公布为文物保护单位的不可移动文物，保护投入很少，很多史迹点保护状况较差。广东经济较为发达地区仅限于珠江三角洲地区，粤东、西、北地区的大部分城乡还相对落后，普遍存在着文物保护经费不足的情况。此外，由于文物经费历史基数低，与现实文物保护需求相比，现有的增长还远远落后于文物事业发展需要，主要表现为静态和动态两方面。从静态来看，一是现有的投入尚不足以满足需求，二是文物底子薄，历史欠账多。从动态看，一是文物总量增大，事业盘子大了，从文物走向文化遗产，文物概念内涵的深化与外延的扩大，意味着保护范围扩大；二是经济转型期，工业化、城市化建设对文化遗产带来前所未有的冲击，保护环境比任何时候都严峻，抢救任务更加繁重，保护成本增加，也导致需求增加；三是目前文物部门所提文物保护需求仅仅是狭义（小口径）的概念，即仅限于现有的文物本体及文物环境的抢救性保护，尚未涉及科学研究与应用、人才培养、文物资源的合理开发利用等事业发展能力建设需求[①]。

5. 文物安全形势不容乐观

从前面分析的文物影响因素来看，除自然因素外，人为因素的影响越发显著。一方面，随着经济的快速发展和城镇化步伐的推进，一些地方重视经济利益，轻视文物保护，在基本建设过程中以权代法、以言代法的行为屡有发生，破坏文物的现象仍时有发生。一些建设单位没有依法配合文物部门进行文物考古调查、勘探和发掘工作，致使部分有价值的古墓葬、古遗址被毁坏；在旧城改造和新农村建设过程中，一些有价值的历史文化街区、传统村落、历史建筑面临拆真建假、拆旧建新等建设性破坏行为。另一方面，业界、媒体、公众、专家、民间组织等对文物保护的关注度持续高涨，社会的期望也越来越高，与文物保护有关的事件容易引起社会高度关注。

第二节　广东海上丝绸之路史迹的利用现状评估

本节主要讨论广东海上丝绸之路史迹当前在利用工作中的基本情况，根据海上丝绸之路史迹的主要类型重点探讨遗产利用的特点、方式和存在的相关问题。

一、文化遗产的利用问题

文化遗产的利用问题一直与保护问题相伴而生，保护与利用不是一把双刃剑，而是相互促进相得益彰的关系，保护是为了更好地发挥文物的价值，而利用得当则能更好促进文物的保护。

---

① 叶春. 文物事业：经费的支撑与约束. 中国文物报，2007-07-13.

（一）文化遗产利用工作的回顾

国际上对文化遗产的利用工作，其发展经历了很长的过程。直到20世纪80年代，文化遗产利用作为一种保护和利用的具体方式，受到国际社会普遍关注。文化遗产利用问题在中国也不是一件新鲜事。1949年以来，利用一直是文物保护工作中极其重要的一部分，即"'一保二用'或者'保是前提，用是目的'"（罗哲文）。2002年修订的《文物保护法》确定了"保护为主，抢救第一，合理利用，加强管理"的"十六字方针"，"合理利用"以法律的形式得到明确。过去30多年，在改善了许多重要文化遗产保存状态的基础上，中国对一些具有较高历史、艺术和科学价值的建筑遗产开展了多种形式的再利用工作，主要将其用作博物馆或者作为旅游景点向公众开放。这些再利用工作在发挥教育功能，提高民众素质，推动经济发展，促进文化繁荣等许多方面，取得了良好的社会效益和一定的经济效益[①]。

近年来，国家层面不断加大对文化遗产利用工作的推动和顶层设计，力度空前。2013年7月，国家文物局在天津召开了"海峡两岸及港澳地区建筑遗产再利用研讨会"，海峡两岸及港澳地区的专家、学者和管理者参加了会议。2014年5月，国家文物局召开座谈会专题聚焦文物合理利用工作。2016年3月，国务院印发了《关于进一步加强文物工作的指导意见》（国发〔2016〕17号），其中第五部分专设"拓展利用"专章，以六条具体意见推进文化遗产利用工作。此后，国务院办公厅又转发文化部等部门《关于推动文化文物单位文化创意产品开发的若干意见》，国家文物局印发《关于促进文物合理利用的若干意见》，作为相关配套文件。需要指出的是，在2022年7月召开的全国文物工作会议上，提出了"保护第一、加强管理、挖掘价值、有效利用、让文物活起来"的工作方针，文物的活化利用工作被提到了空前高度。

广东省对文化遗产的保护和再利用过去主要是以政府投入为主，尤其是国有建筑遗产的保护和利用，长期以来主要靠"吃皇粮"，一方面为保护传承这些丰富的文化遗产，政府每年都投入大量的资金，财政压力很大；另一方面这些历史建筑长期闲置，未能"用起来"，难以充分发挥其应有的文化和历史效益。为走活文化遗产再利用这盘棋，近年来，广东各地从创新机制方面寻求突破，在传统与现代、改造与保护、继承与创新之间反复权衡与推敲，不断探索文化遗产合理利用的新途径、新方法，总结了一些模式，积累了一些经验。

① 国家文物局. 海峡两岸及港澳地区建筑遗产再利用研讨会论文集及案例汇编. 北京：文物出版社，2013：3.

（二）文化遗产利用工作的原则

文化遗产的利用工作是一项复杂的系统工程，需要认真对待、妥善处理、大胆探索、谨慎而为，为此，在实际工作中需要坚持一定的工作原则。

一是要坚持适度合理原则，可持续性利用文化遗产资源。在保护与利用的关系上，应坚持保护优先，利用的前提和基础一定是保护。合理的利用可以实现更好的保护，甚至可以成为保护的手段。

二是要坚持公益优先原则，发挥遗产的公共文化服务和社会教育功能。正确处理社会效益与经济效益的关系，坚持公益优先，将社会效益放在遗产利用工作的首位，实现利用成果社会共享。遗产利用的形式、内容等都不能违背公民教育的准则和社会道德的底线，更不能将遗产变成只为私人或某个特殊群体服务。

三是要尊重历史与传统原则，维护遗产历史上延续至今的功能和用途。遗产本身具有鲜明的多样性，年代不同，功能不同，所在位置不同，保存状况不同，客观上的多样性特征就决定了文化遗产利用也一定是多样的，不能一刀切，强求一律，而应该尊重遗产历史和传统的功能及用途，制定适合不同遗产的利用方案。

以上是文化遗产利用工作要坚持的原则，对于广东海上丝绸之路史迹的利用工作也是适合的，应该成为利用工作需坚持的原则。

二、广东海上丝绸之路史迹的主要利用现状

广东海上丝绸之路史迹的利用问题虽然与整体文化遗产的利用有共性问题，但因类型的独特性，其文物利用的模式和方式又具有鲜明的特点。

（一）主要类型及利用特点

虽然广东海上丝绸之路史迹的文物类型涵盖了《文物保护法》规定的几乎所有五大类型，但通过对本次调查的430处史迹类型分析来看，主要集中在古建筑和古遗址两大类，而古建筑又以宗教及信仰建筑（在此笔者将宗教建筑与民间泛神信仰建筑统称为宗教及信仰建筑）为主。这里，除传统的五大宗教史迹外，海神信仰建筑（即天后宫、洪圣庙等）属于民间泛神信仰，有些地方在归类上将其归属宗教建筑，有些地方又将其分之为泛神信仰建筑[①]。经统计，信仰建筑合计有195处，占到总数的45%；古

---

① 这方面可参考广东省文物局：《广东文化遗产——古代宗教与泛神信仰建筑卷》，广东旅游出版社，2015年。

遗址主要有窑址、军事设施遗址、桥梁码头遗址等，共170处，占到总数的40%；信仰建筑和古遗址两者合计占数的85%，基本代表了广东海上丝绸之路史迹的绝大部分类型。为此，本书以这两大类型为主讨论广东海上丝绸之路史迹的利用问题。

1. 宗教及信仰建筑

宗教及信仰建筑主要包括寺、庙、教堂、观、庵等类型建筑，还包括民间泛神信仰建筑，因中国的宗教及信仰建筑有着浓郁的本土色彩和地方民族特色，可以说最能够反映当时建筑文化的水平，且不同历史时期都非常重视保护和使用，因此，它们是当地乃至全人类共享的文化财富。

作为不可移动文物的宗教及信仰建筑因其特殊的功能性承载了丰富的历史信息，具有重要的史证价值。一般来说，宗教及信仰建筑具有功能和历史意义的延续性，因此在保证安全性的前提下应该延续其原有功能。此外，一些重要的宗教场所，除了延续宗教功能外，还可同时作为博物馆等其他公益性用途，供人参观和游览。

由于宗教及信仰建筑的原有功能较为特殊，在利用中特别需要保证安全性。登记为宗教活动场所的宗教及信仰建筑，应建立和落实文物保护、消防安全、香烛明火、生态环境保护等各项管理措施和规章制度，明确燃香点必须设专人管理，禁止烧高香、成把烧香和在殿堂内等禁火区烧香[①]。对于重大宗教活动、节假日、香会期、节庆活动等燃香旺季和高峰时段，则应做好安全应急预案，加强燃香点现场指导。未登记为宗教活动场所的宗教及信仰建筑，不得进行燃香活动。此外，宗教及信仰建筑应明确禁止作为仓库以及有易燃、易爆、污染、强烈震动的用途[②]。

宗教及信仰建筑的保护与利用应坚持完整性和真实性的原则，利用延续原有功能时，要着重于建筑周边环境的保护和利用，最大限度地发挥建筑的历史价值。在对建筑周边环境进行保护和改造利用时，要充分结合本地文化，体现本土特色，多采用地方材料和工艺，多采用居民熟悉的形象和符号；注重保护和发展地方传统文化，注重环境协调与美丽，能突出反映地方的自然风光、风俗习惯、风土民情等特色文化，保留与当地历史有关的环境与事物，最大限度维持历史的延续性。

应该指出的是，宗教及信仰建筑周围环境的保护与利用是一个渐进式发展的过程，应该采取量力而行、分期分步骤发展的方式，以实现建筑遗产的可持续发展为努力方向，从经济实力出发，制定切实可行、能够起到实际作用的分期计划和分期目标[③]。在

————————

① 关于进一步规范全国宗教旅游场所燃香活动的意见. 中国民族报，2009-07-07.

② 倡导"文明敬香"的有关政策规定. 中国宗教，2014（1）.

③ 刘世锦. 文化遗产蓝皮书：中国文化遗产事业发展报告（2012）. 北京：社会科学文献出版社，2012：97.

实践中宜采用合理的、能够适应多种要求的且具有灵活性的可持续改造方式，从而使宗教建筑及其周围环境处于一种持续的、良性的动态发展过程。

2. 古遗址

古遗址是古代人类各种活动留下的遗迹，它们是构成中国古代文明史迹的主体，年代久远、类型众多、结构复杂、分布地域广阔。特别是城池、楼阙、宫殿、庙宇、街市、里坊等遗址，是历史文化遗产的重要代表，反映了当时城市建设、建筑艺术的水平，也见证了社会变迁和自然变化[①]。

由于古代中国建筑以土木结构为主，这些遗址历经了千年岁月后，地面上的木质结构部分已经荡然无存，保留下来的多是其建筑的基址部分——夯土，以及一些残留的建筑构件，如柱础石、瓦当、铺地砖等。这与西方的以石质材料为主的建筑遗迹有很大的不同，最为突出的就是观赏性的巨大差异[②]。正是由于古遗址总体上可观性差，其文物价值属性决定了它不可能像古建筑一样有非常多样的展示利用方式。在当前经济和技术条件下，古遗址的展示利用方式有直接展示与间接展示两种方式[③]。

直接展示可以分为原址原貌展示、保护性展示（紧贴本体施加保护措施，如人工包贴等）、复原性展示（即在遗址本体覆土保护，覆土之上复原本体）等，应该说，越大型的遗址，在展示中就可能会越综合利用到多种展示方式，如广州的南越王宫署遗址，原址展示、保护性展示、复原展示等各种手段都兼而有之。

间接性的展示是利用现代科技手段，用模拟、图像、三维、影视等手段对遗址进行的复原和形象展示。例如，针对一些外销瓷窑址，因遗址破坏较严重，直接展示的可观性较差，很多就将其在博物馆中利用高科技手段对窑炉形制、结构、出土器物进行间接性的展示。

需要说明的是，无论我们采取什么样的保护方式和手段，我们对古遗址的展示都是有限的，即不可能完全地表达古遗址所承载的历史文化信息。这是因为我们所掌握的资料再多也是有限的，尤其对于一些先秦时期的遗址，年代越久，保留下来的历史信息就越少。

古遗址的保护和利用，应当遵循科学规划、分类管理、有效保护、合理利用的原则，保护古遗址的真实性、完整性、可持续性；坚持既有利于古遗址保护，又有利于经济建设和提高人民群众生活质量的原则。

---

① 郑育林. 古迹遗址的文化形象再现：对古迹遗址展示利用形式的思考. 考古与文物，2009（2）.
② 郑育林. 古迹遗址的文化形象再现：对古迹遗址展示利用形式的思考. 考古与文物，2009（2）.
③ 郑育林. 古迹遗址的文化形象再现：对古迹遗址展示利用形式的思考. 考古与文物，2009（2）.

古遗址中的可移动文物，是遗址的直接证据和载体，是支撑遗址价值的重要组成元素，对于无法通过封闭式原址展示的可移动文物，应该及时地移交给文物部门指定的具有保藏条件的国有博物馆或收藏单位收藏。

　　在古遗址的展示利用中，还必须处理好专家与普通观众对遗址的不同感观和认可。专家往往对于遗址所反映的细节要求全面和深入，对问题要反复研究、商榷，而大众对于其心目中的历史建筑的形象认可与专家是不同的，他们只要求了解历史上建筑的形制、体量、色彩等最为基本的信息即可[①]。历史文化信息的挖掘需要依靠考古学家、历史学家以及文化艺术工作者等专业人群的努力加以实现。

　　除以上两大类型外，古建筑类型中还有少量城垣城楼、桥涵码头、驿站会馆等，有46处；另有古墓葬16处，石窟寺及石刻12处，这些文物史迹的主要特点和利用方式与前面介绍的两大类型可谓大同小异。

（二）主要利用方式

　　文物的利用包括对文物进行历史、艺术、科学的研究，利用文物进行爱国主义教育，发挥其教育和展示作用等许多方面，当然也包括合理利用文物资源创造经济效益[②]。文物利用必须在有效保护的前提下进行，必须始终把社会效益放在第一位。根据文物的价值和功能用途，目前广东海上丝绸之路史迹的利用功能主要集中在公共文化服务和社会教育功能，概括而言，主要有以下几方面的利用方式。

1. 参观游览场所

　　参观游览主要适用于已经开辟为文博场馆和旅游景点的各史迹点，它们大多有完善的管理机构或专职管理人员，如各类博物馆，南海神庙、莲花塔等旅游景区景点。比如依托南越王宫署遗址成立的南越王宫博物馆，2016年接待观众344190人。为了扩大博物馆的影响力，2016年该馆积极推进对外送展工作，打造特色品牌，全年举办活动42场次，公益讲座9场次，同比增幅较大，还为学校、非营利机构和其他团体提供免费预约讲解服务，同时增加了英语和日语的官方简介，为外国游客的参观提供方便。

2. 教育展示场所

　　应该说，所有的海上丝绸之路史迹都具有教育展示功能，它们见证了广东海上丝

---

　　①　郑育林. 古迹遗址的文化形象再现：对古迹遗址展示利用形式的思考. 考古与文物，2009（2）.

　　②　万建怀. 谈文物的保护与利用. 南方文物，2005（4）.

绸之路的历史，是岭南历史的组成部分，对当代和后代都具有教育和展示的意义，只是部分史迹因各种原因，未具备供人参观和亲历的条件。南海神庙积极发挥教育职能，先后被评为广州市爱国主义教育基地、广州市黄埔区爱国主义教育基地、广州市黄埔区中小学爱国主义教育基地、广州市黄埔区青少年综合素质教育基地等，同时与广州市黄埔职业技术学校形成实训基地，充分发挥南海神庙及码头遗址的社会公众教育属性。

3. 宗教场所

海上丝绸之路史迹中有大量的宗教建筑及遗迹，包括佛教、天主教、伊斯兰教等各类寺庙或墓园，这些宗教史迹大都保留和延续了原有的宗教功能，作为信众或教徒开展宗教活动的场所。广州的怀圣寺光塔、清真先贤古墓延续至今一千多年，一直作为穆斯林举行宗教活动的固定场所，在特定的伊斯兰节日中会举办大规模的集会等活动，这两个场所基本不对穆斯林以外的人开放。而一些宗教场所，如众多的佛教寺院，不仅延续了宗教原有功能，同时也对普通大众开放。例如，广州光孝寺、韶关南华寺等大部分寺庙，不仅延续了其作为历史悠久的佛教文化代表寺院的宗教功能，同时也为信众开放寺庙内部、不影响僧人活动的其他区域，使信众体会岭南古刹寺院文化，参与佛事活动、体验禅宗意境。

4. 民俗活动场所

广东沿海地域分布广，由于其人文地理与大海的特殊关系，随之而形成的海神信仰也非常广泛，至今保留了沿袭千年的官方祭祀海神的南海神诞。南海神庙作为民俗场所开放至今，在每年农历二月十一至十三日举行，其中十三日为正诞，也叫波罗诞，即南海神诞，是广东省广州市乃至珠江三角洲地区独具特色的汉族传统民俗节庆活动、最大的民间庙会，也是现今全国唯一对海神进行祭祀的活动[①]，对非物质文化遗产的传承具有突出的意义。相较于南海神诞，妈祖信仰在普通大众中则更为普遍，妈祖信仰作为一种民间习俗，信众遍布海内外，形成了一个庞大的"妈祖文化圈"，对妈祖"敬之独深"，通过妈祖信仰传承着中华民族优秀的传统文化和海洋文化。广东海上作业的渔民和航运的人员较多，民众非常崇拜妈祖，天后（妈祖）庙到处可见，甚至不少群众的香火宅也奉祀天后。广东民间信仰妈祖的活动每年都与福建湄洲岛有同样的氛围，在妈祖的诞辰日，所有崇拜妈祖的村庄都会举行传统的各具特色的上香祈福拜祭妈祖仪式，还有演戏酬神，远嫁他乡的妇女和海上捕鱼的渔船亦会成群结队赶回家。在雷州市杨家镇一带的村庄，每逢"妈祖"生日（农历三月廿三日）的前三天，男女老少

---

① 小叶. 广州特色民俗. 珠江水运，2011（7-8）.

均吃斋，当天多至10万人赶庙会，游妈祖，热闹非凡，迄今未艾。

5. 研究基地

对于一些观赏性差或不具备条件对公众开放的，但又具有较高学术研究价值的史迹点，可充分利用其研究价值作为研究基地。笔架山潮州窑自1953年起，广东省博物馆与潮州文博部门配合，先后清理发掘了十一座窑址，并在原址建立了保护设施，未对外开放，当地博物馆成立了专门机构长期开展潮州窑外销瓷研究。2013年，笔架山潮州窑遗址被列入"国家大遗址"项目，2017年，被国家文物局列入国家考古遗址公园立项项目。当然，很多具有较高研究价值的史迹点也同时作为教育游览场所对外开放，如位于广东省阳江市海陵岛十里银滩的广东海上丝绸之路博物馆，主馆占地面积12288平方米，建筑面积19409平方米，是以"南海Ⅰ号"宋代古沉船发掘、保护、展示与研究为主题，展现水下考古现场发掘动态演示过程的世界首个水下考古专题博物馆，是国家一级博物馆，分别与中山大学、中国文化遗产研究院合作设立中国广东水下文化遗产科技保护基地、中国广东海上丝绸之路文化研究基地、中山大学广东海上丝绸之路博物馆博士后创新实践基地、中山大学人类学系教学研究基地等[①]。

应该说明的是，很多文物保护单位的利用方式不是单一的，有些史迹点可能只有一种利用方式，有些史迹点可能兼具以上多种方式，但是，客观地说，目前广东的大部分海上丝绸之路史迹点还是未得到利用，部分已利用的遗产点仍有较大的提升空间。

三、广东海上丝绸之路史迹利用中存在的主要问题

总体说来，广东海上丝绸之路史迹在利用过程中存在有以下几方面的问题。

（一）部分史迹未得到充分有效利用

中国对文化遗产的保护和利用过去主要是以政府投入为主，长期以来靠"吃皇粮"，一方面为保护传承这些丰富的文化遗产，政府每年都需投入大量的资金，财政压力很大；另一方面这些遗产长期闲置，未能"用起来"，难以发挥其应有的文化和历史效益，造成长期"守着金山讨饭吃"的尴尬局面[②]。

---

① 广东海上丝绸之路博物馆简介. 遗产与保护研究，2016，1（1）.

② 高旭红. 活化建筑遗产　延续城市文脉：以广州市越秀区建筑遗产再利用为例//国家文物局. 海峡两岸及港澳地区建筑遗产再利用研讨会论文集及案例汇编. 北京：文物出版社，2013.

文化遗产活化利用在中国还处于起步阶段，面临很多问题和障碍，大部分遗产的保护和利用还仅仅停留在静态保护的层面，尚未完全实现动态管理和有效利用。一方面展示利用率不高，遗产周边环境恶劣，指示牌和标识不清，没有对外开放，展示方式单一，大都停留在图片展览，展示内容较为陈旧，亮点不多，利用效果不明显；另一方面遗产管理力量普遍薄弱，大部分遗产没有专人管理，研究力量薄弱，对历史资源的研究整理不够深入；此外，由于中国的遗产管理与开放体制分属不同部门，客观上增加了管理难度，容易出现只利用不保护，或只保护不利用的现象。

（二）部分遗产存在过度开发和"保护性破坏"

在城镇化快速发展和市场经济的大潮中，一些地方片面追求经济利益，把遗产当成摇钱树，只关注门票收入，忽视遗产的文化价值和社会教育作用。另外，一些宝贵的历史文化资源闲置，而相反人造景观却泛滥。2014年，广东省文物保护单位国恩寺的管理单位在未经批准的情况下，在保护范围内进行加建门楼等设施，后由当地文化行政部门责令停止；2012年，广州市番禺莲花山粤海度假村未经相应级别文物行政部门批准，在广东省文物保护单位莲花城、莲花塔的建设控制地带内对原旅游区宾馆实施扩建改造，增加了建筑高度、体量，对环境风貌造成一定影响。此外，位于汕头樟林古港的新围天后宫，是在贸易最繁盛的乾隆年间以福建泉州天后宫为蓝本建造的当时广东省最大的天后宫，2014年，当地在原址几乎全部拆除了旧建筑建造了全新的天后宫，仅保留了少量石构件，致使这处久负盛名的广东海神信仰建筑原真性遭到破坏。

（三）海上丝绸之路文化遗产未形成整体品牌

目前广东省内仅有极少数重点海上丝绸之路史迹点开辟为博物馆、纪念馆或参观点，整体海上丝绸之路文化遗产尚未形成品牌和旅游线路，大部分的非重点史迹更是鲜为人知，未加以利用及对外开放，知名度不高，影响力不足，总体利用效率不高，这与广东作为海上丝绸之路发祥地的地位较不相称。此外，由于海上丝绸之路史迹分散于全省各地，尚未进行统一的规划和整合，各地衔接与沟通不足，造成资源分散。部分史迹点因产权、交通、可观性等问题，也限制了其展示和利用的功能。

总之，有效保护文物是合理利用文物的基础，合理利用文物是有效保护文物的动力。当前部分海上丝绸之路史迹还没有形成保护和利用的良性互动关系，提升遗产活化利用水平仍然"路漫漫其修远兮"。

第三节 广东海上丝绸之路史迹的保护与利用策略

文化遗产是有生命的，这个生命包含了许多故事，随着时光的流逝，这些故事慢慢会成为历史，由历史变为文化，长久地留存在人们的心中。保护文化遗产的最大动力是保存文化，而保存文化的根本目的是传承文化①。对于如珍珠般散落全省各地的广东海上丝绸之路史迹，应积极发挥其文物教育与展示功能，让它们成为广东海上丝绸之路发祥地的"金色名片"和岭南文化的"代言人"。

一、海上丝绸之路史迹保护管理的基本思路

文化遗产的保护与管理，在实际工作中应遵循一定的工作思路和原则。这同样也适用于海上丝绸之路史迹的保护管理工作。

坚持真实性原则。历史真实性是文物古迹的灵魂，是评估和确定各级文物保护单位的核心标准，真实性是文化遗产的根本与灵魂。文物保护与利用必须遵守不改变文物原状的原则，真实、全面地保存并延续文物的历史信息和全部价值，重视日常保养，反对大拆大建、拆真建假。

坚持完整性原则。完整性是文化遗产的重要指标，不仅要保护文物本体，还要保存其历史环境风貌。坚持完整性，就是文化遗产及其环境要完善、完整、协调，不遭受破损、不遭到挤占，遗产的环境包括与文物古迹价值相关联的自然及人文景观构成要素，他们应当与遗产本体统一进行保护，并保持其传统格局、历史风貌、空间尺度、视线通廊，同时要重视长远规划，防止因环境的改变造成文物完整性和整体价值的丧失。

坚持有效利用原则。统筹兼顾，开拓创新，坚持文物事业的公益属性，落实公众参与，实现资源共享，始终把社会效益放在首位。同时鼓励各地开展文物利用的探索，文物保护单位和不可移动文物以适当的利用方式融入地方社区的日常生活，广泛动员社会力量参与，从而将文化资源优势转化为经济社会发展优势，使社会公众共享文化遗产保护成果，推进文化遗产事业全面、健康发展。

① 高旭红. 活化建筑遗产 延续城市文脉：以广州市越秀区建筑遗产再利用为例//国家文物局. 海峡两岸及港澳地区建筑遗产再利用研讨会论文集及案例汇编. 北京：文物出版社，2013.

坚持协同发展原则。按照创新、协调、绿色、开放、共享的新发展理念。激发文化遗产事业动力和活力，充分发挥文物资源在传承传统文化、服务城乡建设、促进经济发展、推动社会进步中的作用。同时妥善处理文物保护与经济发展、文物保护与城乡建设、文物保护与人民群众生产生活的关系，促进文物事业与社会环境、自然环境和谐发展。

二、落实海上丝绸之路史迹的各项保护措施

鉴于海上丝绸之路史迹的重要价值，可从以下几方面加强各项保护措施，加大遗产的保护力度。

一是进一步加强对全省海上丝绸之路史迹的调查、研究与资料汇编工作。深入发掘其历史文化内涵，提升对其文化遗产价值的认识，为史迹的保护与合理利用工作创造条件和打好基础。同时针对海上丝绸之路的不同类别开展必要的专题研究、考古调查发掘、勘察测绘等基础工作，对文物的发展脉络、价值特征和文化内涵有较全面、系统和清晰的了解。

二是加紧完善海上丝绸之路史迹的保护措施。按照"保护为主、抢救第一、合理利用、加强管理"的文物工作方针，将广东省重要海上丝绸之路不可移动文物尽快公布为各级文物保护单位，尚未列入保护名录的文物点需尽早由各县级文物主管部门公布为不可移动文物，从法律上赋予其文物身份。同时，加快公布各级文物保护单位的保护范围和建设控制地带，设立文物保护标志牌和说明牌，成立相应的文物保护管理机构，建立永久性的档案资料等。

三是加强文物的维修保养和保护规划编制。对存在安全隐患的各级海上丝绸之路文物要进行全面排查，分清轻重缓急，加快对文物的抢修和日常保养。同时，对重要的海上丝绸之路文物保护单位，尤其是省级以上文物保护单位，可由地方政府委托具有相应资质的文物保护工程设计单位，开展文物专项保护规划编制工作，以立法手段保护好文物本体及其历史风貌，使文物保护单位的日常保护、安全巡查、开发利用等得到可持续发展。

四是构建权责利统一的遗产管理体制。由于海上丝绸之路史迹作为一种文化线路遗产和线性文化遗产，在管理上不仅涉及文物部门，还涉及海洋、宗教、规划等众多部门，不仅涉及一个市一个省，还涉及沿海多个省份甚至与其他国家的合作，现行的管理模式无法适应线性遗产整体保护的需要。这需要在国家层面进行有效的协调与配合，如成立线性文化遗产管理委员会或省部际联席会议制度，统筹全国的跨区域线性

遗产；也可以参考长城的管理模式，出台统一的法规（如《长城保护条例》），在统一的政策和指引下，采取整体保护，分段分区域管理的模式。

五是建立健全各级政府文物保护工作经费保障机制。根据《广东省实施〈中华人民共和国文物保护法〉办法》第八条"县级以上人民政府应当将文物保护事业纳入本级国民经济和社会发展规划，所需经费列入本财政预算。用于文物保护的财政拨款应当随着财政收入增长而增加"的规定，各级财政应将海上丝绸之路史迹保护工作经费列入本级财政年度预算，确保各项工作的落实。除积极争取国家经费支持外，重点是推动各级政府加大对海上丝绸之路相关史迹的经费投入，建立起省、市、县（区）三级政府在文物保护经费方面分级财政的政策，用于全省海丝申遗、史迹保护、利用与规划等。

三、拓展海上丝绸之路史迹的有效利用

随着近年来人们对美好生活要求的提高和遗产保护力度的不断加大，文化遗产保护对传承优秀传统文化，彰显地域文化魅力，促进地方经济社会发展的积极作用也逐步凸显，妥善处理文物保护与合理利用的关系，不仅有利于加强文物的保护，对遗产的可持续性发展也非常重要。

一是正确处理文物保护与开发利用的关系。文化遗产不是经济社会发展的包袱，而是社会发展不可替代的重要财富，是城乡可持续发展的资本和动力①。近年来，广东省在大力推动发展文化产业的同时，也充分考虑到文物在发展文化产业中的突出作用，如云浮市积极利用国恩寺等资源建设"广东禅文化创意园区"，广州、深圳、佛山等市积极利用现有遗产发展文化创意产业，在保护文物的基础上，通过与文化产业的结合，深入挖掘历史文化价值，带动当地经济社会的发展。在有效保护的前提下，应鼓励对部分不可移动文物进行科学、合理和大胆的探索与尝试。通过遗产的活化利用，推进城市经济与社会的发展，带动城市的产业转型，促进文化产业、旅游等相关产业的发展，为地方经济社会的发展提供新的增长点，并将取得的经济利益反哺于文物保护，促进文物保护与利用的良性循环。

二是加大对广东省海上丝绸之路的科学研究工作。搭建省内海上丝绸之路研究与展示的平台，以广东海上丝绸之路博物馆为依托，建设海上丝绸之路文物保护、研究与展示中心；以广东省文物考古研究院和广东省水下文化遗产保护中心为依托，加强

---

① 单霁翔. 活着的20世纪建筑遗产亟待保护. 建筑，2012（22）.

对南海海域的水下文物调查与抢救工作，重点做好"南海Ⅰ号"、"南澳Ⅰ号"等水下沉船的保护、发掘和研究工作。发挥科研机构和专家的力量，依靠省内高校和科研院所，成立广东省海上丝绸之路史迹保护与研究专家组，为全省海上丝绸之路研究、申遗和保护工作提供专业咨询。同时开展专题研究，举办海上丝绸之路研讨会或交流会，为遗产保护和申遗工作出谋献策，编辑出版相关研究成果。

三是依托丰富多彩的海上丝绸之路遗产资源，加强文化产业与旅游的深度融合，合理利用物质和非物质文化遗产，开展乡村文化观光、游学体验、旅游演出等活动。充分发挥宗教在海上丝绸之路沿线的影响作用，开发佛教禅宗、妈祖文化等旅游资源，加大旅游投资和客源市场开拓力度。

四是加强对各海上丝绸之路史迹的有效展示与利用。在保护好文化遗产的前提下，合理规划和串联各类史迹的展示与用途，实施樟林古港、黄埔古港、徐闻古港、笔架山潮州窑、白马窑等一批保护利用示范项目。开展广东海上丝绸之路文化之旅，加强与旅游、农业、环保、体育等部门的协调互动，将海丝遗产保护利用与文化旅游、休闲观光、体育健身、乡村振兴、精准扶贫、环境保护等紧密结合起来。

四、鼓励社会力量参与海上丝绸之路史迹保护利用工作

前面提到，广东的海上丝绸之路史迹中省级以上文物保护单位保护状况相对较好，但占到总数85%的市县级文物保护单位和登记不可移动文物保护力度不够、经费投入不足，大都没有建立健全相关保护措施，保护状况堪忧，容易受到破坏，其利用效益就更无从谈起。这么多的不可移动文物，单靠政府和文物部门一手包办显然是不可能的也是不可取的，这就需要广泛动员社会力量，积极参与和投身到文物保护工作中。

一是制定和规范社会力量参与文物保护的政策措施。探索文物保护多元化投入的新路子，探索文化遗产保护融入经济社会发展的长效机制，调动社会团体、企业和个人参与不可移动文物保护的积极性，通过多种方式向社会筹措资金，拓展社会参与文化遗产保护的渠道，发挥社会组织的作用，形成政府与社会保护相结合的互动格局。在这方面，需制定和规范社会力量参与文物保护的政策依据，2008年颁布的《广东省实施〈中华人民共和国文物保护法〉办法》第八条规定了"文物保护事业可以接受社会捐赠和吸纳社会资金投入"，2022年，国家文物局印发了《关于鼓励和支持社会力量参与文物建筑保护利用的意见》，鼓励和支持社会力量参与文物建筑保护利用。近年来，广东先后出台了《开平碉楼认养办法》、《广东省民办博物馆工作指引》等一系列

优惠政策措施，这些都对海丝史迹的保护利用工作提供了政策支持和借鉴。

二是完善社会力量参与文物保护的体制机制。支持城乡群众自治组织保护管理使用区域内尚未核定公布为文物保护单位的不可移动文物。对社会力量自愿投入资金保护修缮不可移动文物的，可依法依规在不改变所有权的前提下，给予一定期限的使用权。鼓励社会力量通过社会公益基金、全额出资、与政府合作等方式，在符合其核心历史文化价值的前提下开展多功能使用，如设立博物馆、纪念馆、社区图书馆、民俗文化体验馆等，鼓励用作非物质文化遗产保护、民间工艺传承、中华老字号经营等，同时还可引入众创空间、商务办公、文化创意、科技孵化、特色餐饮、民宿客栈等，提供多样化多层次的服务，更好满足人民群众的精神文化需求。

三是构建遗产利益相关者群体合作与参与机制。广东省海上丝绸之路史迹的所有权存在国家所有、集体所有和私人所有三种类型，虽然国家所有是主要类型，但非国有文物也占了相当的比例，尤其是众多的海神信仰建筑多为集体所有。经验表明，人民群众是文物创造与保护的主体，遍布乡村的庙宇祠堂，正是广大群众世世代代守护而保存下来的，很多地方还成立了村民保护小组，承担保护文物的职责，他们对文物的感情比其他人都强烈。因此，统筹各方利益关切，构建利益相关者群体合作与参与机制显得尤为重要。应坚持政府保护为主导、民众保护为主体相结合的原则，宣传和动员广大民众参与到遗产保护行动中，拓展社会参与遗产保护的渠道，发挥社会组织的作用，调动社会资本、民营化管理的积极性，努力形成遗产保护与管理的合力①。除此之外，还可以发展文物志愿服务，通过加强培训，组织广大文物志愿者参与文物讲解、宣传、安全巡查等工作。

五、擦亮广东海上丝绸之路文化旅游品牌

广东作为古代海上丝绸之路的发祥地，发展历史悠久，旅游资源丰富，区位条件也十分优越。作为旅游大省，宝贵的海上丝绸之路旅游资源没有得到充分利用，实为可惜。建设"21世纪海上丝绸之路"对广东加快转型发展、建设海洋强省、提升国际影响力提供了重要契机，推动广东海上丝绸之路旅游合作发展，有利于进一步优化旅游产业结构，带动旅游产业新业态的发展，提升广东省旅游产业综合实力；有利于拓宽闽粤桂、粤港澳以及广东与沿线国家的区域合作；有利于加强对外经济、文化交流，增强广东在区域经济和社会文化中的影响。

---

① 刘庆余. 国外线性文化遗产保护与利用经验借鉴. 东南文化，2013（2）.

一是整合各地海上丝绸之路旅游资源。目前广东省海上丝绸之路遗产资源分散，尚未进行有效整合和统一规划，难以发挥规模效益和整体影响力。为此，有必要加强对各海上丝绸之路史迹点的保护和利用工作，委托科研单位编制全省海上丝绸之路史迹的保护与利用总体规划，编制全省海上丝绸之路文化旅游发展总体规划。在保护好文化遗产的前提下，合理规划和串联各类史迹的展示与用途，开发广东海上丝绸之路旅游路线，打造经典文化旅游线路和品牌。

二是深入拓展海上丝绸之路的宣传与交流。组织媒体对广东省海上丝绸之路史迹进行系列报道，以广东省博物馆和沿海地方博物馆为依托，组织省内重点博物馆引进和策划海上丝绸之路专题展览，提升公众对广东省海上丝绸之路史迹的认知、认同。在对外交流方面，打造"广东海上丝绸之路文化节"、"广东文化精品丝路行"等系列交流合作品牌活动，推动粤剧《南海Ⅰ号》、潮剧《红头船》、民族交响套曲《丝路粤韵》、广东海上丝绸之路主题展等相关题材文艺精品"走出去"。应该指出的是，由国家文物局主办、广东省博物馆承办的"东西汇流——十三至十七世纪的海上丝绸之路"展览于2017年在德国、意大利展出，收到良好的国际反响。

三是打造海上丝绸之路品牌旅游线路。依托海上丝绸之路沿线旅游资源，充分发挥各自优势，根据优势互补，资源共享原则，满足不同层次旅游需求，实现传统旅游产品与旅游新业态的结合。充分利用沿线历史文化遗迹的资源优势，打造海上丝绸之路文化旅游品牌。重点推进南海神庙、十三行、"南海Ⅰ号"、"南澳Ⅰ号"、石湾窑、笔架山潮州窑遗址、黄埔古港、徐闻古港、樟林古港等重点史迹的开发利用，通过整合旅游资源，创新与提升海上丝绸之路沿线旅游。积极发展文化旅游创意、主题公园和演艺产品，推进海上丝绸之路沿线城市与周边省份和国家的联系，共同打造海上丝绸之路整体形象和旅游品牌。可以重点考虑以下五条海上丝绸之路主题旅游线路[①]。

（1）广东海上丝绸之路文化名片之旅线路。以古海上丝绸之路始发港广州、湛江为基础，以"南海Ⅰ号"和"南澳Ⅰ号"古沉船为重点，充分展示广东海上丝绸之路历史遗迹与旅游文化，具体线路可设计为：湛江—阳江—江门—广州—汕头—潮州。

（2）海上丝绸之路瓷器之旅线路。以湛江雷州窑、佛山石湾古窑、潮州笔架山古窑、惠州白马窑和梅州大埔古窑为基础，充分体现广东瓷器生产与贸易的兴盛，具体线路可设计为：湛江—佛山—惠州—潮州—梅州。

① 该段部分内容参考了广东省旅游局：《广东海上丝绸之路旅游合作发展规划（2014—2020年）（征求意见稿）》，2015年。

（3）海上丝绸之路宗教文化之旅线路。主要依托佛教等历史文化遗迹，结合海上丝绸之路沿线旅游资源，完善接待服务设施以及旅游公共服务体系，具体线路可设计为：云浮国恩寺—肇庆梅庵、庆云寺—广州光孝寺、怀圣寺、圣心大教堂—韶关南华寺—梅州灵光寺—潮州开元寺—汕尾元山寺。

（4）中国海上丝绸之路古港之旅线路。沿广州、湛江、汕头等古代贸易港口，并联合国内和港澳其他历史上有名的古代港口，发展邮轮航线，突出展示海上丝绸之路珍贵文物和历史遗迹，重新感受古代海上丝绸之路对外贸易的繁华，具体线路可设计为：湛江徐闻古港—阳江大澳港—澳门港—珠海高栏港—广州黄埔古港—汕头樟林古港—泉州港—宁波港。

（5）"重走海上丝绸之路"邮轮航线。主要整合海上丝绸之路沿线国家旅游资源，加强沿线地区的旅游基础设施、接待设施和公共服务设施建设，加强沿线城市和港口合作，共同建设完善海上旅游大通道及配套旅游产品，具体线路可包括但不限于以下：中国广州—中国珠海—中国湛江—中国北海—越南下龙湾；中国深圳—中国香港—中国三亚—菲律宾；中国深圳—中国香港—中国三亚—越南下龙湾；中国广州—中国湛江—越南；中国深圳—泰国—马来西亚—新加坡；中国潮汕—印度尼西亚—文莱—菲律宾等。

第四节　小　　结

海上丝绸之路作为一个典型的线性文化遗产，遗产尺度大，权属复杂，又跨区域、跨部门，不仅涉及一个市一个省，还涉及沿海多个省份甚至与其他国家的合作，存在多头管理、职能交叉、区域分割、权责不统一等诸多问题，可谓千头万绪。而海上丝绸之路史迹作为不可移动文物，其保护管理与利用工作与一般不可移动文物的管理工作具有共性。从这个意义上说，了解海上丝绸之路史迹的保护管理工作，也对整体文物保护利用工作具有参考借鉴作用。

关于遗产的保护管理工作。虽然我国建立起了相对完善的法律法规保障体系，投入了大量的人力和资金，但现行的管理体制与机制不健全，始终制约着工作的有效推进，如管理模式上极少部分的文物采用了较可靠的机构管理与直接管理模式，大部分的文物属于间接管理甚至无人管理；总体上文物保护级别的层级不高，相当数量有重要价值的史迹未被公布为文物保护单位，保护措施不完善，容易受到破坏。此外，自然灾害、人类活动、城乡建设和旅游开发等因素都会对遗产产生相应的影响，特别是随着经济的快速发展和城镇化步伐的推进，一些地方重视经济利益，轻视文物保护，文物破坏事件时有发生，文物安全形势比较严峻。鉴于海上丝绸之路史迹的重要价值，有必要加大遗产的保护力度：如进一步加强对全省海上丝绸之路史迹的调查、研究与资料整理工作；将重要海上丝绸之路史迹尽快公布为各级文物保护单位或不可移动文物，从法律上赋予其文物身份；对存在安全隐患的各级海上丝绸之路文物进行全面排查，分清轻重缓急，加快抢修和日常保养；构建权责利统一的遗产管理体制，在统一的政策和指引下，采取整体保护，分段分区域管理的模式，推动各级政府加大对海上丝绸之路史迹保护的经费投入。同时还要加大对文物破坏案件的执法力度，震慑文物违法犯罪分子。

关于遗产的展示利用工作。 广东海上丝绸之路史迹的利用问题虽然与普通文化遗产的利用有共性，但由于主要的文物类型为古遗址和宗教信仰建筑两大类，其利用的模式和方式又具有鲜明的特点。主要的利用方式集中在公共文化服务和社会教育场所，如参观游览场所、教育展示场所、宗教场所、民俗活动场所和研究基地等。由于文化遗产活化利用在中国还处于起步阶段，面临很多问题和障碍：大部分遗产的保护和利用还仅仅停留在静态保护的层面，尚未完全实现动态管理和有效利用；在利用不足的同时，一些文物也存在利用不当问题，近年来文物的"保护性破坏"和"拆真建假"等案件逐年增多，部分遗产存在过度开发、过度商业化倾向；而目前整体海上丝绸之路文化遗产未形成品牌和旅游线路，知名度不高，影响力不足，利用效益不高，这与广东作为海上丝绸之路发祥地的地位不相称。应该说，有效保护文物是合理利用文物的基础，而合理利用文物又是有效保护文物的动力，为此，需要着力持续拓展海上丝绸之路史迹的有效利用。一方面要正确处理文物保护与开发利用的关系，实现保护与利用的良性循环，在保护好文化遗产的前提下，合理规划和串联各类史迹的展示与用途，制定全省性的海上丝绸之路史迹总体规划，整合各地海上丝绸之路旅游资源；另一方面，则应依托丰富多彩的地域文化资源，加强文化产业与旅游的深度融合，促进海丝遗产保护利用与体育健身、文化旅游、乡村建设、沿海观光、环境保护等相结合。编制全省海上丝绸之路旅游发展总体规划，在保护好文化遗产的前提下，合理规划和串联各类史迹的展示与用途，开发广东海上丝绸之路旅游路线，打造经典文化旅游线路和品牌，推进海上丝绸之路沿线城市与周边省份和国家的联系，共同打造海上丝绸之路整体形象和主题旅游线路。

关于社会力量参与文物保护利用工作。 文物工作以政府为责任主体、社会参与为基本机制，任何法规政策都需要人来执行，而文物保护的重心在基层，大部分的工作主要依靠县（区）一级文物部门来完成，但目前文物系统最大的矛盾是行政管理部门不平衡不稳定，尤其是基层文化遗产保护机构普遍存在人员编制少、专业人才数量少、年龄结构不合理、工作环境较差、个人待遇一般等情况，现行政策又很难吸引优秀人才待在基层，导致基层难以承担文物工作的基本职能，更谈不上一些重要的抢救项目和任务能够得到及时的政策保障、经费保障和工作保障。对于数量庞大的不可移动文物，单靠政府和文物部门一手包办显然是不可能也是不可取的，这就必须广泛动员社会力量，积极参与和投身到文物保护工作中：一方面要制定和规范社会力量参与文物保护的政策措施，调动社会团体、企业和个人参与不可移动文物保护的积极性，制定和规范社会力量参与文物保护的政策依据，研究制定文物保护补偿办法，依法确定补偿对象、补助范围等内容，解决产权属于私人的不可移动文物保护维修资金补助问题，使文物所有者和使用者更好地履行保护义务；另一方面要构建遗产利益相关者的参与合作机制，政府出台政策措施，鼓励和动员广大人民群众参与到遗产保护与利用行动中，拓展社会力量参与遗产保护的渠道，调动社会资本、企业和个人的积极性，同时发挥社会组织的作用，使之形成全社会遗产保护与管理的合力。

第六章

广东海上丝绸之路重点史迹申遗

中国于1985年加入《保护世界文化和自然遗产公约》，截至2023年9月，中国已有57处遗产被列入《世界遗产名录》。世界遗产的申报和认定有其严格的程序和要求，一般要经过：遗产地所在国呈报《预备名单》→准备申报文件→向世界遗产委员会申报登记→世界遗产咨询机构评估→世界遗产委员会确定推荐名单→世界遗产委员会大会做出决定等一系列严格的程序①。

世界文化遗产是人类的共同财富，其突出的普遍价值、不可替代与不可逆转的特性，决定其应受特别的保护，并接受特别的管理②。作为一项具有突出的普遍价值的文化遗产，海上丝绸之路申遗工作由来已久。从1991年联合国教科文组织启动海上丝绸之路考察项目，到2016年国家启动海上丝绸之路申遗工作，其间经历了诸多艰难曲折。然而，申遗不是海上丝绸之路保护与管理工作的最终目标，而是意味着承担更大的保护责任，只有依靠有效的保护与管理手段，才能保证海上丝绸之路遗产的真实性、完整性，才能不断发挥其价值并为后代永续所用。

第一节　海上丝绸之路申遗史迹点的遴选

海上丝绸之路申遗由来已久，其申遗史迹点也经历了多番变化与更替，本节重点介绍文化线路在申报世界文化遗产时的认定标准和要求，重点对广东省近年来遴选的海上丝绸之路申遗点进行比较分析。

一、"文化线路"在《操作指南》与《文化线路宪章》中的区别

了解海上丝绸之路史迹点的遴选和价值评估，需首先了解"文化线路"在《实施

---

① 彭跃辉. 中国世界文化遗产保护管理研究. 北京：文物出版社，2015：32.
② 彭跃辉. 中国世界文化遗产保护管理研究. 北京：文物出版社，2015：58.

〈世界遗产公约〉操作指南》（简称为《操作指南》）与《文化线路宪章》中的区别。

前面第四章从文化线路的概念和认定要素等方面详细介绍了文化线路的价值构成要素，世界文化遗产咨询机构ICOMOS制定了《文化线路宪章》，其适用的对象不仅包括世界遗产中的文化线路，也包括所有的一般文化线路遗产；但针对世界文化遗产中的文化线路，《操作指南》在附件三中从世界遗产的角度进行了进一步界定和阐述，所不同的是，《操作指南》将其称为"遗产线路"[①]，认为在确定某条遗产线路是否适合列入《世界遗产名录》时，应当考虑以下几点[②]：

（ⅰ）重新考虑具有突出的普遍价值的相关要求。

（ⅱ）遗产线路的概念

——基于运动的动态、交流的概念、空间和时间上的连续性；

——涉及一个整体，线路因此具备了比组成要素的总和更多的价值，也因此获得了其文化意义；

——强调国家间或地区间交流和对话；

——应是多维的，不同方面的发展，不断丰富和补充其主要用途，可能是宗教的、商业、行政的或其它。

（ⅲ）遗产线路可被视为一种特殊的动态的文化景观（近期这种争论使其被纳入《操作指南》）。

（ⅳ）对遗产线路的认定基于各种力量和有形要素的集合，以见证线路本身的重大意义。

（ⅴ）真实性条件也将基于线路的重要性和其它组成要素。线路的使用时间也要考虑在内，可能还需考虑其现今使用的频率和受其影响的族群对其发展的合理意愿。

通过以上《操作指南》关于文化线路的表述和前面第四章《文化线路宪章》阐述的对比可以发现，两者对文化线路的价值评估和认定基本是一致的，不同的是在对遗产的价值方面的要求有所差异。《文化线路宪章》是文化线路保护的指导性文件，它既适用于具有突出普遍价值的世界遗产认定，也适用于一般的线路遗产认定；而《操作指南》专门针对世界遗产的申报和评估认定，特别强调一条线路必须具备突出普遍价值才有可能列入世界遗产。因此，对于海上丝绸之路申遗来说，所遴选的遗产点，不仅需要符合《文化线路宪章》的认定要素，更需符合《操作指南》的标准和要求。

---

① 这里的遗产线路和文化线路在本质上是一致的，只是两个文件的表述名称不同。

② 杨珂珂. 文化线路遗产价值评价特性分析：以《世界遗产名录》的6处文化线路遗产为例. 北京：中国建筑设计研究院硕士学位论文，2009：7-8.

二、我国海上丝绸之路申遗及遗产遴选

前面提到，海上丝绸之路申遗自1991年联合国教科文组织考察活动之后，经历了从少数几个城市到多个城市参与的不断扩充过程，其史迹点的遴选也不断扩充不断丰富。

2012年11月，国家文物局公布了《中国世界文化遗产预备名单》，其中列入"海上丝绸之路"预备名单的城市有广州、泉州、宁波、南京、扬州、北海、福州、漳州、蓬莱9个城市，共有史迹点41处，另有16处作为备选遗产点。

2016年3月，国家启动海上丝绸之路申遗工作，泉州、广州、宁波、南京、漳州、江门、莆田、丽水8个城市共有31处遗产点入选首批名单，另有4处作为关联遗产点，泉州为牵头城市。

2018年，"古泉州（刺桐）史迹"单独申遗，并于2021年7月在第44届世界遗产大会上，以"泉州：宋元中国的世界海洋商贸中心"被批准列入《世界遗产名录》。

2017年4月，国家海上丝绸之路保护和申遗工作会议确定广州为海丝申遗牵头城市。2018年4月，海上丝绸之路保护和联合申报世界文化遗产城市联盟第一次联席会议在广州召开，包括广州、宁波、南京、福州、北海等在内的23个海丝申遗城市代表共同签署《海上丝绸之路保护和联合申报世界文化遗产城市联盟章程》，并审议通过联盟办公室工作规程，这标志着海丝保护和联合申遗迈入了新的阶段。此后，国内不断有新的城市加入到海丝申遗大家庭中，截至2023年，海丝申遗城市联盟成员已增至包括长沙、澳门、香港等在内的34个城市[①]，相关史迹点的数量也不断增加和丰富[②]。

2021年7月，在第44届世界遗产大会召开之际，由国家文物局主办的"海上丝绸之路遗产的保护与研究"主题边场会议在福州举行，会议指出，海上丝绸之路的保护与研究不仅是中国的使命，也是海丝沿线国家共同的事业。在联合国教科文组织"丝绸之路"遗产框架体系下，中国将与各国通力合作，在国际多边框架下开展联合工作，推动海丝遗产的保护，构建丰富多彩的文化遗产交流合作体系[③]。

---

① 34个城市包括广州、宁波、南京、漳州、莆田、江门、丽水、阳江、扬州、福州、烟台、北海、沧州、汕头、三亚、湛江、潮州、南通、连云港、苏州、淄博、上海、东营、威海、长沙、澳门、青岛、惠州、香港、温州、杭州、茂名、佛山、钦州。

② 相关申遗史迹点随着城市的不断加入而动态变化，据2019年统计，共有57处遗产点，14处关联点。

③ 国家文物局. 探讨海上丝绸之路跨国联合申遗策略. 光明网，2021-07-19，https://m.gmw.cn/baijia/2021-07/19/35005379.html.

2023年11月，海上丝绸之路文化遗产保护圆桌会议在广西南宁举行。来自柬埔寨、印度尼西亚、马来西亚、缅甸、泰国、斯里兰卡等东盟及南亚等国城市和文化遗产保护机构代表，国内申遗城市联盟代表150多位嘉宾出席。会议发布《关于海上丝绸之路文化遗产保护圆桌会的广西倡议》，提议中国与东南亚、南亚各国文化遗产部门以本次会议为契机，共同关注支持海上丝绸之路申遗，推动建立跨国联合申遗工作协调机制，深化亚洲文化遗产保护联盟合作，推进跨国文化遗产保护项目实施[①]。

三、广东海上丝绸之路申遗史迹点的遴选

2012年11月，广州列入《中国世界文化遗产预备名单》，并选取了南越王墓、南越国宫署遗址、光孝寺、怀圣寺光塔、清真先贤古墓、南海神庙及明清古码头遗址6处史迹点作为申遗点，另外琶洲塔1处作为备选史迹点。

2014年，自"一带一路"倡议提出后，广东省的汕头、江门、阳江、湛江、潮州等市先后提出了加入到海上丝绸之路申遗工作的申请，在国家和广东省相关部门的大力推动下，各地制定了申遗工作方案，成立了申遗领导小组，并委托科研单位开展申遗文本和保护管理规划的编制工作。

根据国家文物局2015年3月在南京召开的中国海上丝绸之路保护和申遗工作会议要求，广州、汕头、江门、阳江、湛江、潮州于2015年8月通过广东省文物局的申请，向国家正式提交了海上丝绸之路申报《中国世界文化遗产预备名单》的材料，6个城市申报的史迹点共16处（含33个文物保护单位）。

2016年7月，广东省有3个城市8处遗产点（南越国宫署遗址、南越王墓、光孝寺、怀圣寺光塔、清真先贤古墓、南海神庙及码头遗址、大洲湾遗址、方济各·沙勿略墓园）入选国家首批申遗点。

2017年4月，国家文物局在广州召开2017年海上丝绸之路保护和申遗工作会议，强调海丝申遗的决心不变、目标不变、任务不变，国家文物局将组织在首批海丝申遗点的基础上，根据相关遗产的价值、关联性、保护管理状况等因素确定新的申遗预备名单。根据会议精神，2017年至2023年，广东先后向国家文物局申请扩增湛江、潮州、惠州、佛山、茂名等市加入海上丝绸之路申遗行列，根据技术团队的现场考察和遴选，截至2023年底，广东省共有9个市共32处遗产点加入申遗行列（表6-1）。

---

① 沿线城市代表共商海丝文化遗产申遗与保护. 新华网，2023-11-04，http://www.gx.xinhuanet.com/20231104/d0956012628f4677882f2bdc26d2a932/c.html.

表6-1　广东省海上丝绸之路申遗城市及遗产点①（2023年统计）

地市	遗产点构成	数量（处）
广州	南越国－南汉国宫署遗址、南越文王墓、光孝寺、怀圣寺光塔、清真先贤古墓、南海神庙及码头遗址、莲花塔、琶洲塔、赤岗塔	9
潮州	笔架山潮州窑遗址、潮州开元寺、广济桥	3
佛山	文头岭窑址、奇石窑址	2
惠州	白马窑址、大星山炮台旧址、龙峰祖庙、范和古村	4
江门	方济各·沙勿略墓园、大洲湾遗址、新地村天主堂遗址、"南海Ⅰ号"水下文物保护区、广海卫城城墙、紫花岗摩崖石刻	6
茂名	隋谯国夫人墓及冼庙群	1
汕头	樟林古港、"南澳Ⅰ号"明代古沉船	2
阳江	"南海Ⅰ号"	1
湛江	西厅渡、雷州窑窑址群（雷州市、遂溪县）、关部康皇庙、徐闻古港遗址	4
合计		32

　　这32处遗产点，自东向西分布于广东沿海的9个城市，从最东的笔架山潮州窑遗址，到最西的徐闻古港遗址，地域跨度大。由遗产点组成的节点，形成了以广州为中心，向珠江口、粤东、粤西辐射的格局。

　　从年代来说，从汉代南越文王墓和南越国宫署遗址，到明清时期的樟林古港，中间基本没有缺环，延续时间之长，在全国乃至全球都应该是少见的。其中汉代以广州的南越国史迹为代表，隋唐以伊斯兰教在广州的宗教遗迹和南海神庙为代表，宋代以笔架山潮州窑和雷州窑等大量外销瓷窑为代表，明清则以大洲湾遗址和樟林古港等贸易港口和场所为代表。

　　从海丝的类别来说，32处遗产点基本涵盖了广东省海上丝绸之路的几大类型②，可以说代表了广东海上丝绸之路史迹的精华，有助于丰富海上丝绸之路整体文化线路的完整性和真实性。交流设施主要集中在广州市，港航设施为分布于沿海的各时期重要港口，生产设施以潮州窑、雷州窑和白马窑为代表，海神信仰设施在广东保存非常多，具备突出普遍价值的首推南海神庙。最后，航线遗存广东非常丰富，广东独有的"南海Ⅰ号"和"南澳Ⅰ号"这两处水下遗产，对全国海丝类型独缺的航线遗存是一个重要的补充，丰富了中国海上丝绸之路的遗产构成要素。

---

①　根据广东省文物局2023年统计资料整理而成。

②　此处分类主要按照本书第二章的类型来划分。

第二节　广东海上丝绸之路申遗点价值评估

作为全国海上丝绸之路史迹最为丰富的地区之一，广东史迹点的价值对海上丝绸之路文化线路整体价值的影响是不容忽视的。以下主要参照本书第二章的分类对广东海上丝绸之路申遗史迹点的突出普遍价值进行阐述。

一、港航设施方面

港口是海上丝绸之路的物质载体，是串联起各条航线的基本节点，可以说是构成海上丝绸之路的前提条件，而港口的形成，必然会形成码头、货栈、航标塔、道路等基础设施，同时大多数的海港还会衍生出祭祀海神的天后宫、记录当时盛况的摩崖石刻等，还有一些非物质文化遗产，只不过有些在岁月的流逝过程慢慢消失，没有保留下来。构成海港的这些各类设施和遗产，应作为一个整体因素统筹考虑，这也是文化线路整体价值大于各个遗产组成部分价值之和的生动体现。

最早见诸史书的汉代徐闻港，包括了徐闻二桥遗址及周边汉墓群。西汉武帝元鼎六年（公元前111年）置徐闻县，多数学者认为二桥遗址为西汉合浦郡治和徐闻县治，周边汉墓群则是汉代徐闻县居民的丧葬遗存。徐闻是《汉书·地理志》明确记载的汉代"海上丝绸之路"主要始发港口之一，二桥遗址及周边汉墓群印证了文献记载的真实性。东汉以后合浦郡治迁移，徐闻作为海外贸易港口的地位下降，但是二桥遗址发现有唐宋以后文化层，唐代水井以及宋、明、清代瓷器，仍然保存海港城市（城镇）的部分职能。

湛江市雷州市杨家镇的西厅渡遗址位于南渡河中游。始建年代久远，明万历欧阳保纂修《雷州府志》载"西厅渡，西二十里，官岁造舟一，编夫二名"，历代重修。现南北两岸遗留1.6米宽的燕尾槽结构青石道200多米，结构稳固，工艺精巧，保存完整。宋元时期西厅渡为雷州窑陶瓷出海汇集的重要埠头之一。明清时期西厅渡是乌石、北和等地区进入雷州城的必经之路，车来人往，热闹非凡，是古代海上丝绸之路上的交通要道。

广州港是海上丝绸之路沿线极为罕见的，伴随两千年海上丝绸之路演进历程始终、持续繁荣的跨板块节点。南越国宫署遗址作为汉代广州港政治、文化、经济的中心所在，特别是南越国和南汉国两个政权的中枢所在，在南海海上贸易管理上占有重要地位，见证了广州海上丝绸之路历久不衰的发展历程，其延续性有力地诠释了中国沿海"向海而生"的海洋文化传统及其官方贸易管理制度。1757年后，广州成为全国唯一的对外通商口岸，所有外国商船只允许在黄埔港下锚。从乾隆二十三年（1758年）至道光十七年（1837年）的80年间，停泊在黄埔古港的外国商船近五千艘，反映了清前期广州对外贸易的繁荣景象。瑞典的"哥德堡号"、美国的"中国皇后号"、俄罗斯的"希望号"等著名商船都曾在此停泊，特别是"中国皇后号"的访华，打开了中美贸易的大门，充分展现了古代中国通过海上丝绸之路与世界各大文明之间的跨海交流。

上川岛在明清时期作为广州的外港，是早期葡萄牙人与中国人进行贸易往来的主要据点之一，自1513年葡萄牙人首次到达上川岛以后，这里便成为贸易的集散地，上川岛由3个遗存组合而成，分别保存并展示了中葡在上川岛进行贸易、开展宗教文化交流以及宋代以后航海线路变化的丰富内涵，其中岛上的大洲湾遗址至今仍遗存有大量出产于中国沿海外销瓷窑口的瓷器碎片堆积，遗址旁边也可见古代码头遗迹。

汕头市澄海区的樟林古港，兴起于明末清初，作为河海之间的转口贸易港和粤东华侨海外拓展的出海港，号称粤东"通洋总汇"（20世纪70年代出土过两艘远洋红头船），形成了"八街六社"的商埠格局，清中期发展成为粤东第一大港。作为海外贸易市场的新兴街始建于清嘉庆七年（1802年），是樟林港全盛期的货栈街，建有54间双层货栈，是广东海上丝绸之路申遗遗产点中保存最为完整的一条货栈街；作为海港设施的古码头遗址有两处，出土"水道禁界"石碑一块，保存古驿道一段，是陆路驿道与海上交通航道之交会点；作为海外贸易管理机构的南社古海关，与新兴街上的2号、4号建筑同为潮海关总口下属樟林小口的关卡设施；港内还保存有山海雄镇庙、新围天后宫、风伯庙等海神信仰建筑。

历史上，赣南、闽西和粤东称为赣闽粤三边区域，潮州广济桥是赣闽粤三边区域水陆商道的起始点，是赣闽粤三边区域参与海上丝绸之路外销商品的内河海关，在历史上具有极为重要的地位。宋、明、清时期，赣闽粤三边区域两条主要的水陆商道，都以潮州为起始。历史上潮州港位于潮州城区东面沿江两岸，港区沿广济桥上下游展开，全长达4100米，是韩江干流吞吐量最大的内河港口。清代，设盐运同驻潮州，设盘查公馆一所于广济桥上，因此，广济桥成为扼守赣闽粤三边区域内销、外贸流通商品的内河海关，也成为古代海上丝绸之路的重要节点。

二、航线遗存方面

本书第二章将航线遗存分为沉船和航标两类，目前所见申遗文本都将航标作为基础设施（港航设施）的一部分，都没有将沉船列入遗产要素，认为"到目前为止，沉船作为可移动文物，尚无作为遗产或遗产组成部分列入《世界遗产名录》的先例"[①]。例如目前的"南海Ⅰ号"及其出水的水下文物保护区主要作为申遗的关联点。

"南海Ⅰ号"、"南澳Ⅰ号"船载货物数量巨大，品种繁多，保存完整，其沉船位置和航行方向，船载货物的数量、品类和装载方式，器物器形、纹饰以及部分器物遗留下来的文字资料[②]，能为海上丝绸之路、海外交通史、海外贸易史、造船史、古陶瓷史的研究提供大量的实物资料支持。它们直接见证了中国古代与海外各国进行商贸往来、文化和技术交流以及贸易活动的传统。

"南海Ⅰ号"、"南澳Ⅰ号"作为广东乃至全国都有重要影响力的两艘古代沉船，将海上丝绸之路（中国段）表现为一个动态的完整海洋航运体系，是宋代、明代中国海上丝绸之路文化、商贸交流的直接见证，具有典型的海外贸易特征，是广东乃至全国海上丝绸之路申报世界文化遗产中的特殊类型，具有文化线路类型遗产的典型特征，是航线遗存的突出代表，是海上丝绸之路作为文化线路遗产类型的最直接体现。如果说"南海Ⅰ号"已经从海底移动到陆地博物馆进行展示，不符合真实性原则，但其发现的海底遗址，还有仍保留在海底的"南澳Ⅰ号"沉船，应该可以理解为具有真实性与完整性的遗址，而且，两艘沉船的发现海域已经被广东省人民政府于2015年公布为水下文物保护区，具有法定保护地位。况且，古代商船本身就是依附于海洋移动的，如果以发展的眼光看待历史文化遗产，沉船及其遗址可以直接佐证航线的跨海交流历史，应该成为世界遗产的一种新事物、新类型，能为世界遗产的管理与保护提供新的研究资料与理论实践。

在2012年公布的中国海上丝绸之路申报世界文化遗产预备名单中，具有文化线路类型遗产特征的航线遗存（沉船等物证、重要地标等）有待补充，"南海Ⅰ号"、"南澳Ⅰ号"沉船作为航线遗存的突出代表申报世界文化遗产，不但为古代海洋文化、海上交通、海外贸易提供物证，而且显著地完善和丰富了海上丝绸之路文化线路申报世界文化遗产的遗产要素，从而更为有力地佐证了持续两千年的东西方跨海伟大交流。

此外，将航标作为航线遗存，主要是考虑它们作为船舶航行的导向作用，具有航线的特征。

在港口城市，古塔往往起到灯塔的作用，既是航标，也是港口风水布局的关键。

① 中国文化遗产研究院2017年编制的《海上丝绸之路·中国史迹申遗文本》，第380页。

② 龙志坤. 在丝绸之路文化线路遗产框架下谈南海Ⅰ号申遗. 丝绸之路，2015（8）.

在清政府保留广州一口通商的贸易制度下，所有来华的外国商船首先在澳门或伶仃洋面停泊，领取牌照，雇请买办和引水，然后驶入黄埔港，丈量船只交纳关税，最后才能进入广州城进行贸易。分布在珠江内河航道上的莲花塔、琶洲塔、赤岗塔，犹如广州的三支桅杆，既是过往船舶的重要航标，也在外国人的记忆中留下深刻的印象，成为来华外国人游记和历史绘画的重要素材①。它们在外国人的游记和绘画中经常被提及，好像三座灯塔一样引航指路，共同构成"锁二江"、"束海口"的"珠江三塔"。

莲花塔就坐落在广州市番禺区莲花山上，雄踞珠江入口处西岸，是从水路进入广州见到的第一座塔，故有"省会华表"之称；琶洲塔位于清代广州城与古黄埔港的中间，外国人进入广州必经此地，因此欧洲人称之为"中途塔"②；赤岗塔是清代来华外国人沿着内河航道从黄埔港进入广州城之前看到的最后一座九层宝塔，清代外国人都习惯称这座离广州城最近的塔为磨碟沙涌塔——得名自流过它所在的小丘下的一条珠江支流③。琶洲塔与赤岗塔塔基的八面基角处的托塔力士具有明显的西方人外貌特征。

此外，进入广州城后珠江北岸的怀圣寺光塔、六榕寺花塔和镇海楼，也都兼具航标的作用。

三、交流设施方面

就所选遗产点而言，交流设施主要集中在广州和江门，又以宗教建筑及遗迹为典型，佛教以光孝寺为代表，伊斯兰教以怀圣寺光塔和清真先贤古墓为代表，天主教以方济各·沙勿略墓园为代表。

南越王墓是岭南地区考古发现规模最大、保存最完好、出土文物最丰富的一座大型彩绘石室墓，其出土器物突出地体现了中原文化、百越文化和海外文化的交流和融合。特别是南越王墓出土的波斯银盒、原支非洲象牙、红海乳香等是直接来自海外的舶来品，是广州作为海上丝绸之路发祥地的重要、直接的物证④。

① 中共广州市委宣传部，广州市文化局. 海上丝绸之路：广州文化遗产·地上史迹卷. 北京：文物出版社，2008：32.

② 中共广州市委宣传部，广州市文化局. 海上丝绸之路：广州文化遗产·地上史迹卷. 北京：文物出版社，2008：41.

③ 中共广州市委宣传部，广州市文化局. 海上丝绸之路：广州文化遗产·地上史迹卷. 北京：文物出版社，2008：46.

④ 易西兵. 广州海上丝绸之路史迹的文化内涵与遗产价值. 岭南文史，2016（2）.

光孝寺因历史悠久、规模宏大而被誉为岭南佛教丛林之冠。从东晋起至唐宋，有不少印度、南亚高僧如昙摩耶舍、真谛等来寺传教译经，对中外文化交流有很大影响。寺内建筑虽经多次重修，仍保留了南宋的建筑风格，在中国佛教建筑史上也具有很高的地位，光孝寺是佛教文化通过海路在广州登陆并传播的见证①。

　　怀圣寺始建于唐代，是伊斯兰教传入中国后最早建立的清真寺之一，是中国现存年代最早、最具特色的伊斯兰教建筑之一。怀圣寺与光塔同为唐宋时期广州城西蕃坊内的重要建筑，寺塔合一，是唐宋以来到广州贸易以及定居的阿拉伯商人最重要的宗教活动场所，是广州作为伊斯兰教通过海路传播到中国的第一站的直接见证②。

　　清真先贤古墓是唐初来华传教的阿拉伯先贤赛义德·艾比·宛葛素的陵墓，古称"回回坟"，它也是广州作为伊斯兰教通过海路传播到中国的第一站的直接见证。此外，在先贤古墓园内主道两侧还安葬着唐代至清代的数十位穆斯林名人③。

　　作为上川贸易岛组成部分的方济各·沙勿略墓园位于江门上川岛北部，它是肩负宗教使命前来中国传教的西班牙天主教传教士方济各·沙勿略逝世并最初安葬的地方，是西方天主教沿着海上丝绸之路第一次进入中国并进行宗教交流的见证，为海上丝绸之路中西方文化交流史中不可忽略的篇章。

　　潮州开元寺历史悠久，规模宏大，被誉为粤东第一古刹。唐开元二十六年（738年）始建，元代改称开元万寿禅寺，明代称开元镇国禅寺，清代以后开元镇国禅寺、开元寺并称，占地面积约3万平方米。中路为照墙、金刚殿、天王殿、大雄宝殿、藏经楼；东路有地藏阁、不俗精舍、香积厨、伽蓝殿；西路有方丈厅、观音阁、五观堂、药王殿等。整座寺院既保留了唐代的平面布局，又凝结了宋、元、明、清各个不同朝代的建筑风格。日本奈良东大寺佛殿与开元寺天王殿几乎一样，或许具有师承关系。

四、生产设施方面

　　就目前的考古发现和研究而言，广东外销瓷窑主要有唐代的新会官冲窑、宋代的雷州窑和笔架山潮州窑、明代的白马窑等。

　　笔架山潮州窑的发展背景、发展历程，以及国内外相关的考古发掘和研究成果证

①　易西兵. 广州海上丝绸之路史迹的文化内涵与遗产价值. 岭南文史，2016（2）.

②　易西兵. 广州海上丝绸之路史迹的文化内涵与遗产价值. 岭南文史，2016（2）.

③　易西兵. 广州海上丝绸之路史迹的文化内涵与遗产价值. 岭南文史，2016（2）.

明，笔架山窑场生产的瓷器是中国宋代海上丝绸之路瓷器外销的重要产品，是潮州港成为海上丝绸之路始发港、转发港的主打商品。从海外的考古发现看，宋代笔架山潮州窑产品主要销往东亚、东南亚和西亚等国家，其中日本博多古港和朝鲜开城发现的潮州窑瓷器，学者们进行了较为系统的整理和研究。此外，广东省博物馆、潮州市博物馆馆藏的宋代笔架山潮州窑出土文物，如洋人造型头像、玩具小洋狗、军持等，亦是该窑场参与海外贸易的重要实物见证。

雷州外销瓷窑址主要分布在雷州半岛。唐代雷州半岛得以全面开发，外来移民带来先进的陶瓷烧制技术，雷州窑系开始兴起。宋元时期外来移民大规模进入，在全国海外贸易和瓷业生产兴盛的背景下，雷州窑系发展至鼎盛，窑口密布，规模较大，主要生产青釉下赭褐彩绘罐、枕、棺等，成为广东三大外销瓷窑系之一。受战乱以及与东南地区窑场的竞争影响，笔架山潮州窑、广州西村窑相继衰落，雷州窑却以河流航海交通便利、运输成本较低的优势持续生产，大量外销。明朝实行"海禁"，同时元明时期青花瓷、釉上彩瓷器开始流行，雷州窑系才逐渐走向衰落。

白马窑址群主要分布在惠州市惠东县白马河两岸，从2019年开始，广东省文物考古研究院对白马河流域的窑址群进行了全面的调查与勘探，调查面积约23平方千米，发掘面积2000平方米，出土标本8000余件。其产品主要是仿龙泉青瓷，以生活用具为主，有碗、盘、杯、豆（高足杯）等，也见有个别瓷塑。根据目前的考古资料，白马窑产品既能见于大湾区的惠州、广州、香港等地的官署、衙署、居址和墓葬之中，还远销海外，目前可确认东南亚及南亚地区是其主要销售地[1]。

五、海神信仰设施方面

海神信仰设施遍布全省沿海各地甚至部分内陆地区，根据本书第二章讨论的143处海神信仰设施，价值之首当推南海神庙。如前所述，海神信仰设施多建造于水运繁忙的港口或沿海渔村附近，有些建筑虽然单体价值不是很高，然而却是作为港口整体价值的一个重要组成部分，如柘北天后宫存在于柘林港、新围天后宫存在于樟林港、凤岭宫存在于凤岭港。

南海神庙始建于隋开皇十四年（594年），已有一千四百多年历史，是中国古代皇家祭祀海神的场所，是中国四大海神庙中唯一完整保存下来的官方庙宇，是海上丝绸之路发展与繁荣的重要历史见证，在对外交通贸易中起着重要作用。古庙地处珠江出

---

① 根据广东省文物考古研究院刘长博士提供材料整理。

海口，中外海船出入广州按例都要到庙中祭拜南海神，祈求出入平安，一帆风顺。自隋唐以来，历代皇帝都派官员到南海神庙举行祭典，留下了不少珍贵碑刻，故有"南方碑林"之称。庙内尚存有唐代韩愈撰写《南海神广利王庙碑》及历代皇帝御祭石碑30余方。此外，2005年还在南海神庙浴日亭南面和"海不扬波"牌坊南面考古发现了明清时期的码头遗址①。近年，广州在南海神庙东侧建设了广州海事博物馆，系统收藏和陈列广州两千年来海上丝绸之路和对外贸易发展的文物历史资料。

隋谯国冼夫人墓位于茂名，冼庙群主要集中在今茂名和雷州半岛地区。冼夫人一生致力维护国家统一、促进民族团结，功勋卓著，先后被七朝君王敕封，被民间尊奉为"岭南圣母"、"圣母娘娘"、"天南圣母"、"南海保护神"等，历代为奉祀冼夫人而修建的冼太庙遍布国内沿海城市。清代到东南亚谋生的高州府华侨将冼夫人信仰带到海外，成为粤西华人与故乡联系的纽带，也为各民族团结发展提供了精神动力。

第三节　海上丝绸之路申遗工作展望

根据近年来开展的相关工作情况，海上丝绸之路申遗工作涉及面广，问题较为复杂，除自身需要进行大量的遗产保护、研究和管理工作外，还需开展大量的国际磋商、协调和研讨等工作。

一、海上丝绸之路申遗面临的主要问题

在国内层面，相对于陆上丝绸之路，海上丝绸之路学术研究起步较晚，基础相对薄弱，保护管理的任务十分繁重；在国际层面，由于海丝申遗路径和时间的调整，意味着我国面临的申遗形势也发生了变化，国际沟通与协调的工作量与工作难度也大大增加。

1. 海上丝绸之路学术研究基础相对薄弱

对照陆上丝绸之路的研究和经验，近年来国内关于海上丝绸之路的学术研究虽形成一定规模，但基础仍相对薄弱，相关海丝遗产点的突出普遍价值尚待进一步发掘和研究。虽然此前国内科研团队对海上丝绸之路的定义、突出普遍价值、时空范围等进行了研究和界定，但作为一条国际贸易和文化交流线路，相关国家可能对丝绸之路的理解与提法与中国学界有所不同。可以说，目前在国际范围内，海上丝绸之路申遗的

---

① 易西兵. 广州海上丝绸之路史迹的文化内涵与遗产价值. 岭南文史，2016（2）.

路线图尚未形成学术共识，海上丝绸之路的定义概念、时空范围等都有待国际的广泛研讨。

2. 申遗点的保护与管理工作有待加强

目前列入海上丝绸之路申遗预备名单和准备加入申遗的遗产点，有的是全国重点文物保护单位，有些是省级文物保护单位，甚至还有部分是市县级文物保护单位，同时也不排除部分有潜力或是新发现的遗产点暂未列入其中。虽然近年来各地广泛地行动起来，申遗积极性很高，取得了很大的成绩。然而，目前海丝遗产点的本体保存和周边环境保护状况参差不齐，很多遗产点的基础工作薄弱，文物保护机构和人员力量不足，除了考古调查研究、规划编制、文物本体保护、环境整治、遗产监测等工作需要开展以外，部分遗产点连最基本的文物"四有"（有保护范围、有保护标志、有记录档案、有保管机构）工作都没有做好。周边环境脏乱差，保护状况堪忧，这种申报点如果没有加大保护力度，即使暂时纳入了申遗名单，也很难坚持到最后。

另外，进入了中国世界遗产预备名单并不意味着"万事大吉"、肯定能够成为世界文化遗产。在这方面，陆上丝绸之路项目就有前车之鉴：最初陆上丝绸之路项目确定了六省区48处遗产点，但最终列入世界遗产名单的只有四省区22处，超过半数的遗产点都因各种原因未能入选。其中原因，有的是因为地方政府重视程度不够，积极性不高、各项工作难以开展；有的是因为遗产地保护管理状况不佳；有的则是"好心办坏事"，过度修缮，使遗产的真实性和完整性大打折扣[①]。

3. 有效的申遗协调工作机制尚未建立

一个健全、高效的申遗协调沟通机制是必不可少的，陆上丝绸之路申遗时，国家文物局与沿线六省区人民政府、六省区文物局之间分别签订了联合协定，明确以国际古迹遗址理事会西安国际保护中心作为各级协调机制的秘书处。大运河申遗时，文化部、国家文物局牵头成立了省部级会商小组，沿线35个城市建立了大运河城市联盟，在扬州设立了联合申遗办公室[②]。当前，各地在海上丝绸之路申遗工作上或多或少存在程序不清、任务不明、各自为政等情况，给保护申遗工作带来了一定程度的困扰。借鉴陆上丝绸之路、大运河申遗成功经验，需进一步健全和完善海丝申遗协调沟通机制。

---

①　童明康．在"海上丝绸之路"保护和申报世界文化遗产工作会议上的讲话．2015年3月．http://www.icomoschina.org.cn/news.php?class=321．

②　童明康．在"海上丝绸之路"保护和申报世界文化遗产工作会议上的讲话．2015年3月．http://www.icomoschina.org.cn/news.php?class=321．

4. 跨国联合申遗的技术路线尚不明确

从国际组织层面讲，根据2007年通过的《丝绸之路申报世界遗产概念文件》，国际组织将首先在中国和中亚国家推进"沙漠丝绸之路"申报世界遗产，然后计划推进中亚至地中海、南亚次大陆等地区的陆上丝绸之路申报工作，草原路线和海上路线的申遗将放在更远的将来予以考虑。

跨国联合申遗意味着更多的不确定性，需要有更充分的技术与学术准备，做好打持久战的准备。世界遗产中心虽然在中国的推动下启动了海上丝绸之路申遗的前期研究及协商工作，并于2017年5月在伦敦大学学院举办"海上丝绸之路系列遗产国际专家研讨会"[①]，但会上来自各国的专家学者对海上丝绸之路的时间上下限、空间线路、货物沉船等都存在不同的看法，有些国家甚至从根源上质疑"海上丝绸之路"概念。可以预见，在当前国际局势复杂多变的大背景下，特别是海上丝绸之路主题研究尚未达成国际共识的情况下，海丝申遗工作还需付出艰辛的努力和繁重的协商，比如和哪些国家组队申遗，队友跟不跟得上等等问题都有着很大的不确定性。

二、海上丝绸之路的申遗路径和策略

2014年，"丝绸之路：长安－天山廊道的路网"由中国、哈萨克斯坦、吉尔吉斯斯坦三国联合申报成为世界文化遗产，不仅是多年来陆上丝绸之路研究与保护的重要成果，也开启了中国第一次跨国申报系列遗产的先河，为海上丝绸之路申遗树立了积极的榜样。

但是，陆上与海上丝绸之路两者也存在差异，陆上丝绸之路的线路特征明显而可辨识，而海上丝绸之路主要依靠的是沿海的港口节点，其线路受海水和气候等条件的限制，不可能像陆上丝绸之路一样明显和可识别，"如果说陆丝（陆上丝绸之路，下同）及现有其他陆上文化线路是在陆上'穿越'（through）出来的文化线路，那么海丝更像是不同区域之间基于重要节点搭建起的'跨越'（across）而成的线路，是一条不同于《世界遗产名录》上现有文化线路遗产的特殊文化线路"[②]。

正是基于上述的理解和认识，海上丝绸之路申遗文本主要编制团队和项目组系统总结和论述了海丝可行的申遗路径，认为海上丝绸之路更多呈现出"点"的特性。基于这种特点，从申报世界遗产的角度而言，需要把这些节点作为申报所重点关注的区

① 国家文物局网站"中国代表赴伦敦参加海上丝绸之路国际专家工作会". http://www.sach.gov.cn/art/2017/6/28/art_722_142229.html.

② 赵云，王毅. 从文化线路到跨海和声　关于海丝申遗策略的思考. 世界遗产，2016（6）.

域，把这些节点内的相关海丝遗存作为主要的组成要素来组织申报项目。而连接这些节点的历史航线，其间分布的众多沉船和航标遗迹，作为重要的参考要素，应作为背景和关系要素予以关注①。因此，项目组将具有重要航线特征的"南海Ⅰ号"沉船作为了关联遗产，而没有作为申遗点。同时，项目组系统地总结了这种基于节点的申报策略的特征②：

一是能够准确反映海上丝绸之路的交流特征。海丝所承载的商贸往来、宗教传播和文化交流等，都是以海为媒介，在陆上进行，以陆上的节点为申报主体，能够反映出基于港口节点的海丝交流的性质。

二是申报主体相对灵活。不同于陆丝的廊道必须依靠跨国申报才能实现，基于节点的申报策略，使得海上丝绸之路遗产的申报既可以由邻近国家之间联合申报，也可以由一个国家单独申报。

三是可以解决不同节点片区申报顺序的先后问题。在遗产类型丰富、保护状况好、管理体系完善的节点片区，可以率先申报。后续申报的节点片区，可以之前的申报作为范本，也可以根据自身情况，在大的海丝框架下采取不同的申报方式。

在陆上丝绸之路等成功申遗的背景下，以上申报策略可以说是一个大胆的尝试，项目组为此也有考虑："丝路跨国申遗的概念已深入人心，尤其是在国际遗产界成了一种共识。我们根据海丝的特性所提出的基于节点的申报策略，相信还需要进行大量的专业宣传和探讨，才能逐渐为主导世界遗产申报的主流意见所接受。"③

2016年，在中国向世界遗产中心提交了海上丝绸之路申遗预审文本后，世界遗产中心提出了"目前国际上在世界遗产的语境下，对海上丝绸之路的定义尚无共识"的意见，委婉表达了对中国率先开展海丝申遗工作的不同看法。经多方考量，2017年初，我国将2018年世界文化遗产申报项目由"海上丝绸之路中国史迹"调整为"古泉州（刺桐）史迹"④。至此，海上丝绸之路申遗道路进入了另一个阶段。

故宫博物院前院长单霁翔表示，"海丝"申遗是文化线路申遗，在国际上起步时间比较晚。这些年虽有很多突出的成果，但作为商贸之路、文化交流之路，要让不同的国家参与进来，这是一个难点。这在国际上已有先例。在2014年，中国与吉尔吉斯斯坦、哈萨克斯坦联合申报的"丝绸之路：长安－天山廊道的路网"便成功申报世界文化

①　赵云，王毅．从文化线路到跨海和声　关于海丝申遗策略的思考．世界遗产，2016（6）．

②　赵云，王毅．从文化线路到跨海和声　关于海丝申遗策略的思考．世界遗产，2016（6）．

③　赵云，王毅．从文化线路到跨海和声　关于海丝申遗策略的思考．世界遗产，2016（6）．

④　王美苏．广州牵头　海丝申遗是"长跑"，读懂中西方文化语境很重要．南方都市报，2021-
12-08（B04）．

遗产，成为我国首例跨国合作、成功申遗的项目。与陆上丝绸之路不同，海上丝绸之路位于茫茫大海之上，路线的存在需要国际社会、专业机构通过大量的考古和实践来证明，这将会是一个持续的、艰苦的过程①。

综上，海上丝绸之路申遗，或许可参考陆上丝路的成功经验。

陆上丝绸之路申遗是由国际组织主导，协调世界上有关国家和世界遗产专家共同推动的一项跨国行动。2006年8月，联合国教科文组织世界遗产中心开始正式推动陆上丝绸之路跨国系列申遗国际协商，从最初的中国与中亚五国，到后来共有12个国家参与，成立了丝绸之路跨国系列申遗协调委员会，共召开了多轮国际协商会议，在国际组织专家主题研究的基础上，讨论通过了《中国和中亚丝绸之路系列申报世界遗产的概念文件》《丝绸之路突出普遍价值草案》等重要文件，界定了丝绸之路申遗所对应的突出普遍价值、时空范围和申报策略②。

陆上丝绸之路最初的申遗计划是由中国和中亚五国联合申遗，然而申遗期间，由于各国没有就申遗策略和申报进度达成一致，同时一些国家遭遇政治动荡等各种问题，到2011年，才由联合国教科文组织世界遗产中心委托国际古迹遗址理事会专家开展主题研究，提出了"廊道申遗"的概念。同时世界遗产中心对丝绸之路跨国联合申遗进行重大策略调整，最后确定分开申遗：一条是中国、哈萨克斯坦和吉尔吉斯斯坦的跨国廊道；另一条是塔吉克斯坦、土库曼斯坦和乌兹别克斯坦的跨国廊道。在这个框架下，中、哈、吉三国建立了联合申遗协调机制③，经过三年多的奋战，2014年"丝绸之路：长安-天山廊道的路网"成功列入《世界遗产名录》，近30年的艰苦工作终于结出了第一个果实，而另一条由塔吉克斯坦、土库曼斯坦和乌兹别克斯坦申遗的跨国廊道因各种原因至今尚未入选。

从国际组织层面讲，根据2007年通过的《丝绸之路申报世界遗产概念文件》，国际组织将首先在中国和中亚国家推进"沙漠丝绸之路"申报世界遗产，然后计划推进中亚至地中海、南亚次大陆等地区的陆上丝绸之路申报工作，草原路线和海上路线的申遗将放在更远的将来予以考虑。"丝绸之路：长安-天山廊道的路网"申遗成功的经验或许能够给予我们启示，类似丝绸之路这类大型线性跨国联合申遗项目，不是一个国家或少数几个国家单打独斗就可以完成。海丝申遗一方面需要积极协调和借助国际组织或机构共同开展主题研究，明确海丝申遗的技术路线和策略，另一方面也需要相关

① 王美苏. 广州牵头　海丝申遗是"长跑"，读懂中西方文化语境很重要. 南方都市报，2021-12-08（B04）.

② 童明康. 从成功申遗到永续保护　写于丝绸之路成功申遗一周年之际. 世界遗产，2015（5）.

③ 童明康. 从成功申遗到永续保护　写于丝绸之路成功申遗一周年之际. 世界遗产，2015（5）.

国家之间加强国际协商，探讨联合申遗的具体方法和途径，并建立联合申遗的协调机制。

当然，海上丝绸之路面临的国际形势要复杂得多，特别是涉及的国家比陆上丝绸之路更多，情况更复杂，其协调难度也更大。

三、海上丝绸之路申遗工作展望

持续推进海上丝绸之路遗产保护、管理和申遗工作，将是未来一段时间需要继续做好的一项重点工作，建议在以下几方面加大工作力度。

1. 不断加强海上丝绸之路学术研究，争取形成国际共识

加强对海丝主题概念、时空范围、突出普遍价值等方面的课题研究，是做好海上丝绸之路申遗工作的重要学术基础，也是破解当前海上丝绸之路申遗国际障碍的当务之急。

在国际层面，可以建立海上丝绸之路国际学术研究会，广泛吸纳沿线国家相关保护科研机构、团体和专家学者加入研究，并以此为基础组建国际专家库，不定期举办海上丝绸之路国际会议，出版相关的国际学术著作或刊物，合作拍摄系列纪录片，推动形成全球范围的海上丝绸之路研究热潮。

在国家层面，可借鉴陆上丝绸之路申遗成功的经验，资助和推动世界遗产中心或相关国际组织牵头开展海上丝绸之路的主题研究，对海上丝绸之路的定义、时空范畴、航行线路、贸易模式、技术交流、文化互动等进行深入梳理研究并达成国际共识，同时整合国内海上丝绸之路研究分散的局面，培育壮大海丝学术研究机构，讲好中国海丝故事。

在地方层面，各省特别是参与申遗的相关城市，也可结合本地区文化遗产的特点，依托当地有关科研院所和高校，积极推进海上丝绸之路学术研究，为下一阶段各项工作的开展提供技术指导与支撑。以广东为例，除此前已开展的海上丝绸之路史迹调查整理外，还需组织科研单位和高校，持续加大对重点海上丝绸之路史迹的研究，梳理遗产的突出普遍价值，一些价值不清晰的史迹点还可开展必要的考古调查和发掘。

2. 发挥广州申遗联盟牵头城市作用，夯实各项基础工作

根据国家文物局印发的《世界文化遗产申报工作规程（试行）》，申遗工作要有计划地推进考古调查研究、专项法规制订、保护规划编制、文物本体保护、环境整治、遗产监测等各项工作。鉴于各申遗点的保护管理状况参差不齐，各遗产地需加强机构建设，加大资金投入，改善各遗产点的保护、管理和展示状况。对于通过调查新发现的海丝相关的遗产点，应特别注意保护避免遭到破坏，并开展必要的前期准备工作，作为特殊情况尽快公布为相应级别的文物保护单位。同时，根据最新成果适时完善海上丝绸之路的申遗名单，丰富遗产构成要素。

发挥广州作为海丝申遗联盟牵头城市的带动作用，完善机构人员队伍和力量，与国家文物局、申遗项目文本团队、各有关省市紧密对接，定期召开联盟会议，做好协调、服务工作；各申遗城市建立高效沟通机制，互相学习借鉴，及时就海丝保护申遗的各项事宜与相关技术团队进行沟通，统筹做好宣传推广、保护整治、遗产监测、人员培训等方面工作。

3. 建立有效协调机制，妥善处理申遗利益相关者关系

利益相关者的概念主要来自经济学领域，1984年，美国管理学家弗里曼出版了《战略管理：利益相关者管理的分析方法》，成为利益相关者理论的奠基之作。《世界遗产公约》和《实施〈世界遗产公约〉操作指南》引入了"利益相关者"的理论，认为世界遗产的保护管理工作同样离不开利益相关者的参与，开展遗产保护与管理工作，需要综合考虑不同利益相关者的诉求和需要，实现遗产保护与社区发展的和谐共赢发展[1]。就海上丝绸之路申报世界文化遗产而言，因遗产数量多，范围大，且大多处在城市发展的核心区，涉及的利益相关者比较复杂和庞大，仅遗产核心区和缓冲区内的居民、企业、机关单位就非常多。因此，作为遗产地的保护管理机构，需要建立起动态的利益相关者名单，建立长效的沟通机制，通过各种宣传、培训和交流方式，尽可能保障利益相关者的知情权、参与权和分享权。收集利益相关者的有关意见和建议，使其理解遗产价值和有关规定，提高遗产保护意识和理念。涉及遗产范围的相关决策、规划或建设项目，还需要征求利益相关者意见。申遗过程是利益相关者产生问题与矛盾的集中时期，这个阶段做好利益相关者有关工作就显得特别重要。

4. 加强国际沟通协作，争取实现跨国联合申遗

为促进国际合作，近年来，中国开展了一系列国际沟通协商工作，并建立了一些长期的联系。例如，2018年6月在广州召开海上丝绸之路国际学术研讨会，2019年和2022年，国家文物局与澳门特区政府社会文化司在澳门举办了两次"海上丝绸之路国际学术研讨会"，2021年7月第44届世界遗产大会在福州召开之际，国家文物局召开了"海上丝绸之路遗产的保护与研究"主题边场会议，国际古迹遗址理事会主席特蕾莎·帕特里西奥表示国际古迹遗址理事会愿意为海丝主题研究提供技术支持和能力建设方面的帮助[2]。

---

① 彭跃辉. 中国世界文化遗产保护管理研究. 北京：文物出版社，2015：22.

② "海丝"遗存　何时申遗？人民网. https://baijiahao.baidu.com/s?id=1706298053868295440&wfr=spider&for=pc.

由于海上丝绸之路涉及范围广、国家多，面临的问题也较复杂，为有效推动跨国申遗，建议加大与联合国教科文组织和世界遗产中心的协调沟通，条件成熟时可由国际遗产组织或机构牵头，在国际层面建立"海上丝绸之路遗产保护联盟"，通过多种途径邀请国际专家为海丝主题研究提供咨询和指导，加强海丝跨国合作与交流，设立海丝遗产数据库，实现研究、保护、展示等数据共享。

5. 加大海上丝绸之路宣传，发挥申遗品牌效应

申遗不是最终目标，重要的是通过申遗的过程，以世界遗产的标准加强海上丝绸之路遗产点的有效保护与合理利用，把海上丝绸之路培育成国际知名的遗产品牌，从而进一步推动海上丝绸之路沿线国家贸易、文化和商品等多领域的交流合作。充分利用海上丝绸之路申遗的品牌带动效应，构建海上丝绸之路国内、国际合作交流平台，开展广泛、活跃的国际国内交流协作，全面提升相关遗产的保护管理水平和保存状况，向世界全面真实地展示古代中国与现代中国。

海丝申遗城市在国家统一的指导和标准下，建立海上丝绸之路统一的价值阐释展示体系，加强遗产展示和标识系统的统一性；同时开展各类宣传活动，办好各类海上丝绸之路文物联合巡展，制作有地方特色的文创产品，举办各类公众活动等，共同提升全社会对中国海上丝绸之路遗产及申遗工作的认识。

第四节　小　　结

申遗是实现遗产被进一步认知、价值被进一步传承的有效途径，能更好地保护传承遗产的真实性、完整性及其突出普遍价值，可以说，申遗是遗产保护管理迈向更高层级的标志与动力。申遗史迹点基本代表了海上丝绸之路的精华部分，如何尽可能将代表性强的遗产点遴选为具备突出普遍价值的申遗点，是遗产申报和管理工作的重点。

在申遗点遴选方面，在基础设施类遗存、生产设施类遗存、产物类遗存三大类的框架下，建议增加水下沉船和港口码头类遗存，这两类史迹从功能上说可以并入基础设施类遗存中，作为港航遗存中的子类。其中，具有海外贸易功能的水下沉船是海上交通、海外贸易和文化交流的直接物证，其本身就是依附于海洋移动的，建议以发展的眼光看待此类特殊历史文化遗产，沉船及其沉没的遗址可以成为世界遗产的一种新事物新类型，可以为世界遗产的管理与保护提供新的研究资料与理论实践，因此建议将"南海Ⅰ号"和"南澳Ⅰ号"两艘具有典型远洋贸易特点的沉船及其遗址列入申遗点。此外，港口码头作为承载海上丝绸之路最重要的物质基础和保障，是连接线路的重要节点，应是申遗点的主要构成部分。目前所见的申遗点中，港口码头类史迹相对偏少，这将影响到文化线路的完整性，也无法体现文化线路遗产的整体性价值，因此，有必要增加港口码头类申遗遗产要素。就广东而言，见证广州对外贸易千年不衰的黄埔古港、粤西地区的阳江大澳渔港、粤东地区的澄海凤岭古港和饶平柘林港等，这些港口都具有重要的遗产价值，能构筑起各朝代的广东长盛不衰的海外贸易与交流历史，建议在充分研究挖掘的基础上列入申遗点考察范围。

在申遗路径方面，可充分借鉴陆上丝绸之路申遗成功经验，由世界遗产中心牵头或推动，协调世界有关国家和专家共同推进跨国行动，或由世界遗产中心成立海上丝绸之路跨国申遗协调委员会，委托中国或某一国家作为牵头协调单位，统筹沿线申遗国家联盟的相关日常工作。鉴于海上丝绸之路文化线路跨越范围巨大，可借鉴陆上丝绸之路采取分段申报的方式，成熟一段申报一段。对中国而言，鉴于南海航线长，支线多，是海上丝绸之路的主要航线，笔者认为，可以联合东南亚、南亚等国家，如马来西亚、印度尼西亚、泰国、柬埔寨、斯里兰卡等，加强各方沟通协作，条件成熟时优先申报海上丝绸之路南海段。

在申遗管理工作方面，目前我国世界文化遗产的申报与管理多少存在多部门管理状况，没有直接对接世界遗产中心的专业机构。在世界遗产方面的法律法规尚不健全，建议加快研究和出台一部既能与国际遗产公约相衔接，又符合我国国情的"中国世界文化和自然遗产保护法"，实现我国世界遗产保护管理工作有法可依；在地方层面，目前申遗城市联盟主要在各城市层面开展相关活动与研讨，省级层面有效统筹与规划指导还开展不多。目前34个申遗城市[①]分属在全国10个省（直辖市）和2个特别行政区，各城市申遗点保护与管理的进度参差不齐，建议在省级层面成立申遗领导小组或专班，加强各申遗城市省级之间的协同配合，加强与国家相关部门的对接，共同推进各项保护、管理、研究工作。

---

① 截至2023年统计数据。

　　海上丝绸之路是古代不同地区不同文明之间的贸易之路、文化之路、友谊之路，是人类不同文化互动与共存的见证与延续。广东是古代海上丝绸之路的发祥地，文化遗产资源非常丰富，在海上丝绸之路和中外交通贸易史上占有极其重要的地位。在当前海上丝绸之路申遗和"一带一路"倡议不断深入人心的时代背景下，加强海上丝绸之路史迹的研究、保护、管理和利用工作，具有较强的现实意义和学术意义。此外，海上丝绸之路史迹的保护管理工作与一般不可移动文物的保护管理工作具有共性，从这个意义上说，加强海上丝绸之路史迹的保护管理研究，对文化遗产（尤其是线性文化遗产）的保护利用工作具有借鉴意义和实践作用。

一、调查分类与时空研究是开展海上丝绸之路史迹保护管理的基础

　　本书按照《中国文物古迹保护准则》确立的文物古迹保护管理程序开展研究。

　　在调查分类方面，基于对广东省的海上丝绸之路史迹的系统调查和梳理，本书将430处广东省海上丝绸之路史迹分为港航设施、生产设施、交流设施、海神信仰设施和其他设施共五大类。其中港航设施分为海港设施、航线遗存、贸易设施、海防设施四小类，生产设施分为窑址和其他作坊遗址两小类，交流设施分为宗教遗迹和墓葬两小类，海神信仰设施分为南海神信仰和妈祖信仰两小类。

　　在时空特征方面，根据各时期史迹保存的实际情况，本书将广东海上丝绸之路史迹划分为先秦两汉、南北朝隋唐、宋元、明、清和近现代六个阶段，并以典型史迹点为例对各时期的特点进行分析。海上丝绸之路作为古代东西方不同文明板块之间进行经济、文化、科技交流的海路网络，在全球可分为六大板块，在中国又可分为四大片区，具体到广东省域还可分为三大节点，分别为粤东、珠三角和粤西地区，而构成这三大节点片区的主要元素，即是遍布广东沿海岸线的诸多港口海湾。此外，在与内陆的对接方面，广东境内的海上丝绸之路对接通道大体上可分为五条，自东向西分别是梅江-韩江通道、东江通道、北江通道、西江通道、南江-鉴江通道。

二、价值研究是开展海上丝绸之路史迹保护管理工作的前提

通过对《文化线路宪章》确立的"背景"、"内容"、"作为整体的跨文化意义"、"动态特性"和"背景环境"五方面价值构成要素进行系统梳理，本书从理论层面明确了文化线路的内涵和外延，并以广东海上丝绸之路文化线路的价值构成为分析对象，从整体性、功能性、交流性三个方面对文化线路进行了适应中国学术语境的解释，使该概念更加贴合我国文化遗产学术理论体系，从而更好地指导线性文化遗产的保护与管理工作。

文化线路的整体价值突出表现为其整体价值永远都大于个体价值的总和，构成文化线路的每一类史迹，如果不是放在海上丝绸之路的大背景下，虽然其本身也具有价值，但缺少了海上丝绸之路赋予的整体价值，其个体价值将大打折扣。海上丝绸之路作为一个海洋交通路线，其主要的联系方式是港口和港口城市上的相关设施，一些看似不起眼的史迹点，放在海上丝绸之路的框架下，对线路整体却有突出价值。此外，非物质要素在文化线路遗产认定中也具有重要意义，是理解文化线路的相关遗产价值的重要补充。

文化线路的功能性价值突出表现为线路所承载的各种本身功能和衍生功能，就海上丝绸之路而言，其形成的最初目的是货物贸易，但在两千多年漫长的发展过程中，除了维持它原有的贸易功能外，还衍生出交通功能、信仰功能、政治功能、军事功能等其他功能。

文化线路的交流性价值是区别于其他文化遗产和交通道路的最主要特征，海上丝绸之路文化线路的交流价值特征非常突出。以佛教、伊斯兰教、基督教为主的宗教交流，和以妈祖、冼夫人、南海神为主的民间信仰交流，使广东成为世界主要宗教的汇聚之地，并带来了多元文化的融合与创新；以航海、制瓷、纺织、建筑、种植为主的科技交流，使中国从世界各地获得了新的科技与物产，也将本国先进的科技水平传播到世界各地，共同促进了世界文明的发展；以建筑艺术、外销瓷艺术、审美艺术为主的艺术交流，形成了中国与外国相互学习对方艺术审美和模仿对方装饰艺术的盛况。

三、保护利用工作是实现海上丝绸之路史迹可持续发展的途径和手段

海上丝绸之路作为一个典型的线性文化遗产，遗产尺度大，权属复杂，又跨区域、跨部门，存在多头管理、职能交叉、区域分割、权责不统一等诸多问题。

在保护管理工作方面，现行的管理体制与机制不健全制约了工作的有效推进，大部分海上丝绸之路史迹属于间接管理甚至无人管理状态，总体上文物保护的级别不高，保护措施不够完善，自然灾害、人类活动、城乡建设和旅游开发等因素都对遗产产生不利的影响。鉴于海上丝绸之路史迹的重要价值，有必要加大遗产的保护力度：如进一步加强对广东海上丝绸之路史迹的调查研究工作，将重要海上丝绸之路史迹公布为相应级别的文物保护单位，对存在安全隐患的史迹进行全面排查并加快修缮和日常保养，构建权责利统一的遗产管理体制，在统一的政策和指引下，采取整体保护、分段分区域管理的模式，加大对海上丝绸之路史迹保护的经费投入。

在展示利用工作方面，广东海上丝绸之路史迹的主要利用功能集中在公共文化服务和社会教育场所，如参观游览场所、教育展示场所、宗教场所、民俗活动场所和研究基地等。由于文化遗产的活化利用在我国起步较晚，面临很多问题和障碍：大部分遗产的保护和利用还停留在静态保护的层面，尚未完全实现动态管理和有效利用，海丝遗产尚未形成整体品牌和旅游线路，知名度不高，影响力不足，利用效益不高，这与广东作为海上丝绸之路发祥地的地位不相称。为此，需在将来一段时间大力拓展海丝史迹的有效利用，一方面要正确处理文物保护与开发利用的关系，制定全省性的海上丝绸之路史迹总体规划，整合各地海上丝绸之路旅游资源，合理规划和串联各类史迹的展示与用途，实现保护与利用的良性循环；另一方面，要鼓励社会力量参与到文物保护利用工作中，拓展社会参与遗产保护的渠道，发挥社会组织的作用，调动社会资本、企业和个人的积极性，形成全社会遗产保护与管理的合力。

四、申遗是海上丝绸之路史迹保护管理迈向更高层级的标志与动力

申遗是实现遗产被进一步认知、价值被进一步传承的有效途径，能更好地保护传承遗产的真实性、完整性及其突出普遍价值。海上丝绸之路申遗史迹点基本代表了最精华部分，如何尽可能将代表性强的遗产点遴选为具备突出普遍价值的申遗点，是遗产申报和管理工作的重点。

在对比了全国的海上丝绸之路申遗点名录和分析其价值的基础上，本书认为可以把具有海外贸易功能的水下沉船及其遗址（如"南海Ⅰ号"、"南澳Ⅰ号"）补充进申遗范围，使其成为世界遗产的一种新事物新类型，为世界遗产的管理与保护提供新的研究资料与理论实践。此外，港口码头作为承载海上丝绸之路最重要的物质基础和保障，应是申遗的重要构成部分，而目前申遗点中的港口码头类史迹较少，无法完整体现文化线路遗产的整体价值，建议增加港口码头类遗存的分量（如广东的汉代徐闻港遗址、

黄埔古港、樟林古港等）。

　　海上丝绸之路申遗的策略可充分借鉴陆上丝绸之路申遗成功经验，由世界遗产组织牵头或推动，启动《海上丝绸之路申报世界遗产概念文件》编制工作，协调世界有关国家和专家共同推进跨国联合行动，鉴于海上丝绸之路文化线路跨越范围巨大，可成熟一段申报一段。对中国而言，由于南海航线长，支线多，是海上丝绸之路的主要航线，建议可以尝试联合东南亚、南亚国家，在条件成熟时优先申报海上丝绸之路南海段。

　　针对目前中国世界文化遗产的申报与管理存在多部门管理、权责不清的状况，建议加快研究和出台一部既能与国际遗产公约相衔接，又符合我国国情的"中国世界文化和自然遗产保护法"，实现我国的世界遗产保护管理工作有法可依；此外，鉴于目前国内申遗城市联盟主要在各城市层面开展相关活动与研讨，各城市申遗点保护与管理的进度参差不齐，建议在各相关省级层面成立申遗领导小组或专班，加强各申遗省份之间的协同配合，加强与国家相关部门的对接，共同推进各项保护、管理、研究工作。

　　总之，海上丝绸之路研究是一门国际性的综合工程，涉及范围和内容无比广阔，是一项长期、复杂，需要多部门通力合作、多学科共同研究的系统工程。海上丝绸之路史迹的保护、管理和申遗工作，需要国际组织的长期研究和推动，需要沿线国家的相互支持和合作，需要国家和地方政府的重视与亲力亲为，更需要各级文物保护与管理部门的踔厉奋发。

参 考 文 献

一、古籍

[1]（汉）班固，撰．汉书．北京：中华书局，2007.

[2]（汉）司马迁，著．史记.（南朝宋）斐骃，集解.（唐）司马贞，索隐.（唐）张守节，正义．北京：中华书局，1959.

[3]（三国）万震．南州异物志.

[4]（唐）姚思廉．梁书．北京：中华书局，1973.

[5]（宋）朱彧，撰．萍洲可谈．李伟国，点校．北京：中华书局，2007.

[6]（宋）岳珂，撰．桯史．吴企明，点校．北京：中华书局，1981.

[7]（元）陈大震．大德南海志残本．广州：广州地方志研究所，1986.

[8]（元）汪大渊，著．岛夷志略校释．苏继顾，校释．北京：中华书局，1981.

[9]（明）巩珍，著．西洋番国志．向达，校注．北京：中华书局，1961.

[10]（明）张燮，著．东西洋考．谢方，点校．北京：中华书局，1981.

[11]（清）屈大均，撰．广东新语．北京：中华书局，1985.

[12]（清）阮元，监修．广东通志·前事略．李默，点校．广州：广东人民出版社，1981.

[13]（清）郑荣，等，修．南海县志．桂坫，等，纂．台北：成文出版社，1974.

[14]（清）梁廷枏，著．海国四说．骆驿，刘骁，校点．北京：中华书局，1993.

[15]（清）仇巨川，纂．羊城古钞．陈宪猷，校注．广州：广东人民出版社，1993.

二、专著

[1] 吕思勉．读史札记．南京：译林出版社，2016.

[2] 冯承钧．中国南洋交通史．影印版．北京：商务印书馆，1937.

[3] 陈炎．海上丝绸之路与中外文化交流．北京：北京大学出版社，1996.

[4] 蔡鸿生．广州与海洋文明．广州：中山大学出版社，1997.

[5] 沈光耀．中国古代对外贸易史．广州：广东人民出版社，1985.

[6] 向达，整理．郑和航海图．影印本．北京：中华书局，1961.

[7] 张星烺，编注．中西交通史料汇编．朱杰勤，校订．北京：中华书局，1977.

[8] 刘迎胜．丝绸之路．南京：江苏人民出版社，2014.

[9] 刘迎胜．话说丝绸之路．合肥：安徽人民出版社，2017.

[10] 张维华．中国古代对外关系史．北京：高等教育出版社，1993.

[11] 陈高华，吴泰，郭松义．海上丝绸之路．北京：海洋出版社，1991.

［12］ 王赓武，著. 南海贸易与南洋华人. 姚楠，编译. 香港：中华书局，1988.

［13］ 李庆新. 海上丝绸之路. 北京：五洲传播出版社，2006.

［14］ 李庆新. "南海Ⅰ号"与海上丝绸之路. 余成永，翻译. 北京：五洲传播出版社，2010.

［15］ 李庆新. 海洋史研究（1—10合辑）. 北京：社会科学文献出版社，2019.

［16］ 单霁翔. 文化遗产保护与城市文化建设. 北京：中国建筑工业出版社，2009.

［17］ 周剑虹. 文化线路保护管理研究. 北京：科学出版社，2013.

［18］ 曹劲. 先秦两汉岭南建筑研究. 北京：科学出版社，2009.

［19］ 黄启臣. 广东海上丝绸之路史. 广州：广东经济出版社，2003.

［20］ 黄启臣. 海上丝路与广东古港. 香港：中国评论学术出版社，2006.

［21］ 韩维龙，易西兵. 海上丝绸之路广州史迹. 广州：广州出版社，2017.

［22］ 顾涧清，等. 广东海上丝绸之路研究. 广州：广东人民出版社，2008.

［23］ 广州市社会科学规划办公室. 中国·广州海上丝绸之路的文化遗址. 广州：广州出版社，2001.

［24］ 陈立新. 湛江海上丝绸之路史. 广州：南方人民出版社，2009.

［25］ 李建生，陈代光. 南海"海上丝绸之路"始发港：雷州城. 北京：海洋出版社，1995.

［26］ 杜经国，吴奎信. 海上丝绸之路与潮汕文化. 汕头：汕头大学出版社，1998.

［27］ 洪三泰，谭元亨，戴胜德. 开海：海上丝绸之路2000年. 广州：广东旅游出版社，2001.

［28］ 谭元亨. 广府海韵：珠江文化与海上丝绸之路. 广州：广东旅游出版社，2001.

［29］ 黄庆昌. 广州海上丝绸之路的考古发现. 广州：岭南美术出版社，2011.

［30］ 王元林. 海陆古道：海陆丝绸之路对接通道. 广州：广东经济出版社，2015.

［31］ 王元林. 内联外接的商贸经济：岭南港口与腹地、海外交通关系研究. 北京：中国社会科学出版社，2012.

［32］ 王元林. 国家祭祀与海上丝路遗迹：广州南海神庙研究. 北京：中华书局，2006.

［33］ 庄景辉. 海外交通史迹研究. 厦门：厦门大学出版社，1996.

［34］ 黄鹤，秦柯. 交融与辉映：中国学者论海上丝绸之路. 广州：广东旅游出版社，2001.

［35］ 龚缨晏. 中国"海上丝绸之路"研究百年回顾. 杭州：浙江大学出版社，2011.

［36］ 黄淼章. 南海神庙. 广州：广东人民出版社，2005.

［37］ 张荣芳，黄淼章. 南越国史. 广州：广东人民出版社，1995.

［38］ 张建雄. 清代前期广东海防体制研究. 广州：广东人民出版社，2012.

［39］ 郑佩媛. 沧海航灯：岭南宗教信仰文化传播之路. 广州：广东经济出版社，2015.

［40］ 张伟湘，薛昌青. 广东古代海港. 广州：广东人民出版社，2006.

［41］ 萧健玲. 利玛窦. 广州：广东人民出版社，2007.

［42］ 冯小琦. 古代外销瓷器研究. 北京：故宫出版社，2013.

［43］ 乔培华. 南海神信仰. 广州：中山大学出版社，2015.

［44］ 杨桂梅，张润平. 中国瓷器简明读本. 北京：新华出版社，2016.

［45］ 李燕. 古代中国的港口：经济、文化与空间嬗变. 广州：广东经济出版社，2014.

［46］　江滢河. 广州口岸与南海航路. 广州：广东人民出版社，2002.

［47］　徐嵩龄. 第三国策：论中国文化与自然遗产保护. 北京：科学出版社，2005.

［48］　景峰. 丝绸之路文化线路系列跨境申遗研究. 北京：科学出版社，2015.

［49］　丁援，宋奕. 中国文化线路遗产. 上海：东方出版中心，2015.

［50］　丁援. 文化线路：有形与无形之间. 南京：东南大学出版社，2011.

［51］　彭跃辉. 中国世界文化遗产保护管理研究. 北京：文物出版社，2015.

［52］　苏杨，张颖岚，王宇飞. 中国文化遗产事业发展报告（2015—2016）. 北京：社会科学文献出版社，2016.

［53］　湛江市博物馆，雷州市文化局，广东省文物考古研究所. 雷州窑瓷器. 广州：岭南美术出版社，2003.

［54］　《中国海洋文化》编委会. 中国海洋文化（广东卷）. 北京：海洋出版社，2016.

［55］　《广东海防史》编委会. 广东海防史. 广州：中山大学出版社，2010.

［56］　上海海事大学，中国海洋学会. 中国民间海洋信仰研究：第二届中国民间信仰与祭海文化资源研讨会文集. 北京：海洋出版社，2013.

［57］　国家文物局. 海峡两岸及港澳地区建筑遗产再利用研讨会论文集及案例汇编. 北京：文物出版社，2013.

［58］　中国中外关系史学会，南海县人民政府，潮汕历史文化研究中心. 南澳一号与海上陶瓷之路. 香港：天马出版有限公司，2013.

［59］　广州市国家历史文化名城发展中心，广州历史文化名城研究会，广州古都学会. 论广州与海上丝绸之路. 广州：中山大学出版社，1993.

［60］　湛江海上丝绸之路史迹申遗办公室. 海上丝绸之路：湛江文化遗产. 广州：岭南美术出版社，2014.

［61］　广东省文物局. 广东文化遗产：海上丝绸之路史迹. 广州：中山大学出版社，2016.

［62］　广东省文物局. 广东明清海防遗存调查与研究. 上海：上海古籍出版社，2014.

［63］　广东省文物局. 广东文化遗产：古代宗教与泛神信仰建筑卷. 广州：广东旅游出版社，2015.

［64］　广东省地方史志编纂委员会. 广东省志·总述. 广州：广东人民出版社，2004.

［65］　广东省地方史志编纂委员会. 广东省志·文物志. 广州：广东人民出版社，2007.

［66］　中国大百科全书总编辑委员会《交通》编辑委员会. 中国大百科全书·交通. 北京：中国大百科全书出版社，2002.

［67］　中国大百科全书总编纂委员会《军事》编辑委员会. 中国大百科全书·军事. 北京：中国大百科全书出版社，2002.

［68］　广东省海洋发展规划研究中心. 广东海洋发展报告. 广州：广东海燕电子音像出版社，2015.

［69］　中共广州市委宣传部，广州市文化局. 海上丝绸之路：广州文化遗产·考古发现卷. 北京：文物出版社，2008.

［70］　中共广州市委宣传部，广州市文化局. 海上丝绸之路：广州文化遗产·文献辑要卷. 北京：

文物出版社，2008.

［71］中共广州市委宣传部，广州市文化局. 海上丝绸之路：广州文化遗产·地上史迹卷. 北京：
　　　文物出版社，2008.

［72］水利部珠江水利委员会，薛建枫. 中国江河防洪丛书：珠江卷. 北京：水利电力出版社，1995.

［73］广州市文物管理委员会，中国社会科学院考古研究所，广东省博物馆. 西汉南越王墓. 北京：
　　　文物出版社，1991.

［74］广东省文物管理委员会，广东省博物馆，广东省文物考古研究所，等. 南海丝绸之路文物图
　　　集. 广州：广东科技出版社，1991.

［75］房学嘉. 围不住的围龙屋：粤东古镇松口的社会变迁. 广州：花城出版社，2002.

［76］房学嘉，肖文评，钟晋兰. 客家梅州. 广州：华南理工大学出版社，2009.

［77］广东省文物考古研究所. 2011年"南海Ⅰ号"的考古试掘. 北京：科学出版社，2011.

［78］冯承钧. 诸蕃志校注. 北京：商务印书馆，1937.

三、期刊（集刊）

［1］陈炎. 略论海上"丝绸之路". 历史研究，1982（3）.

［2］刘迎胜. 丝绸之路的缘起与中国视角. 江海学刊，2016（2）.

［3］刘迎胜. 威尼斯—广州"海上丝绸之路"考察简记. 中国边疆史地研究，1992（1）.

［4］单霁翔. 关注新型文化遗产：文化线路遗产的保护. 中国文物科学研究，2009（3）.

［5］单霁翔. 活着的20世纪建筑遗产亟待保护. 建筑，2012（22）.

［6］姜波，赵云，丁见祥. 海上丝绸之路的内涵与时空框架. 中国文物科学研究，2016（2）.

［7］赵云，王毅. 从文化线路到跨海和声　关于海丝申遗策略的思考. 世界遗产，2016（6）.

［8］燕海鸣，朱伟，聂政，等. 古代世界的海上交流：全球视野下的海上丝绸之路. 中国文物科
　　　学研究，2016（2）.

［9］司徒尚纪. 海上丝绸之路与我国在南海传统疆域的形成. 云南社会科学，2001（6）.

［10］司徒尚纪. 海上丝绸之路与我国南海传统疆域形成. 广东蚕业，2002（1）.

［11］司徒尚纪. 海上丝绸之路概念、内涵、性质和时限之我见. 新东方，2015（3）.

［12］邓炳权. 海上丝绸之路与相关文物古迹的认定//广州市文化局，广州市文物博物馆学会. 广州
　　　文博（第二辑）. 北京：文物出版社，2008.

［13］赵春晨. 关于"海上丝绸之路"概念及其历史下限的思考. 学术研究，2002（7）.

［14］韩湖初，杨士弘. 关于中国古代"海上丝绸之路"最早始发港研究述评. 地理科学，2004（6）.

［15］曾昭璇，曾新，曾宪珊. 论中国古代以广州为起点的"海上丝绸之路"的发展. 中国历史地
　　　理论丛，2003（2）.

［16］王珺. 浅谈海上丝绸之路的始发港问题. 广东档案，2007（5）.

［17］李军. 宋元"海上丝绸之路"繁荣时期广州、明州（宁波）、泉州三大港口发展之比较研究.
　　　南方文物，2005（1）.

［18］　张镱，柯彬彬. 空间视角下海上丝绸之路文化遗产廊道构建研究：广东沿海地区为例. 云南地理环境研究，2016，28（3）.

［19］　曾庆成，吴凯，滕藤. 海上丝绸之路港口的空间分布特征研究. 大连理工大学学报（社会科学版），2016，37（1）.

［20］　阮应祺. 海上丝绸之路航线上雷州半岛主港概述. 湛江师范学院学报，2002，23（2）.

［21］　童明康. 从成功申遗到永续保护　写于丝绸之路成功申遗一周年之际. 世界遗产，2015（5）.

［22］　郑育林. 古迹遗址的文化形象再现：对古迹遗址展示利用形式的思考. 考古与文物，2009（2）.

［23］　陆建松. 中国文化遗产保护管理的政策思考. 东南文化，2010（4）.

［24］　王晓梅，朱海霞. 中外文化遗产资源管理体制的比较与启示. 西安交通大学学报（社会科学版），2006（3）.

［25］　刘庆余. 中国线性文化遗产的有效保护与合理利用. International Conference on Education and Teaching，2013，24.

［26］　赖井洋. 韶关古道概述之一：西京古道. 神州民俗（学术版），2012（3）.

［27］　国际古迹遗址理事会文化线路科学委员会（CIIC）. 国际古迹遗址理事会（ICOMOS）文化线路宪章. 中国名城，2009（5）.

［28］　王宏刚. 妈祖：中国海洋和平开拓的精神旗帜//妈祖文化学术论文集. 台北：立得出版社，2006.

［29］　白芳. 略说广东"海上丝绸之路". 福建文博，2012（2）.

［30］　张开城. 论广东海上丝绸之路文化资源的开发利用. 南方论刊，2011（11）.

［31］　章深. 广州"海上丝绸之路"及其相关研究的新进展："广州与'海上丝绸之路'学术座谈会"评述. 岭南文史，2001（3）.

［32］　麦英豪，黄淼章. 西村窑与宋代广州的对外贸易. 广州研究，1982（1）.

［33］　闫晓青. 南海神庙：中国古代海上丝绸之路的重要遗迹. 南方文物，2005（3）.

［34］　全洪. 广州出土海上丝绸之路遗物源流初探//广东省文物考古研究所，广州市文物考古研究所，深圳博物馆. 华南考古（1）. 北京：文物出版社，2004.

［35］　龙志坤. 在丝绸之路文化线路遗产框架下谈南海Ⅰ号申遗. 丝绸之路，2015（8）.

［36］　宋奕. 文化线路遗产视角下的"万里茶道"申遗. 华中师范大学学报（人文社会科学版），2014，53（6）.

［37］　靳维柏. 明清时期的闽浙海防与海上丝绸之路//宁波"海上丝绸之路"申报世界文化遗产办公室，宁波市文物保护管理所，宁波市文物考古研究所. 宁波与海上丝绸之路. 北京：科学出版社，2007.

［38］　万建怀. 谈文物的保护与利用. 南方文物，2005（4）.

［39］　张桂林. 试论妈祖信仰的起源、传播及其特点. 史学月刊，1991（4）.

［40］　曾昭璇，曾新，曾宪珊. 西江流域南江水系的人文地理概述. 广东史志，2002（3）.

［41］　石坚平. 江门海上丝绸之路文化探源. 五邑大学学报（社会科学版），2015，17（3）.

［42］　易西兵．广州海上丝绸之路史迹的文化内涵与遗产价值．岭南文史，2016（2）.

［43］　吴松弟．两汉时期徐闻港的重要地位和崛起原因——从岭南的早期开发与历史地理角度探讨．岭南文史，2002（2）.

［44］　魏峻．"南海Ⅰ号"2007整体打捞．中国文化遗产，2007（4）.

［45］　龙家有，张晓斌．广东省海上丝绸之路史迹的调查与保护//海南省文化广电出版体育厅，国家文物局水下文化遗产保护中心．南海水下文化遗产（第二辑）．南京：江苏人民出版社，2016.

［46］　吕舟．《中国文物古迹保护准则》的修订与中国文化遗产保护的发展．中国文化遗产，2015（2）.

［47］　朱海滨．民间信仰：中国最重要的宗教传统．江汉论坛，2009（3）.

［48］　陈映娜，蔡静珍．浅析宋代笔架山"潮州窑"的兴盛及其原因．中国陶瓷，2012，48（9）.

［49］　洪英．清代庵埠港的盛衰．汕头大学学报，2015（1）.

［50］　王元林．明清伏波神信仰地理新探．广西民族研究，2010（2）.

［51］　牛军凯．"海为无波"：越南海神南海四位圣娘的传说与信仰．海交史研究，2011（1）.

［52］　广东省人民政府文史研究馆，广东省人民政府参事室．海上丝绸之路与中国南方港学术研讨会论文集．岭南文史，2002（增刊）.

四、学位论文

［1］　王薇．文化线路视野中梅关古道的历史演变及其保护研究．上海：复旦大学博士学位论文，2014.

［2］　丁援．无形文化线路理论研究：以历史文化名城武汉考评为例．武汉：华中科技大学博士学位论文，2007.

［3］　贾兴和．斯里兰卡与古代中国文化交流的考古学研究．广州：中山大学博士学位论文，2011.

［4］　祝笋．文化线路视野下的茶叶之路（湖北段）建筑遗产调查研究．武汉：武汉理工大学博士学位论文，2011.

［5］　莫晟．文化线路视域下的清江流域商路研究．武汉：华中师范大学博士学位论文，2012.

［6］　樊传庚．新疆文化遗产的保护与利用．北京：中央民族大学博士学位论文，2005.

［7］　杨珂珂．文化线路遗产价值评价特性分析：以《世界遗产名录》的6处文化线路遗产为例．北京：中国建筑设计研究院硕士学位论文，2009.

［8］　魏小飞．海上丝绸之路与南海区域宗教传播：以14世纪海上旅行家的游记为基础．海口：海南师范大学硕士学位论文，2012.

［9］　周敬阳．论秦汉时期岭南海上丝绸之路的三大始发港．广州：华南师范大学硕士学位论文，2007.

［10］　陈建华．中国文化线路申报世界遗产策略研究：基于对文化线路申报世界遗产典型案例研究．长沙：湖南师范大学硕士学位论文，2014.

［11］　程小峰．文化遗产视角下的广州光孝寺研究．广州：中山大学硕士学位论文，2009.

［12］ 李佳. 广州伊斯兰建筑研究. 广州：华南理工大学硕士学位论文，2009.

五、外文文献

［1］ ICOMOS. Charter on Cultural Routes. 2008.

［2］ UNESCO. Operational Guidelines for the Implementation of the World Heritage Convention. 2012.

［3］ ICOMOS. The World Heritage List: Filling the Gaps—an Action Plan for the Future. 2004.

［4］ Williams T. The Silk Roads: An ICOMOS Thematic Study. 2014.

六、其他

［1］ 中国文化遗产研究院. 海上丝绸之路·中国史迹申遗文本（内部资料）. 2017.

［2］ 中国文化遗产研究院，国家文物局水下文化遗产保护中心. 海上丝绸之路主题研究（内部资料）. 2016.

［3］ 国家文物局. 第三次全国文物普查工作手册. 北京：文物出版社，2007.

［4］ 国际古迹遗址理事会中国国家委员会. 中国文物古迹保护准则（2015年修订）. 北京：文物出版社，2015.

［5］ 联合国教育、科学及文化组织，保护世界文化与自然遗产政府间委员会. 实施《世界遗产公约》操作指南. 2015.

［6］ 中华人民共和国文化部. 世界文化遗产保护管理办法. 2006.

［7］ 中华人民共和国文化部. 文物认定管理暂行办法. 2009.

［8］ 国家文物局. 世界文化遗产申报项目审核管理规定. 2010.

［9］ 国家文物局. 世界文化遗产申报工作规程（试行）. 2013.

［10］ 国家文物局. 关于印发更新的《中国世界文化遗产预备名单》的通知（文物保函〔2012〕2037号）. 2012.

［11］ 广东省住房和城乡建设厅，广东省文化厅，广东省体育局，等. 广东省南粤古驿道线路保护与利用总体规划. 2017.

后记

　　海上丝绸之路承载着古代不同地区之间贸易往来、文化交流、宗教传播、科技交流、物产流动、族群互动等诸多方面的功能与价值，为我们遗留下丰富的物质和非物质文化遗产。本书对广东省的海上丝绸之路史迹开展调查、分类、时空和价值研究，探讨遗产的保护管理问题，提出相关建议措施。

　　由于学界对海上丝绸之路史迹的认定标准和时间界限尚未形成比较统一的意见，本书所涉的相关史迹点有些尚需进一步认定和甄别，有些还需深入开展调查和研究，对一些存在疑问的遗迹点进行必要的现场调查、考古勘探或发掘工作。由于笔者条件所限，无法一一开展实地核查和深入的田野考古工作，一定程度上影响了本研究的深度和广度。

　　从2019年开始筹划出版拙作，兜兜转转几年过去，至今方得实现。在此，感谢我的导师中山大学郑君雷教授，此前论文写作过程中，导师倾注了大量心血和精力，在本书付梓之际又欣然作序。特别感谢广东省文物考古研究院曹劲院长等同事，感谢他们的鼓励和支持资助本书的出版。感谢科学出版社樊鑫先生以及为本书无私提供帮助的诸多朋友。

　　文明因交流而多彩，文明因互鉴而丰富。千百年来，古丝绸之路见证了沿线国家在互通有无中实现发展繁荣，在取长补短中绽放灿烂文明。作为古代海上丝绸之路的发祥地，广东海上丝绸之路的保护管理工作依然任重道远，希望能在以后的学习工作中继续加强探索与研究。限于作者水平，纰缪难免，祈请读者方家批评指正。